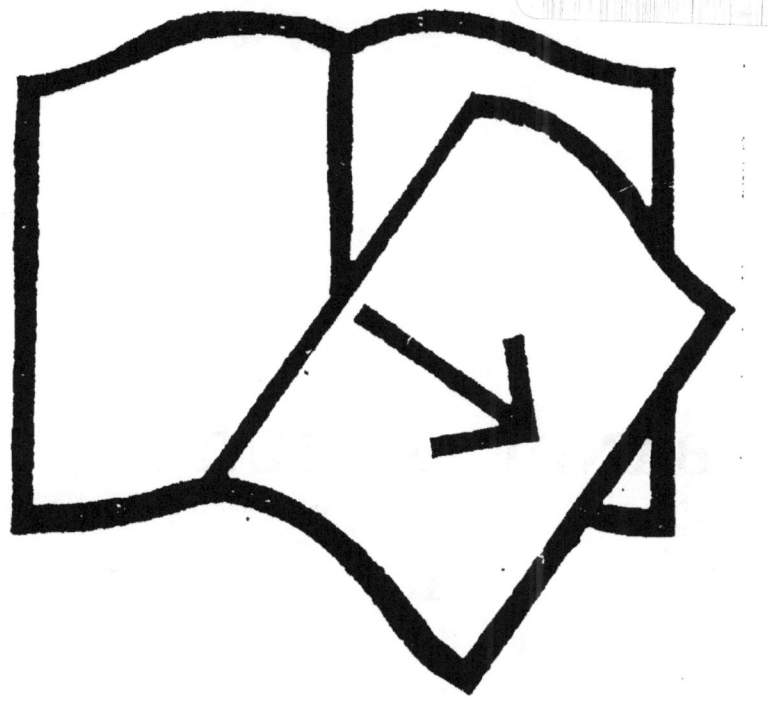

Couverture inférieure manquante

BANDE DU JURA

I   3224

8°Y²
43494

CALMANN LÉVY, ÉDITEUR

OUVRAGES
DE L'AUTEUR DES HORIZONS PROCHAINS

ANDALOUSIE ET PORTUGAL, 2ᵉ édition. Un volume grand in-18.
AU BORD DE LA MER, 2ᵉ édition. Un volume grand in-18.
A CONSTANTINOPLE, 4ᵉ édition. Un volume grand in-18.
A TRAVERS LES ESPAGNES, 5ᵉ édition. Un volume grand in-18.
CAMILLE, 3ᵉ édition. Un volume grand in-18.
DANS LES PRÉS ET SOUS LES BOIS, 5ᵉ édition. Un volume grand in-18.
JÉSUS. Quelques scènes de sa vie terrestre, 2ᵉ édition. Un volume in-18.
LES HORIZONS CÉLESTES, 12ᵉ édition. Un volume grand in-18.
LES HORIZONS PROCHAINS, 12ᵉ édition. Un volume grand in-18.
LES TRISTESSES HUMAINES, 9ᵉ édition. Un volume grand in-18.
VESPER, 7ᵉ édition. Un volume grand in-18.
VOYAGE AU LEVANT, 4ᵉ édition. Deux volumes grand in-18.

OUVRAGES
DE M. LE COMTE AGÉNOR DE GASPARIN

L'AMÉRIQUE DEVANT L'EUROPE. — PRINCIPES ET INTÉRÊTS, 4ᵉ édition. Un volume grand in-18.
LA BIBLE, 2ᵉ édition. Deux volumes grand in-18.
LE BONHEUR, 9ᵉ édition. Un volume grand in-18.
LE BON VIEUX TEMPS, 6ᵉ édition. Un volume grand in-18.
LA CONSCIENCE, 6ᵉ édition. Un volume grand in-18.
DISCOURS POLITIQUES, 5ᵉ édition. Un volume grand in-18.
LES DROITS DU CŒUR, 4ᵉ édition. Un volume grand in-18.
LES ECOLES DU DOUTE ET L'ECOLE DE LA FOI, 4ᵉ édition. Un volume gr. in-18.
L'EGALITÉ, 7ᵉ édition. Un volume grand in-18.
L'EGLISE SELON L'EVANGILE, 2ᵉ édition. Deux volumes grand in-18.
L'ENNEMI DE LA FAMILLE, 6ᵉ édition. Un volume grand in-18.
LA FAMILLE, SES DEVOIRS, SES JOIES ET SES DOULEURS, 13ᵉ édition. Deux volumes grand in-18.
LA FRANCE, NOS FAUTES, NOS PÉRILS, NOTRE AVENIR, 5ᵉ édition. Deux volumes grand in-18.
UN GRAND PEUPLE QUI SE RELÈVE, 6ᵉ édition. Un volume grand in-18.
INNOCENT III, 5ᵉ édition. Un volume grand in-18.
LA LIBERTÉ MORALE, 5ᵉ édition. Deux volumes grand in-18.
LIBERTÉ RELIGIEUSE, 4ᵉ édition. Un volume grand in-18.
LUTHER ET LA RÉFORME AU XVIᵉ SIÈCLE, 7ᵉ édition. Un volume grand in-18.
PENSÉES DE LIBERTÉ, 6ᵉ édition. Un volume grand in-18.
PAROLE DE VÉRITÉ, 5ᵉ édition. Un volume grand in-18.
LES PERSPECTIVES DU TEMPS PRÉSENT, 5ᵉ édition. Un volume grand in-18.
QUESTIONS DIVERSES, 4ᵉ édition. Un volume grand in-18.
TABLES TOURNANTES, 6ᵉ édition. Un volume grand in-18.
TROIS PAROLES DE PAIX, 4ᵉ édition. Un volume grand in-18.

APPEL AU PATRIOTISME ET AU BON SENS. Brochure.
LA DÉCLARATION DE GUERRE, 2ᵉ édition. Brochure.
LES RÉCLAMATIONS DES FEMMES, 3ᵉ édition. Brochure.
LA RÉPUBLIQUE NEUTRE D'ALSACE, 2ᵉ édition. Brochure.
PAGANISME ET CHRISTIANISME, 3ᵉ édition. Deux volumes grand in-18.

Coulommiers. — Imp. P. BRODARD et GALLOIS.

BANDE DU JURA

I

SUR
LES MONTAGNES
AU PAYS DU SOLEIL

PAR

L'AUTEUR DES *HORIZONS PROCHAINS*

PARIS
CALMANN LÉVY, ÉDITEUR
ANCIENNE MAISON MICHEL LÉVY, FRÈRES
3, RUE AUBER, 3
—
1890
Tous droits réservés.

PRÉFACE DE L'ÉDITEUR

Voici deux volumes que j'ai dérobés (mettons soustraits) à l'auteur.

Comment? Je vais vous l'apprendre.

Pourquoi? Je ne vous le dirai pas.

Le public, quand il les aura lus, devinera peut-être.

Mes affaires m'appelaient naguère dans une villa des bords du lac de Genève. Lorsque j'y arrivai, les maîtres du logis étaient absents. J'entrai, résolu de les attendre.

Le salon, plein de fleurs, s'ouvrait en face de la première vue du monde. Après que j'eus suffisamment admiré le mont Blanc, comme tout honnête homme doit faire, et le lac, d'un beau bleu d'indigo, mes yeux se rabattirent sur les livres. Il y en avait à foison, il y en avait de toutes les couleurs. Je retrouvai les miens, je trouvai ceux de mes confrères, et, tout en feuilletant les uns et les autres, je mis la main sur deux volumes de forme inusitée. Ce n'étaient pas des in-quarto, ce n'étaient pas des in-octavo, c'était soigneusement relié : — Ho! ho! un manuscrit! Voici qui me regarde!

Ouvrir, pour nous, c'est lire; je lus. Lire, c'est prendre, quand cela nous convient; je pris. Après deux heures passées le nez dans mes volumes, tantôt riant, tantôt pleurant, — je crois vraiment que j'ai pleuré, — je mis les objets en question sous mon bras, je remontai en voiture, de voiture en wagon, et à Paris.

De façon ou d'autre, mon affaire était faite.

Ah! j'oubliais de vous le dire. J'ai pris aussi, par mégarde, un portefeuille de dessins; il accompagnait mes volumes.

La bande du Jura, grande dame s'il en fut, mène avec soi son artiste, tout comme son historiographe.

Ce crayon-là, gracieux et ferme, viril par la décision, féminin par la poésie, défie le pinceau, tant il a le secret des couleurs.

Vous faut-il mon portefeuille? en avez-vous envie? décidément? alors demandez-le; mais criez à pleine voix, parce que je suis un peu sourd.

Quant à l'auteur!... bah! une fois ou l'autre, les auteurs finissent toujours par excuser ces sortes de larcins.

SUR LES MONTAGNES

LA GROTTE DE MONVÉRAN

Le mois de juin allait finir, le jour aussi. Le soleil, qui s'abaissait derrière les montagnes, versait partout des rayons dorés, nulle part si doux qu'en une retraite d'ordinaire abandonnée, ce soir-là pleine d'hôtes.

Dans le bois s'ouvre une grotte, salle mystérieuse voûtée par les rochers; sur les rochers pousse l'herbe, parmi l'herbe des chênes et des sapins; la grotte est ainsi couronnée. Elle a devant elle un replat du sol, puis un abîme, taillé franc, qui dure deux lieues. Dès qu'une poignée de terre s'entasse dans quelque creux de la paroi, un pin s'y cramponne, une liane s'y accroche. Au fond, l'Orbe, tantôt verte, tantôt écumeuse, promène sa voix.
Ce soir donc, on voyait une belle compagnie mollement étendue sur la mousse. C'étaient gens qui s'aimaient de longue date, leur attitude abandonnée le disait. C'étaient gens épris de poésie; il y avait dans leur laisser aller je ne sais quoi de songeur, comme si un souffle venu d'en haut eût caressé leur front. Qu'étaient-ils? peu importe. Ils riaient d'un rire harmonieux qui éclairait le bois. D'humaine nature pour-

tant, ni sylvains ni dryades, ils croquaient fort bien les cerises et buvaient d'un grand cœur le moka. Toutefois ils se plaisaient aux choses singulières ; ils avaient des idées insolites qu'on eût dit écloses sous un ciel plus bleu que le nôtre ; ils erraient, c'est certain, sur les frontières d'un monde illuminé par d'autres étoiles, où la lune est reine, où les lucioles dansent toutes les nuits ; c'est le monde de la fantaisie ; et tandis que nous, pauvres bourgeois *domiciliés ès communes* de la terre, nous ne faisons là que de courts voyages, eux tout d'un vol s'y enlevaient, et de longues heures par bandes s'y promenaient.

Ce soir donc, tandis que montait la lune, nos gens prirent au bord du gouffre.

Ils cheminaient parmi les menthes et les chèvrefeuilles, plongeant de l'œil dans l'abîme, ou bien s'arrêtaient rêveurs en face des grandes roches tout à coup profilées sur l'horizon que ferment les Alpes ; puis, ils se dévalaient par les ravines. Là où cent honnêtes pères de famille se seraient cassé le cou, eux glissaient, eux sautaient.

Moitié en l'air, moitié sur terre, ils passent comme le vent. Les voilà près de la rivière, sur les pierres vêtues de longues mousses ; devant ces glaces profondes qui reflètent éternellement les fourrés, les herbes, et des visages comme les leurs, demi-lutins, demi-chrétiens.

Parfois quelqu'un d'entre eux, debout sur une colonne de tuf, jette dans l'Orbe un rocher à déraciner les chênes. L'eau jaillit en fusée, elle retombe en pluie, elle les inonde ; et de rire ! Ce ne sont pas des gens comme d'autres, bien sûr.

La nuit descendue, effleurant de leurs pas furtifs les clochettes bleues et le thym qui rendait son parfum du soir, ils remontèrent par les sables mouvants, par les cailloux roulants, par des pentes roides comme des échelles.

Les petits villageois d'alentour, amis des fées, avaient

grignoté le reste des gâteaux. Ils se tenaient cachés derrière les arbres pour guetter la compagnie des gens étranges. Garçons, fillettes, sous la feuillée, sous les buissons, ne voyaient rien; rien que la lune et ses larges traînées dans les clairières, rien que les bancs de rochers qui couraient le long de l'Orbe, rien que les beaux messieurs, que les belles dames qui erraient à travers la ramée, et qui semblaient porter vers luisants au bout des doigts.

Tout à coup une fleur, une tulipe énorme, aux pétales doucement renversés, s'alluma sur le front de la grotte. Les petites fleurs des bois, de dépit, se fermèrent. Les enfants ouvrirent de grands yeux.

Une autre à côté s'épanouit, jaune pâle et transparente; une autre azurée, un azur éclatant comme le ciel du paradis; une autre purpurine, une autre violette, une autre panachée, celle-ci d'or et celle-là d'argent; elles éclairaient tout. Et les enfants regardaient. La grotte portait fièrement son diadème. Les petits avaient peur; pourtant que c'était beau!

Ils firent un pas, puis ils en firent deux, puis ils s'approchèrent. Le plus courageux avança la tête dans l'ombre. Ah! ce n'était plus la noire caverne aux murs suintants, c'était une salle immense qu'enveloppait un long collier de perles lumineuses. Elles dessinaient les contours; elles reluisaient chacune de sa lueur. Là, deux à deux, trois à trois, au gré de leur fantaisie, les gens étranges, à la démarche nonchalante, se promenaient et devisaient.

Cela dura longtemps. Alors, un serpent d'or partit de terre et sillonna la nuit; il s'épanouit dans les cieux en bouquet d'étincelles. Une étoile s'en échappa, une étoile blanche, qui descendit lentement dans l'abîme et l'éclaira de profondeurs en profondeurs.

Après, un feu rouge, plus rouge que la fournaise, s'embrasa dans un chêne; rouge était la feuillée, rouge le tronc.

Les petits, épouvantés, reculaient. Tout s'éteignit, et voici sur cette pierre, une clarté livide qui s'agrandit, qui, dans ses orbes démesurés, enferma la pelouse, le bois, les roches. Ce qu'elle touchait devenait froid et mort; la lune à côté paraissait sanglante; on eût dit que les gens étranges étaient des trépassés vêtus de pâles linceuls. Nos petits ne soufflaient plus; ils restaient glacés dans leurs cachettes, quand apparaît danse légère d'étoiles mignonnes, des couleurs pour tous les goûts. Elles montent, elles descendent ainsi que font les éphémères en une tiède journée de septembre : jeu de lutins, jeu de sirènes; les petits le connurent bien.

Soudain un soleil resplendit à l'entrée de la grotte. Rose de topaze, flamboyantes cascades, cercles magiques aux mille anneaux changeants. Pour le coup nos petits avancèrent, sans le savoir, sans le vouloir. Et le soleil dardait, vibrait, et les rayons jaillissaient, et la pluie embrasée tombait en nappes de lumière, et les gens étranges, tout de clarté baignés, semblaient habitants des sereines demeures.

Que la nuit eût paru courte ainsi! Hélas! les splendeurs s'effacèrent, les ténèbres s'abattirent. Dans l'obscurité, une voix parla. C'était celle d'une avant-courrière de l'aube, amoureuse des forêts, moissonneuse de muguets et d'aubépine.

— Qui veut, disait-elle, escalader nos sommets? Qui veut toute une nuit, tout un jour, errer aux flancs de la montagne, boire la crème aux chalets, cueillir le crocus vers les neiges, voir coucher la lune sur la crête de ce mont (elle montrait le Suchet), voir coucher le soleil sur cette cime (elle montrait le Chasseron), vivre en pleine liberté, dans l'air vif, et respirer le bonheur, et bénir Dieu?

— Moi! moi! — Ce fut un cri joyeux comme le chant de l'alouette. On se donna rendez-vous pour le lendemain, au manoir, nuit close, à dix heures; tous voulaient être de la *Bande du Jura*, c'était bien ce nom-là.

Les petits, un peu troublés, se frottèrent les yeux. Minuit sonnait à l'horloge voisine. Réveillés d'un songe, ils regardèrent : en face les hautes roches, en bas la rivière, ici la pelouse, rien n'y manquait. Ils avaient rêvé, la chose était certaine. Seulement, au fond de la grotte brillaient encore les fleurs magiques! Quelques-uns, fortes têtes, ceux de qui, à l'école, l'addition est toujours juste, le papier toujours rayé droit, ceux-là dirent que c'étaient fleurs de papier, et que dedans brûlaient des chandelles. Les autres n'en voulurent rien croire, et firent bien.

Cependant, les gens étranges cueillirent ces belles fleurs, les mirent dans la main des petits, et tout du long de la forêt, sous la ramée, les enfants suivirent la procession, balançant leurs tulipes et chantant graves cantiques ou bocagers couplets.

COURSE DE VINGT-CINQ HEURES

JUIN

LE SUCHET — LES AIGUILLES DE BAULMES
LE CHASSERON

Dix heures du soir! — C'est la plus belle des nuits. Les étoiles brillent par millions, un souffle caressant porte çà et là le parfum des roses printanières.

Dans la cour du manoir, enguirlandée de vigne vierge, deux fontaines chantent de l'aube à la vesprée et de la vesprée à l'aurore. Quelques figures indécises vont errant dans l'ombre; elles ne parlent guère. La nuit, même la plus éclatante des nuits fait penser, fait se taire, et si l'on pouvait lire dans le cœur de la dame du logis, celle qui se promène à l'écart, on y trouverait quelque tristesse.

Que le mot de ténèbres rend bien les transes de l'âme! Que le mot de lumière dit bien les splendeurs de l'éternelle paix!

Et tandis que la dame rêve ainsi, voici venir de Granges trois gentes demoiselles. Rire de cristal, noires prunelles, pieds alertes; si vous les connaissiez!... mais vous ne les connaissez pas.

Au sentier du bois des formes gracieuses apparaissent,

elles arrivent de Monvéran; deux blondes, une brune, grands yeux bleus, grands yeux noirs; si vous les voyiez!... mais vous ne les verrez pas.

Sur le chemin de la ville se hâtent les citadins; la cour s'emplit. Enfuyez-vous, silence des nuits étoilées; songes aux ailes grises, retournez en vos retraites. Les bâtons ferrés frappent le pavé. Le café brûlant, les *salées* appétissantes invitent le voyageur : — Entrez, messieurs, entrez, mesdames! — On boit à la hâte, on crie à tue-tête.

Adieu! — Les dormeurs, ceux qui restent, rejoindront demain, au chalet *Devant*.

— Y sommes-nous tous?
— Oui.
— Avez-vous les fusées? Avez-vous le ballon?
— Oui.
— Marche!

A mesure que passe le cortège par les rues du village, à mesure que se déroulent les vagues rumeurs mêlées d'éclats plus vifs, les paysans s'enfoncent dans leurs coîtres [1]. Il leur vient des idées de chête [2]. Les petits se serrent contre le père; ceux qui ouvrent l'œil voient glisser dames en fête et lueurs bizarres : vite sous le duvet! La nuit, il y a des choses singulières.

La bande, un par un, prend les sentiers; elle traverse les prés où dorment la sauge, l'œillet vif, la véronique, tant d'autres fleurs odorantes; elle traverse les jeunes blés où chante la caille; elle atteint le pied de la montagne.

Ici croissent les premiers sapins.

— Qu'on est bien sur la mousse. Voyez-vous la forêt, voyez-vous le couloir? Il fait noir sous les voûtes!

1. Lit de plumes.
2. La *chête* : une compagnie en grand costume que mènent promener les farfadets.

— Lumière, lumière !

Aussitôt fleurs merveilleuses de s'épanouir. Un jardin des fées illumine le bois. Les lis, les daturas balancent au-dessus des pèlerins leurs tiges invisibles.

— Un feu, un feu vert !

Le jet pâle frappe les grand troncs. Temple aux mille colonnes, jour plus triste que la nuit, profondeurs un instant éclairées qui bientôt vont s'éteignant.

— Feu rouge !

Les figures nagent en de pourpres vapeurs. C'est une toile de Gherardo della Notte ; c'est un campement de bohémiens tel qu'en pourrait créer, en son caprice, l'éclatant pinceau de Knauss.

A cette heure, nous avons franchi la forêt ; les horizons élargis apparaissent ; nos fleurs se sont éteintes ; la lune, seule reine, verse sa lumière tranquille sur le bas pays déroulé jusqu'aux Alpes. On ne discerne ni villes ni villages ; les glaciers, presque diaphanes, dressent leur pâle rempart dans le ciel noir : une ineffable paix emplit le cœur.

Ce n'est pas le jour, ce n'est plus la nuit. Heure charmante, sous le ciel constellé, dans les hauts pâturages, avec les vaches qui nous regardent étonnées et soufflent fortement des naseaux.

Montons, montons encore. Plus de sapins, plus de troupeaux ; l'herbe est fine, le vent de l'aurore commence à courir sur les crêtes. Au couchant, la lune sombre derrière les forêts de France. A l'orient, l'aube jette son ruban argenté, le voilà qui s'empoupre ! Le soleil, immense, éclatant, d'un incarnat qui fait tout s'éteindre, sort et s'arrête comme indécis sur le bord de ce monde. Alors, dans le silence, un sifflement part ; un trait de lumière franchit l'espace, une main l'a lancé sur cette cime, à cet instant unique, entre les deux grands astres suspendus aux deux horizons. Il y a dans cette fusée qui va droit, qui va haut, avec un soupir aigu, il y a quelque chose des hardiesses de la prière.

Notre Bible s'est ouverte, là, près du ciel, dans l'éther où s'effacent les étoiles. Une voix lit aux psaumes du Roi prophète : « Les cieux racontent la gloire du Dieu fort, l'étendue donne à connaître l'ouvrage de ses mains ! »

Le Dieu qui parlait au patriarche sous les chênes de Mamré, ce Dieu vient avec les simples : c'est notre Dieu.

Voyez ! une flamme a touché le mont Blanc, puis le Cervin, puis le Vélan, puis la Jungfrau, puis la Blumlisalp; toutes s'allument. La plaine reste plongée dans l'ombre, les lacs sont ensevelis sous une brume plombée.

Avez-vous senti les froides haleines du matin? Un frisson glace nos membres; la rosée trempe nos pieds :

— A nous les vaillants ! Holà nos hommes !

Ils ont bientôt fait d'apporter un vieux tronc blanchi par l'âge.

— Ici le menu bois ! ici les brindilles !

Victoire ! le tronc s'embrase, les spirales se dégagent, la résine pétille.

— Lançons notre ballon !

Pauvre petit ballon tout rose et tout blanc ! il s'enfla, il s'éleva, rabattu par la brise il rasa quelque temps le pacage, puis alla se poser dans l'herbe, comme un gros potiron. Que de rêves, et de beaux, font tout de même.

Maintenant, au chalet !

Je connais des délicats que le chalet effarouche :

— Cela sent les vaches ! — Un peu.

— Cela sent le fromage ! — Beaucoup.

Notre bande n'est pas à cela près.

— Salut, fruitier ! Comment vous en va par là-haut?

— Ça va, ça va ! Ces messieurs sont bien rares ! (Dans notre Suisse primitive, l'homme libre dit : Messieurs! les dames passent par-dessus le marché.)

— Faites-vous le fromage?

— Vincent est après.
— Celui de Jougne?
— Oui, oui ! un fameux.
— Et la crème !
— N'ayez crainte, on vous a vu venir.

Il est là, Vincent, bel homme, bras nus jusqu'à l'épaule, calotte de cuir sur la tête, du haut en bas vêtu d'un pantalon de forte toile, à poitrail, enfilé par-dessus ses habits.

Un feu de fournaise flamboie dans l'âtre, la haute cheminée engouffre les étincelles, les jets dardent autour de la chaudière aux flancs noirs; dedans elle reluit comme l'or. C'est plaisir de voir le lait tournoyer, monter, s'abattre et se gonfler encore.

— Faites pas attention, Vincent !

Vincent, d'un sourire, nous a souhaité la bienvenue, d'une main il a touché sa calotte; il ne se dérangera pas, soyez tranquille, seulement il brassera la crème de meilleure grâce, il y promènera d'un air plus vainqueur le bâton blanc piqué de brochettes; on n'est pas Français pour rien.

La chaudière tourne en criant sur son pilier de hêtre.

— Chauffez-vous ! dit le fruitier, il y a place !

Vincent, toujours grave, a versé le petit lait aigri dans sa chaudière; la crème s'agglomère, les caillots blancs se précipitent, le liquide prend une teinte verdâtre; alors Vincent saisit le canevas, d'un mouvement calme et prompt il en roule les bords autour d'un osier, plonge le cerceau dans la chaudière, ramasse le caillé d'un seul coup : là est le bien faire ! Après, il met le canevas dans une forme ronde, la planche par-dessus, un poids sur la planche, tord le tourniquet sous son bras de fer, puis regarde la bande.

— Bravo ! Vincent ! Un beau fromage, hardiment enlevé !

Que j'aime ce train du chalet, et ces clochettes qui tintent partout.

— Enfants ! n'allez pas là-haut secouer les *toupins* ! On les a suspendus à la poutre du fenil. Si vous les mettiez en branle, enfants, les vaches descendraient grand trot la montagne ; elles se croiraient en octobre, et que le troupeau revient en plaine.

Tantôt, pendant que de la cime nous nous dévalions vers le chalet, avez-vous entendu les yolées ? — *Ah ah ! Ah ah ! ah ah ah !* Les vachers appelaient leurs bêtes pour la traite du matin. Des réduits où elles s'étaient abritées, sous les sapins branchus dont les bas rameaux balayent le sol, on les a vu se lever. Elles arrivent lentement : les rouges, les noires, les tachetées ; le taureau suit, des naseaux humant la terre, court et puissant, sa tête frisée ramassée sur ses gros fanons. Dans l'étable, les bergers les ont parquées ; ils passent de l'une à l'autre ; le lait jaillit sous leurs doigts ; quelque meuglement sourd résonne, avec ce bruit joyeux, cette chanson d'abondance, ces jets à pleine mamelle dans les vases de bois.

A cette heure elles sont retournées au pacage. Les voilà, museau fourré dans l'herbe ; elles tondent, elles broient ; on entend craquer les franches lippées. Celle-ci, couchée dans l'ombre d'un sapin, les yeux perdus, en face des Alpes qui grandissent, ruisselantes de lumière ; celle-là broutant de bon courage. Une autre s'interrompt de paître, lève la tête et pousse une longue bramée à l'immensité.

— Qui veut voir la chambre aux fromages ?
— Oh là ! fait le fruitier, n'y a pas grand butin ! Faut y entrer fin d'août, quand les *tablars* cèdent sous le poids.
— Allons toujours.
— Tirez le loquet ; poussez la porte.

— Hé! hé! depuis trois semaines que vous êtes en haut, cela ne va pas mal!

Les *pièces* se rangent en bel ordre le long du mur; la travée du milieu ne porte pas encore son chargement. Patience; fin d'août, comme dit le fruitier, tout sera comble à n'y pas loger un œuf.

Quand vient la foire de Jougne, que le fruitier, avec le fromager, passent leur blouse neuve, qu'ils prennent le bâton de houx, qu'ils descendent la combe de Noirvaux, qu'ils débouchent sur la place de *Jogne*, c'est là qu'il y a du grabuge! Les gros marchands de France s'y promènent en soufflant dans leurs joues. Rusés compères, ces gros marchands! Ils connaissent par le menu les pâturages et les *amodieurs* [1], et si le fromager a la main bonne.

Tant pis pour qui ne vend pas en foire; il court grand risque de garder son bien.

Ce soir, quand nous atteindrons la cime du Chasseron, la chaudière retournera sur le feu. Deux fromages par jour, c'est le produit des fortes traites. Dans la saison avancée on n'en fait plus qu'un.

En attendant, les garçons du chalet tirent l'eau des citernes. Le seau qui pend au bout de la grande vergue descend et remonte en chantant; tout chante ici.

— Versez dans les auges! le soleil commence à chauffer. Les vaches, qui sentent la fraîcheur de l'abreuvoir, cabriolent avec de lourdes gaietés champêtres. Il y a des génisses, il y a des veaux, *modze* et *modzons*, qui viennent sur la porte du chalet, tendre vers la petite Églantine leur museau tout humide. Ils ont de grands yeux penseurs et des oreilles veloutées, beaux cornets fourrés qui s'inclinent à chaque bruit. Du sel aux modzons! — La petite Églantine en va

---

1. Fermiers des montagnes.

quérir à pleines poignées; elle avance les mains. Elle est bien contente, la petite Églantine; pourtant elle a un peu peur de ces langues épaisses qui ont tout léché en un clin d'œil.

Allez, enfants, allez vers le chevrier, là-bas. Ce matin il est descendu à mi-montagne, pour trouver du sureau. Le voyez-vous, sur son rocher, à la lisière du bois ? Il taille son sifflet; un biquet lui a mis les deux pattes sur les épaules. A la course, enfants! Le biquet fait front, les chèvres baissent les cornes, l'armée est en déroute, et le petit chevrier de se rouler sur l'herbe.

Mais voici nos gens de la plaine.

Les paresseux — j'entends ceux qui ont, cette nuit, dormi dans leur lit — nous attendent sous le hêtre. C'est là qu'on déjeune; assis par terre, la crème dans les baquets, le café dans les gros pots, et du solide aussi : il en faut pour fournir la carrière. Mademoiselle du Rouvre le sait bien, M. de Belcoster le sait mieux; tapis tous deux contre un vieux tronc, ils s'entourent tout doucettement des aises de la vie.

— Tom! mettez le vin ici; nous le tiendrons au frais.

— Tom! ici les pommes de terre; nous les tiendrons au chaud.

— Tom! ici le jambon, le jambon veut du soleil.

— Tom! ici les cerises, les cerises veulent de l'ombre.

— Tom! — Cette fois, la bande s'insurge.

On a mangé et bu. Un baiser à la petite Églantine, un adieu au seigneur du chalet! La bande, grossie, épanouie, forte et superbe, prend les prairies autour du mont.

Parlez-moi de marcher sur l'herbe : on ferait cent lieues comme cela. A gauche s'enfonce la combe de Noirvaux. On dirait, tant elle est sombre, que M. de Belcoster y a tout du long versé son écritoire. A droite s'étagent les rochers du Suchet. Devant nous, les aiguilles de Baulmes dressent leurs arêtes. C'est là qu'il faudra grimper.... quand on aura descendu quelque sept à huit cents pieds de pente.

On glisse, on roule, on arrive en bas. Et maintenant que nous y voici, remontons, s'il vous plaît. A l'assaut! Les uns par terre, les autres en l'air, nous y sommes, tous. La grande roche, relevée d'un seul bloc, s'avance comme un promontoire dans l'éther.

Regardons cela, voulez-vous?

Autour de nous, les aiguilles se hérissent en un cirque prodigieux; nous leur marchons sur la tête; l'abîme qu'entaille leurs grands profils s'abaisse à nos pieds. Le soleil a largement teinté la nature; les lacs sont bleus; les glaciers portent haut dans le ciel leur neige éclatante; les clochers semés sur la plaine brillent comme des diamants; les lignes, les perspectives, tout ce paysage grandiose nage dans un air limpide; et, près de nous, les airelles fleuries entassent leurs grelots d'un blanc rosé, l'herbe que n'ont pas encore brouté les troupeaux tapisse les versants mollement déroulés du côté de France.

Quelle heure il est, nous n'en savons rien. Y a-t-il des heures?

Se sentir vivre, il ne nous en faut pas plus.

Une flaque de neige est restée sous les sapins; la mousse verdit autour : Bande, campons!

Manger! ah bien oui! La bande ne mange pas. Elle erre en cueillant le crocus aux places que vient d'abandonner la froidure, les anémones frissonnantes, la gentiane à l'étoile d'azur, dans le fourré les petites renoncules avec leurs pommes d'or.

Les uns, couchés à l'écart, murmurent quelque chanson; il en est de sages qui essayent de sommeiller.

Le petit Jules dort ses pleins yeux. Morphée le tient

ferme. On tire deci, on tire delà ; rien. Couplets ; rien. Trompettes ; rien : — Jules, c'est l'heure d'aller à l'école ; rien. — Enfin on le met debout ; il regarde d'un air stupéfait, rit, hume le sorbet qu'on tient près de ses lèvres et voilà un petit homme ressuscité.

Pour Edgar, son aîné de trois ans, ni repos ni trêve. Foin des lits, foin des carrioles ! — Une étape de plus, nous verrons bien.

Ici, la bande perdit sa queue. La bande va trop vite, elle va trop loin : la queue se décroche. Bonsoir aux partants, vivent les fidèles ! A nous les chamois, à nous les brigands ! A nous le plus fameux brigandage qui fût jamais [1] !

Suivons le bord des roches. Un air pur emplit l'abîme. Les dents projettent l'une sur l'autre leurs grandes ombres irrégulières. Parfois une aiguille se dresse, rigide ; de petits nuages passent au-dessus ; ils floconnent entre ces deux pérennités, le ciel sans bornes, l'immuable roc. Et la flottille vogue, emportée par des courants dont nous ne sentons pas l'haleine.

Pauvres habitants des plaines, pauvre gent routinière ! Nous, libres toute une nuit, tout un jour, allons parmi les genévriers, parmi les thyms, l'immensité sur nos têtes, sous nos pieds le gazon, sur nos fronts un souffle balsamique ; allons tant que dureront les heures, les belles heures que nous mesure le soleil.

Pourtant, il baisse un peu, le soleil. Sainte-Croix, assis au fond du val, nous fait signe.

La bande court deci, court delà, par des châbles [2] aussi droits que des *i*. Les pierres dégringolent, le gravier crie,

---

1. Dans l'idiome du pays : *se brigander!* faire des exploits de force physique, des crâneries de marche.
2. *Châble*, couloir par où les bûcherons lancent les troncs des sapins abattus.

les branches cassent, un train de vieux bois file avec la bande ; en bas on ramasse les morceaux. Un peu de baume de fier-à-bras, nous sommes à Sainte-Croix.

Nous y sommes, quand nous y serons.

Avez-vous marché au gros du jour par les prairies, écrasé sous ce que nos paysans appellent *un chaud caché*? Les fleurs exhalent de perfides senteurs, une tiédeur humide alourdit l'atmosphère, les papillons ont peine à s'envoler ; pas une brise ; l'air manque, la bande traîne.

Elle traîne dans l'herbe aux longs brins qui arrête ses pas, elle traîne sur la route poudreuse, elle se couche sous un poirier, elle reprend courage, elle le perd. A force de se laisser choir, à force de se relever, elle arrive enfin au cabaret.

Délices d'un petit vin clairet noyé dans l'eau !

Les dames avaient si soif, et elles noyaient si gaillardement ce petit vin-là, et il faisait si frais au cabaret que, était-ce l'eau, était-ce le démon du lieu, leurs yeux par degrés se voilèrent. Bref, elles tombaient de sommeil, un sommeil assommant. Si bien, qu'assises autour de la table et se regardant d'un air tendre, elles dormaient, et tout en dormant, elles voyaient se dresser le Chasseron.

Une lieue d'ici à Bullet, deux lieues de Bullet au Chasseron, une lieue et demie pour redescendre à Vuitebœuf : ce n'est pas peu de chose, cela !

— Oui, mais à Vuitebœuf, le seigneur du manoir nous attend avec ses équipages.

— Hum, hum !

— Tenez, une idée : prenons, pour aller à Bullet, un véhicule quelconque, courge évidée, coque de noix, n'importe !

Aussitôt dit, aussitôt fait. C'est-à-dire, pas si tôt.

Il faut que l'hôte comprenne. Il faut qu'ayant compris, il se décide à nous fournir une charrette. Il faut que, décidé, il aille querir son cheval qui transporte des pierres. Il faut, avant, attendre un peu, pour voir si le cheval ne reviendra pas, de soi-même, tout seul, au logis. Une fois le cheval arrivé, voici le picotin d'avoine; car de faire faire au cheval une lieue sans avoir mangé l'avoine, cela ne s'est jamais vu. Et puis le char, deux poutres sur quatre roues :

— Veut-on pas y clouer des planches! Jamais ces dames ne tiennent dessus sans ça! Elles sont *mêmement capables de donner le tour*!

— Allons, est-ce fait?

— Eh! que ces messieurs sont pourtant vifs! On n'avance rien, quand on se voit comme ça *bourreaudé*! Ces messieurs sont pour *dévorer le monde*!

Avant de se jucher sur la charrette, la bande renvoie à Valpeyres Edgar et Jules, surmenés. On a découvert un cabriolet, on les y met, avec Tom sur le siège.

— Faites-moi coucher ces gaillards-là.

Et nous, treize sur la charrette!

Treize! mauvais nombre, d'autant que la bande, perchée comme elle peut, branle d'avant, branle d'arrière, d'une main tient les planches, et de l'autre se tient, soi. — Cela dure une heure. A Bullet, on saute à bas, concassés et réveillés.

C'est le soir. La bande a découvert un jeune horloger aux yeux d'émouchet, qui lui sert de guide.

Les pentes s'élèvent en ondes paresseuses; sous les sapins mille chansons célèbrent la fin du beau jour. Il y a des bouvreuils qui sifflent doucement; il y a des rouges-gorges qui lancent des notes étincelantes, il y a des refrains joyeux et sauvages, il y a des tons inusités et fiers. Ces oiseaux sont maîtres chez eux, maîtres du bois, maîtres des clairières; leur chant s'épand libre et hardi : de tels accents ne retentissent que dans la solitude des sites inviolés.

Tout en haut se déroulent les tapis de renoncules ou rosées ou bleuâtres; nos jeunes filles s'arrêtent à chaque pas, leurs bras fléchissent sous les gerbes. On marche lentement aux clartés du crépuscule. Ces femmes, ces groupes errant dans l'éther limpide font penser aux toiles des vieux peintres, baignées de sereines clartés.

Tout comme la nuit avait au matin relevé ses voiles, elle les laisse à cette heure retomber plis par plis.

Du côté de Suisse la vue est mélancolique; les Alpes se cachent dans le brouillard, la plaine s'efface, les lacs s'éteignent. Du côté de France, des trombes, en fauves colonnes, s'épanchent sur un horizon de feu; les montagnes vont perdant au loin leurs profils; les prairies semées de chalets disparaissent sous l'obscurité croissante; le mugissement des troupeaux monte encore jusqu'à nous.

Éternel, mon Dieu, tu es merveilleusement grand! Tu es revêtu de majesté et de magnificence! Une cime répond à l'autre cime, chaque voix de la terre redit les gratuités du Dieu sauveur!

Nous voudrions rester là, immobiles, silencieux. Le tonnerre promène ses roulements par les vallées; le ciel s'embrase sous les éclairs.

Cependant notre jeune épervier, bec dispos, prunelles écarquillées, s'apprête à faire son métier de guide.

— Voici Plancemont!
— Plancemont?
— Là, voyez-vous pas?
— Je vois un morceau de pré.
— C'est Plancemont.
— Cela?
— Oui, cela.
— Eh bien?
— Eh bien, c'est Plancemont!

Pourquoi Plancemont? Pourquoi ce gazon-là plutôt qu'un autre? Que dit Plancemont à notre homme? La bande n'en a jamais rien su. Seulement, Plancemont éblouit notre horloger; il le montre, il le remontre, surtout à M. de Belcoster, qui lui répond d'un assentiment cordial :

— Oui, très bien! Plancemont, oui, je vois, c'est Plancemont.

Aussi, dès cette heure, Plancemont se range parmi les bagages de la bande. Sitôt sur une cime, on prend M. de Belcoster, on le mène à l'écart, et d'un air de mystère :

— Voilà Plancemont!

Bande, as-tu des jambes? à la course! La nuit s'est faite. Entendez-vous les grondements de la foudre? Voyez-vous s'amasser les nuées? Le vent précurseur ploie les hêtres; une goutte, large, chaude, puis deux, puis les averses, puis les torrents. En un instant la bande est noyée. Pas question d'abri; des cataractes à tout renverser. Courage, pensez aux voitures! On ruisselle. Deux heures comme cela. Les petites lumières de Vuitebœuf apparaissent; ceux qui voient de nuit distinguent les équipages, clairement; à mesure qu'on approche, on discerne moins bien. Voici l'auberge.

— Hé! l'hôte! les voitures?
— De ma vie [1]! Ces messieurs sont-ils trempés! A voir, ces messieurs ont tout reçu?
— Oui, et les voitures?
— Il a fait un terrible temps par là-haut?
— Oui, et les voitures!
— Avez-vous rien eu peur du tonnerre?
— Non, et les voitures!
— Ah! c'est qu'il est méchant! Y a bien Frédéric à Jacques qui s'était *réduit* [2] sous un pommier...

1. Je ne soulignerai plus guère : le lecteur intelligent comprendra le langage de nos villageois.
2. Caché.

— Et les voitures, et les voitures, et les voitures !

— Les voitures ! oh là, voilà tout quasiment deux heures, non, cinq quarts d'heures qu'elles s'en sont retournées ; parce que M. le père a dit comme ça : « S'ils sont mouillés, ça ne veut pas les sécher ! »

Bah ! une fois à la nage, quelques brasses de surcroît ne font pas une affaire.

— Quelques brasses !

— Deux lieues, pas plus.

Quoi qu'il en soit, il y a des buveurs enragés que les trombes ne désaltèrent pas. Ceux-là boivent aux fontaines de Vuitebœuf, boivent aux fontaines de Baulmes, boivent aux ruisseaux, boivent tout, partout.

Maintenant, les nuages déchirés voguent par les cieux, la reinette trille aux prairies, quelques étoiles scintillent, la caille appelle dans les blés. Il est onze heures, bientôt minuit. La bande marche, marche encore, légère, de frais arrosée, un peu crottée, belle toujours. Elle repasse rieuse par les rues du village : un gai murmure, un frôlement plein de mystère !

Les paysans se retournent dans leurs lits ; les vieux secouent la tête, les petits se serrent sous le duvet... Oh ! la *chête*, la *chête* !

LE MANOIR

La bande ne va pas toujours au bois. Quand vient novembre, que les vents sifflent et que tient la froidure, un chaud salon réunit nos gens.

Vous avez vu bien des salons, pas un comme celui-ci.

La bande n'est pas *chète* pour rien, elle a des fées dans sa manche. Lorsqu'elle veut une carriole, elle frotte un peu son anneau : crac, les gnomes ses esclaves lui amènent une charrette à traîner les cailloux. Est-elle échauffée? vite un orage. A-t-elle soif? partout des ruisseaux. Elle a voulu des salons sans pareils ; elle fait signe, un génie accourt.

— Que vous faut-il?
— Deux salons.
— De quoi?
— De bois.
— De bois? Un peu vague cela!
— Du bois sculpté.
— Ouais!

Or, il se trouve que le génie en question fait justement travailler le bois, quelque part, à Thoune, par des esprits soumis à son pouvoir. On l'appelle Wald, du nom des forêts.

— Alerte! coupez les chênes, jetez bas les noyers, rabotez, ciselez, polissez!

Et voici le vautour qui étend les ailes sur sa proie, voici le chamois pantelant que lui dispute l'aigle des Alpes; des deux côtés de l'âtre, le bouquetin aux cornes raboteuses soutient les chambranles; les têtes fines des chamois sortent du cadre fouillé, se mirent dans la glace, tandis que du haut des lambrequins, les hiboux écarquillent leurs yeux ronds. Écureuils, oursons, chèvres, belettes, grimpent au dos des fauteuils. Autour de la tenture s'entrelacent les sarments de la vigne. L'ours de Berne, le gros Mütz, qui embrasse à deux pattes le pied de la table, regarde les hôtes d'un air narquois. Un nid tout enveloppé de pampres se suspend au plafond, la grive y couve assidue, en dépit de l'éclat des lumières et du bruit.

Aussi le dimanche, écoutez un peu les braves femmes d'alentour. Elles arrivent, timides; elles ont grand'honte; une d'elles prend courage :

— Peut-on voir le salon des bêtes? — Flatteur pour la bande, cela.

— Oui, certes.

Alors elles ôtent leurs souliers, elles entrent, elles considèrent, muettes; elles se montrent du doigt le chalet enguirlandé de lierre, avec les pigeons qui roucoulent et le cadran rustique; elles se montrent la sarcelle que réfléchit le miroir, et le lammergayer et les cigognes! Elles ont vite reconnu la tête frisée du bélier, et, sur le soufflet, la mère hirondelle qui donne la becquée à ses petits. Quant au médaillon de la cheminée, Reinek et Fux, oh! pour cette fois, on ne les y prendra pas! Jamais, au grand jamais, elles ne virent maître renard, proprement assis en un ermitage, méditer les vies des saints, ni le chat, besace au dos, bâton de pèlerin dans la patte, lui tirer plus bas que terre le chapeau.

Dans le salon des bêtes la bande est chez elle. Il y fait bon; ni trop clair, ni pas assez; chacun y a son coin, qui lui plaît. Si vous saviez qu'on y est bien!

Elle a fatigué, la pauvre bande, elle a travaillé; elle sait ce que pèse le labeur. Qui la regarderait de près, verrait parfois, sous ses ailes diaprées, fléchir des membres défaillants. Derrière le sourire, plus d'une larme est tombée. Les doux loisirs ne la bercent pas tous les jours. Avec quelle joie, l'heure venue, elle secoue sa poussière. — Bonheur de s'aimer! Les mains se sont rencontrées, le cœur se dilate, des yeux ont jailli les belles clartés, rayonnantes de foi.

Ce que nous faisons là? Un peu de tout. Nous lisons des chefs-d'œuvre; M. de Belcoster les interprète. Tantôt le vers tragique vibre sous ses accents : un frisson passe, le cœur grandit, on bénit Dieu pour la splendeur de ses dons. Tantôt c'est la prose où le fin esprit pétille, et la grâce, et le charme, et l'on dirait une femme, tant l'intonation se fait coquette, tant il y a de caprice dans la diction. Les rossignols de Granges répètent leurs plus frais triolets; les hadgis d'Orient redisent l'appel du muezzin; les doigts de Monvéran, les jolis doigts pleins de fantaisie ont tracé d'un crayon moqueur les aventures de la bande; ils ont, d'un crayon énergique, maître en poésie, reproduit les grandes scènes du paysage : on regarde, on devise, on nage à plein vol dans l'azur. — Hélas, voici l'hiver, il se faut dire adieu.

Pauvre bande éparpillée, pauvre tourbillon de feuilles sèches, le vent les promène, le vent les emporte, notre foyer s'est refroidi, le manoir est vide, la cour est déserte, personne sur le sentier, personne sur la grande route; un tapis blanc, partout, avec les cris du choucas.

Mais vienne la saison prochaine, la saison des lilas, des merles et des longs jours, la bande renouera ses anneaux.

Mon Dieu, tu les renoueras!

COURSE DE VINGT ET UNE HEURES

AOUT

LE CREUX DU VAN

Le rendez-vous est à Granges, trois heures du matin, chez M. du Rouvre.

A trois heures le coq chante, M. le docteur Delmas traverse la cour du manoir avec madame sa femme; M. le pasteur Nérins les suit à grands pas; Marguerite, la fidèle chambrière du manoir, dort ses pleins yeux; Fritz, le guide-chef, arrive, crie, se démène, réveille Marguerite; Marguerite, réveillée et désespérée, frappe à la porte de ses maîtres :

— Trois heures et demie !

Vite, et vite ! Tout s'embrouille, tout se noue, tout casse ! Enfin les voilà sur pied, ils courent à Granges. Réception magnanime, pas un reproche !

Aux grands jours on connaît les grands cœurs !

— Presto ! sur le char à échelles ! — Cette fois, M. du Rouvre tient les rênes, nous courons.

Le soleil fait comme la Marguerite du manoir; tout endormi, ce soleil. Pourtant les noyers de Baulmes ont senti la brise matinale, un frisson émeut leurs frondes; le ruisseau se hâte sous les branches; faut-il pas qu'il trempe la luzerne à Jean-Pierre? et la belle toile de la Françoise, étendue sur les trèfles, faut-il pas l'arroser? Il s'en tiendra, des propos, le long de la pièce, pendant que les femmes puiseront l'eau vive. C'est la gloire de la ménagère, cela; elle marche fière d'un bout à l'autre bout du ruban déroulé; les gouttelettes s'éparpillent sur le tissu blanc; on connaît alors l'habileté des fileuses; le labeur des soirs d'hiver vient s'épanouir en ce beau matin, sous le ciel radieux.

Allons, allons! l'aurore apparait. Nous toucherions de nos mains la montagne; les escarpements descendent jusqu'à nous; quelque roche, tombée d'aplomb, se tient debout au milieu des ruines; on dirait un fort, oublié là par les ducs de Bourgogne.

Vuitebœuf, au fond de son entonnoir, sommeille encore; le coq du clocher, planté sur ses ergots, regarde la bande, pendant que le sentier de la Covatanne se perd en une crevasse de trois cents pieds de haut. Les pentes boisées du mont encaissent le joli vallon de la Mothe. Vugel, campé sur la colline revêtue de pampres, a bientôt disparu. C'est une de ces journées, rares dans la vie, où de l'aube au soir le ciel est bleu, où les objets n'ont pas d'ombre, les corps nulle pesanteur, l'âme nuls frissons.

A Fontaine, M. du Rouvre met la bande par terre. La bande monte sous bois, tantôt parmi les sainfoins roses, tantôt parmi les noisetiers, puis sous les hêtres, puis sous les sapins. — Quand il se fait quelque trouée, un grand morceau d'azur, là-bas, paraît soudain: c'est le lac de Neuchâtel. Des entassements de neiges éternelles, les Alpes, se dressent par delà. Ainsi, sans trop s'apercevoir comment, un peu marcher, un peu s'asseoir, on arrive devant le chalet de la Pidouze.

Un personnage, ce chalet ! Je ne sais pourquoi, il me rappelle les gros baillis de Berne. — Ils avaient de l'ampleur, nos nobles seigneurs, menton solidement bâti, vaste gilet plissé sur leur rotondité puissante, du bon bien au soleil, et quand ils parlaient, on croyait entendre le bourdon de la cathédrale.

Voici donc la Pidouze, épaisse, carrée sous son toit rabattu. Des prairies, fortes en herbage, lui viennent jusqu'aux murs. Elle regarde le lac, cinquante lieues d'Alpes, et tout à ses pieds la ville d'Yverdon, qui, le long de la rivière, aligne ses peupliers.

Les abords ont une sorte d'apparat, comme il convient à une si haute dame. Des allées de hêtres, droites et dignes, partant du point central, mènent sans fléchir à des salles immenses qu'enferment de larges ceintures d'érables, et que mouchettent çà et là des bouquets de sapins.

Croyez-moi, étendons-nous ici, les yeux au ciel, le cœur un peu partout. Laissons passer le temps, ce vieux grondeur, qui grommelle tout du long de sa route.

— Il arrivera sans nous !

— Cela vous fait quelque chose ?... à moi, rien.

Un bourdon part. Petit flocon de velours, ta grosse basse-taille me raconte les joies de l'été ; quand tu pousses tes élans, quand tu te suspends à quelque clochette bleue et que tu la fais lourdement balancer, quand d'un jet, tu t'enlèves avec une vibration sonore, les hymnes de juillet me retentissent au cœur ; tout à la fois, je respire des parfums de sauges et de géraniums sauvages ; les restaurantes émanations de la menthe et du thym m'arrivent par bouffées ; la splendeur des cieux éclate sur ma tête ; les prairies couvertes de fleurs se déroulent jusqu'aux derniers horizons. — Là-haut, cependant, le martinet des roches nage dans l'éther ; en voilà deux, en voilà cinq ; ils montrent tour à tour leur ventre blanc ou font miroiter leurs ailes. Là-haut, sur la cime des sapins, de vagues rumeurs se promènent; on dirait le souffle de Dieu.

— Assez rêvé! Nous avons huit lieues devant nous.

— Huit lieues! Bah! Les papillons bigarrés qui volètent çà et là, s'inquiètent-ils des lieues? Le vent du nord, agile et frais, les a-t-il comptées?

— Huit lieues, vous dis-je!

— Vous y tenez, positivement? Eh bien, c'est fait; nous voilà debout.

La bande enjambe les clos, s'attarde aux forêts, traverse les gazons. Sous les bois rien de trop sombre, sur les crêtes rien de trop éblouissant.

Les Rochats, un chalet solitaire et massif, ouvrent leur toit au levant.

Bande! passerais-tu bien là sans déjeuner?

Nous! à d'autres! La bande déjeune de trois heures du matin à six heures du soir, inclusivement, telle est sa profession; après six heures, elle dîne, et s'en tire à son honneur.

Un potager où l'on mettrait cuire Gamache avec sa noce flambe dans la cuisine; ce n'est pas pour nous qu'il chauffe, jamais le proverbe ne dit mieux. La bergère des Rochats a trois poules et point d'œufs, une vache et pas de lait, des cochons et point de lard, un four et pas de pain. C'est égal, notre bande se rit de la fortune contraire. D'ailleurs, la bande a de quoi. Elle ne marche guère sans son café, son fromage, son jambon, son poivre et son sel. Fritz met le couvert. M. de Belcoster lit d'une voix funèbre la complainte du Juif-Errant, placardée au mur. Le chat du logis fait le gros dos. Que voulez-vous de plus? — On dévore. Parlez-moi d'avoir peu, pour manger beaucoup. Cela fait, l'on se remet en route.

Où est le Creux du Van? — Personne n'en sait rien.
A l'aventure!

La bande serpente dans les prés de montagne.

Les faucheurs, venus des villages de la plaine, sont montés de nuit; avant l'aube ils avaient abattu de longs andains. Une pincée de ce foin-là vaut dix brassées de notre grossier fourrage. M. du Rouvre s'arrête devant chaque jonchée, prend l'herbe brin à brin, en respire l'arome; un vrai thé de Chine : demandez plutôt aux vaches !

Çà et là quelque sapin venu solitaire, étend au loin sa ramée. Les géants de nos montagnes ont l'ampleur des cèdres; sous leurs branches puissantes s'arrondissent des chambrettes pleines d'ombre. Cette fois, M. de Belcoster n'y tient plus : le thé, les vaches, le Juif errant, on ne sait quoi, il fait des courses effrénées, et jeter des pierres, et chanter, et baguenauder. Mademoiselle Berthe moissonne, mademoiselle Dora rayonne, mademoiselle du Douvre rit de voir rire M. de Belcoster.

— Fritz ! Avez-vous le Creux ?

Fritz secoue la tête. Ne vous embarrassez pas pour si peu. Fritz n'a jamais été où il mène la bande, peu importe; Fritz mettra la main sur le Creux, juste, quand il faudra. Un peu de casse-cou ne fait rien à l'affaire. — Ni les ronces emmêlées, ni les fouillis enchevêtrés ne sont pour arrêter la bande. Le chapeau de mademoiselle du Rouvre y laisse, il est vrai, quelques dentelles, les petits des oiseaux en feront leur pâture. Ce chapeau, un chapeau vertueux, s'est aliéné le cœur de M. de Belcoster; bien fin, qui dira pourquoi.

Sa forme? il n'en a point. Sa couleur? il n'est pas noir, il n'est pas bleu, il n'est pas rose, il n'est pas gris, il n'est pas vert, il n'est pas blanc !... bref, je vous mets au défi de lui en trouver une. M. de Belcoster (il ne sait pas où cela le mènera, le pauvre homme!) a juré une mortelle haine à ce chapeau-là.

La capote a déchiré son dessus. — Bon ! — La capote a perdu son dessous. — Bravo ! — La capote capotisée baisse l'aile et dit son dernier mot. — Victoire !

Pauvre homme, pauvre homme! Et penser que si M. de Belcoster n'avait pas abreuvé de dédains la capote, la capote subsisterait encore; que si la capote subsistait, le roi de Prusse, la révolution... silence! ne devançons pas les temps; surtout ne faisons pas de politique.

Cependant Fritz monte à droite, grimpe à gauche : pas plus de Creux que dans le creux de ma main! Au contraire, les prairies doucement renflées vont déployant leur émail au soleil. La bande foule insouciante les tapis d'ophris bruns au parfum de vanille; chacun de ses pas fait lever des nuées de sauterelles; lorsqu'elles ouvrent leurs élytres, on dirait une flamme.

Deux heures passent ainsi.

Là-bas une ligne de rochers dresse sa crête; ce n'est pas le Creux. Là-haut un sommet tronqué dessine sur l'horizon ses lignes brusquement interrompues, Fritz y court, jette en l'air son bonnet : le Creux!

Un saisissement nous a tous arrêtés.

A nos pieds s'ouvre le Cirque; paroi verticale, d'un seul plan, d'une seule déchirure; neuf cents pieds de chute!

Les forêts, très noires, montent du fond de la vallée jusqu'à la base des roches. Aux deux extrémités glissent des coulées de terre; là-dessus se hérissent les sapins : leurs fûts tranchent la courbe, comme pour en mieux faire mesurer les écrasantes proportions. Quelque oiseau de proie, ailes déployées, plane sur ces profondeurs. Un silence incomparable y règne. Ni la rumeur des villages qui brillent aux extrêmes horizons, ni le bruit des routes blanches qui sillonnent le comté de Neuchâtel, là-bas, ne parviennent en ces régions solennelles.

Ce matin, le ciel, les prés, les bois, tout rit; ici même les corolles des fleurs resplendissent, les insectes en fête bourdonnent; pourtant c'est tragique.

Ah! ne dites pas le *Creux*! dites les colossales assises d'un amphithéâtre de Titans. Ou plutôt, ne dites rien; laissez parler le site; laissez la voix humaine, lancée en ondes puissantes, faire vibrer ces orgues de Dieu.

Nos yeux ne se rassasient point; notre âme est comme éperdue. Ces limpidités éthérées, ces mille détails exquis, puis, tout à coup, l'abîme; ce déchirement des entrailles de la terre; ce chant ossianique au milieu des grâces d'une journée d'été toute parfumée et toute fleurie, un tel contraste, soudain, nous émeut jusqu'au fond de l'être.

Nous avons erré sur la margelle de gazon qui veloute les bords du gouffre. Un promontoire fait retour vers le cintre; il nous met en face de sa vaste courbure. Là nous jetons nos voix à ces tables d'harmonies, tables de pierre, harpe prodigieuse qui nous renvoient nos accords élargis.

Les voix de femme meurent vite le long des fiers registres; il y faut la vigueur des voix d'homme. Alors ils répondent. La montagne tressaille tout entière aux accents de notre pasteur. Elle transpose la mélodie en des tonalités étranges; le mode mineur y prend un caractère plus triste; les triomphes du mode majeur s'y prolongent en échos désolés. C'est comme un cri de douleur qui jaillirait des profondeurs de la terre; c'est comme une plainte sauvage répandue par les solitudes. Il semble que l'humanité, dans ses heures de désespoir, doive ainsi pleurer son bonheur à jamais perdu.

Et toi Jésus, Créateur, toi qui as fait cela, tu es venu ramasser dans la poussière de pauvres créatures révoltées. Tu t'es laissé crucifier par elles. Les bras étendus vers le monde, tu as dit : « Venez à moi! »

Ainsi qu'un flot montent les pensées, des cantiques éclatent à plein cœur.

Puis, long collier défilé, la bande achève de parcourir le cercle immense.

Que vous dirai-je? Le soleil, l'azur, la jeunesse, peu à peu la bande revient au sourire.

C'est qu'aussi la bande a des aspects bizarres. Voici venir sur la margelle du précipice, bien loin, bien seuls, perdus dans l'espace, mademoiselle du Rouvre et son pasteur. Mademoiselle du Rouvre tient son pasteur par les pans de l'habit; elle le tient ferme, à bras tendus; de moment en moment elle s'arrête, lâche un peu, jusqu'à effleurer l'abîme; une fois là : — Chantez ! Quand il a chanté : — Criez ! — Mugissements, piaulements, miaulements, toute la gamme des bruits de nature y passe. Quelques pas, nouvel exercice. On les appelle :

— Arrivez ! nous partons !

Inutile ; ils continuent de se profiler sur les horizons déserts, poursuivent leur marche solitaire, absorbés, concentrés, à mille millions de lieues du genre humain.

Et pendant ce temps, M. et madame Delmas, tous deux sveltes, tous deux graves, silencieux, tenue d'ombres, silhouettes noires glissant sur les perspectives aériennes, paraissent et disparaissent à leur tour derrière les renflements du sol.

Vous comprenez si la bande, je veux dire les rieurs, couchés dans l'herbe, se pâment à loisir !

Ce grand site nous hantera. On va demander aux Alpes des aspects qui n'ont pas tant de majesté. Hivers de Norvège sous des latitudes fleuries, cascades lancées à travers le glacier, lacs polaires où se mirent les cieux d'Italie, les Alpes vous donneront tout cela. Vous n'y trouverez pas cet orbe incommensurable tracé par le doigt de Dieu, ni ces murailles d'un seul bloc devant lesquelles s'effaceraient les pyramides, ni ce vide béant, demeure du silence, sans horreur, et pourtant d'une tristesse à nulle autre pareille.

Reprenons par les prés. Les fourchées de foin sautent au

soleil; la bistorte à l'épi incarnat, les ancolies coiffées de leur petit casque bleu, la centaurée qui dresse ses aigrettes, l'astrance aux houppes rosées, tout tombe sous la faux des travailleurs.

Hélas, ce ne sont pas bergers de Florian.

— Les *pouets*, les *pouets*[1]! — crient, du plus loin qu'elles avisent la bande, quelques maritornes en belle humeur.

— Les beaux, les beaux! — riposte Fritz d'un ton railleur. Mots piquants de voler. La bande s'en rit. Madame Delmas, une âme candide et délicate, volontiers en pleurerait. Les vilains côtés de l'humaine nature lui paraissent plus hideux en ce lieu splendide. Grossière ou policée, la malveillance siffle comme un ton faux dans les harmonies de Dieu.

A cette heure, nous avons franchi les crêtes vers l'orient. Le lac de Neuchâtel bleuit à nos pieds. Doux voyage sur ces cols faciles. Notre regard enivré court aux Alpes, revient plonger dans les eaux, des ondes retourne aux neiges, puis erre sur la plaine diaprée, pour se reposer tout près dans l'ombre des sapins.

A travers la forêt, à travers les villages étagés sur la pente, on descend doucement. Sous les vergers chatoie le flot; il est des sources où mouiller nos visages, il y a des coins verts où ralentir nos pas.

Concise! cette fois, M. Nevil nous attend, les voitures aussi, et la petite Églantine, et son frère Edgar.

On dîne. Un bon dîner, qui franchement ne vaut rien.

La nuit est close, retour grand train dans les tourbillons de poussière. Les uns causent, les autres clochent. M. du Rouvre a remis les rênes à M. l'assesseur. M. l'assesseur, l'automédon ordinaire du char à échelles, n'est pas tout à fait dans son assiette. Il a trop attendu, M. l'assesseur. Il

---

[1]. Les laids! les laids!

s'est trop rafraîchi. Mieux eût valu le laisser à ses fenaisons, gouverner ses bêtes, comme on dit chez nous. Tout danse autour de M. l'assesseur, les arbres, la lune, les étoiles, voire le château de Champvent. M. l'assesseur affirme qu'il n'y voit jamais mieux que lorsqu'il n'y voit pas. Je ne dis pas non. La bande toutefois, se tiendrait plus assurée, si les yeux de M. l'assesseur ne nageaient pas dans un fluide bleu, tendre, trouble ; bref elle a peur.

Ainsi dormant, ainsi rêvant, on rentre vers minuit dans la cour de Valpeyres. Les quatre membres y sont, bras, jambes, têtes ?

— Oui.

Alors, bande, de quoi te plains-tu ?

LA SOURCE DE L'ORBE

MAI

L'aubépine fleurit. Le long des plates-bandes, les tulipes en robe rouge, en robe jaune, et celles toutes vêtues de brocard, et les panachées avec leur tunique gaiement bariolée de coups de pinceaux, et les tristes aux pétales noirs, et les dévotes en habit de capucin, toutes, les mondaines, les honnêtes, les fastueuses, et ces grandes déchiquetées qui ont jeté leur bonnet par-dessus les moulins, toutes s'inclinent tour à tour et se relèvent sous le vent de montagne.

C'est le soir. Une auréole couleur d'hyacinthe enveloppe la solide masse du Suchet. Dans le ciel d'un pur éther, où pas une étoile ne s'est encore allumée, la lune s'avance, radieuse et grave, comme une reine qui marcherait par ses palais déserts.

Le printemps, on le dirait, se recueille dans sa beauté. Un mot de Dieu l'a fait sortir de la terre morte et désolée. Le voilà; il se relève du sépulcre, telle qu'une fiancée, sa couronne au front. Sans transition, toutes les fleurs ont couvert tous les prés; où que se portent vos yeux une fête éclate.

Ce n'est point le vert intense mais uniforme de juin qui

succède aux neiges de l'hiver; ce ne sont pas les teintes brillantes de juillet, alors que mûrissent les blés et que les coquelicots et que les bluets se mêlent aux épis; encore moins les tons chauds de l'automne, ces draperies d'or suspendues aux forêts, ces pennons écarlates qui tranchent sur la cime des arbres avec la forte ramée des vergers; non, c'est une splendeur de résurrection. La vie a jailli, elle a jeté son manteau diapré sur l'herbe jaunie, elle a jeté sa pluie de corolles sur les rameaux noircis; à profusion, les couleurs, les parfums emplissent les campagnes; la main qui fait cela ne calcule pas. Une fois l'an, le plus pauvre homme est riche; il s'avance au milieu des lambris; les magnificences de la lumière, la douce chaleur, les concerts, les urnes d'où montent les aromes, tout lui appartient.

Pour moi, ces largesses divines me font du bien; je ne rencontre pas sans en tressaillir ce rayon échappé du paradis. Je suis de là-haut! Je suis l'enfant du Père qui règne aux cieux! Il est mon père, et il est roi, et rien ne lui résiste! Un mot de lui fleurit la terre, un mot de lui fait revivre. Chaque verger sous sa toison blanche me dit : « La mort est vaincue, tu reverras tes morts! »

Alors, d'où vient que je promène un front soucieux par ces allées, d'où vient que la brise du soir ne me rafraîchit pas, que les abeilles bourdonnent en vain devant le rucher, que les sommets qui se baignent dans la lumière ne me parlent plus ni de liberté ni de beaux exploits?

Liberté, prouesses! Hélas, gens de bande, que nous en sommes loin.

Connaissez-vous la servitude? Une idée insolite, venue je ne sais d'où, vous a-t-elle saisis et garottés : un je ne sais quoi d'insensé qui vous terrasse, une lubie qui vous possède, qui vous mène où elle veut, tant qu'elle veut, comme un malfaiteur au bout de l'escopette du gendarme!

Et ce qui nous fait enrager, nous autres, les esclaves, c'est que le maître est absurde : nous le méprisons, et nous lui obéissons. Ne me parlez ni de raison ni de volonté. Ma volonté, mais elle a les menottes ! Ma raison, mais elle fait son métier ; elle raisonne et n'agit pas. Il me faut un libérateur, tout le reste m'est inutile ; je l'appelle, il viendra : en attendant, je traîne le boulet.

Vous voulez savoir ce que c'est, ce boulet ? — Ne riez pas, c'est... Eh bien, c'est un Arabe, un Arabe d'Arabie, qui a traversé le sentier, ce matin, ramené du fond de l'Orient par un de ces voyageurs que notre Suisse aventureuse envoie promener sous tous les cieux.

Le voyageur, un monsieur, habit noir, brossé, lustré, comme s'il sortait du prêche, s'avançait au milieu des prés, canne en main. Derrière venait l'Arabe, svelte, peau bronzée, traits purs, la mine fière, l'air d'un monarque du Levant. Il avait la tête ceinte du turban de mousseline blanche, il portait la veste bigarrée aux manches flottantes, le châle de cachemire lui serrait les hanches, des pantalons amples et courts retombaient sur ses jambes nues qu'entortillaient des bandelettes, le burnous de laine se nouait largement sur la poitrine. Impassible, il marchait à travers nos grasses prairies si différentes de ses oasis. Il a passé l'œil sérieux, presque sévère ; pas un regard ne s'est échappé de ses longues paupières, pas un son n'est tombé de ses lèvres fines, pas un de ces cris gutturaux que lancent dans leurs solitudes les bergers qui campent aux ouadis de la mer Rouge, pas une de ces notes prolongées qu'envoient les Bédouins par les mornes étendues, au delà du Sinaï ; non, et pourtant, tel quel, comme un magicien, il a fait lever l'Orient tout entier, tout radieux devant moi. J'ai revu la tente, j'ai revu les troupeaux de chamelles, j'ai revu la caravane, son cheik en tête, accroupi sur le dromadaire, la lance appuyée à l'orteil ; les palmiers ont balancé sur mon front leurs régimes plus blancs que le lait, les constellations des nuits d'Égypte ont semé mon ciel de diamants, j'ai entendu la chanson plaintive de la jeune fille fellah, les horizons de la Nubie se sont ouverts, l'immensité s'est déroulée; je ne sais quels parfums de lentisques montent des bosquets de la Grèce, des odeurs d'ambre s'exhalent de la terre des Pharaons; j'en reste enivrée.

Vous les pèlerins, vous les hadjis, vous la connaissez bien, la nostalgie du pays où se lève le soleil. Sous les bosquets de roses, au bord de nos courants d'eau vive, les aridités du désert, tout à coup, nous ont fait bondir le cœur. Ah! que nous donnerions bien nos plantureux vallons pour les cailloux embrasés qui miroitent là-bas, sous le ciel de feu; que nous les donnerions bien, nos montagnes aux ombres épaisses pour ces déchirements du sol, sans un arbre, sans une herbe, avec des incendies de couleur à brûler les yeux.

Eh quoi! la tente si tôt dressée, si vite repliée, n'étendra-t-elle plus sur moi ses toiles? N'entendrai-je plus au campement, les chameaux broyer les fèves, le fils d'Ismaël raconter l'histoire d'Agar? Les belles villes arabes n'ouvriront-elles plus devant moi la porte aux tourelles, la porte aux ogives? Ne verrai-je plus le minaret s'élancer du milieu des sycomores, ni ces femmes qui vont le soir emplir leurs urnes aux puits de Judée, ni ces peuples pasteurs qui, se riant des siècles, mènent dans leurs vastitudes la même vie que menait aux mêmes oasis leur père Abraham, le grand cheik de Dieu.

Ah! je le sais bien, ce que dit la sagesse, et je sais bien ce que chante la reinette, ici, sous la feuille du fraisier.

Depuis que le soleil s'est caché derrière le mont Suchet, depuis que la fraîcheur est descendue, elle trille, la reinette; elle trille, cela suffit à son bonheur. La nuit est douce; pas un bruit; les souffles qui se promenaient se sont épuisés;

une paix profonde règne dans la campagne. De sa voix limpide la reinette trille toujours. Elle aussi, elle est enivrée, enivrée de la senteur des lilas, enivrée de la lune splendide, enivrée de ses propres concerts, enivrée de son bonheur. Sa feuille de fraisier l'abrite, nul méchant oiseau ne fondra sur elle, sa chanson est une belle chanson. Que les cieux sont grands, que la rosée est bienfaisante, que c'est bon de vivre, que ce petit coin est un coin enchanté, que cette fleur qui vient de s'ouvrir, la fleur de son fraisier, est une fleur merveilleuse, que Dieu est puissant, qu'il est bon, qu'elle est bien une reinette fortunée ! Et la reinette chante. Toute la nuit elle chantera sous la feuille du fraisier.

— Or çà, — ainsi parle un des sept sages de la bande, — venez-vous-en cueillir des narcisses, le long de l'Orbe ! Pour congédier les idées fixes, je ne sais, moi, qu'un secret : celui de ce bonhomme, le père du Petit-Poucet, qui menait perdre ses enfants, et s'en trouvait bien... sauf que les enfants revenaient. — Menons promener notre folie, échinons-la, tuons-la; les morts ne reviennent pas.

On y va, tous. On prend par les bois, on prend par Bretonnières, le gros village caché sous les noyers. A mesure qu'on marche, l'Orient s'éloigne. N'en parlons plus.

Parlons-en tout au contraire, et tant et si bien que nous n'y penserons plus.

Les paroles, voyez-vous, ce sont les écluses par où se vident les fleuves. Fermez l'écluse, le fleuve renverse vos digues, noie vos campagnes; levez l'écluse, l'eau tout doucement coule, un flot après l'autre, ce qui mugissait murmure, ce qui bouillonnait s'apaise, le courant glisse, il s'abat, ce n'est plus qu'un ruisseau, vous y trempez votre visage, vous le battez de vos mains. — Parlez, croyez-moi, il n'y a de méchantes folies que les folies muettes.

Point de narcisses; mais quelle fraîcheur sous la forêt ! L'orchis militaire, l'arme au bras, range au bord du sentier ses hampes garnies de fleurons violets; l'ophris nid d'oiseau cache dans l'ombre des genévriers ses capuchons couleur feuille morte. J'ai trouvé l'ophris mouche, à la robe de velours brun, au fin corsage; et le bourdon pansu qui arrondit son gros corps de peluche mordorée, et l'homme pendu, avec ses bras, avec ses jambes flageolantes, accrochées tout du long de la tige verdâtre ! Dans les prés tourbeux, vers les ruisselets à demi desséchés, la *primula farinosa* (M. Keuler, c'est en votre honneur, ce *farinosa* !), la primevère des Alpes couvre le sol de ses pompons d'un rose tendre. On sent la sève, elle déborde. Les feuilles ont ce premier éclat qui brille un instant et que rien ne leur rendra. La dent des chenilles ne les a pas mordues; les viscosités des insectes rampants ne les ont pas souillées; elles n'ont bataillé ni contre la froidure, ni contre la chaleur; aucune défaite ne les a flétries, elles n'ont pas cette dureté que donne la victoire, c'est une apparition d'Éden, et l'on dirait que l'homme, pour une heure, une heure trop tôt passée, s'avance au milieu des splendeurs de la beauté première, dans le rayonnant bonheur de sa jeune pureté.

De la rive droite où nous marchons, nos regards plongent sur le saut du Dais. A larges plis l'Orbe se répand parmi les écueils. Elle se jette tout entière, en trois bonds, dans le chaos des roches; les nappes bondissent, blanchissent, incessamment versées, avec une clameur qui remplit la solitude. C'est éternel, et c'est le mouvement même. Il semble que le problème de la vie, si fluide, si vite écoulée, se pose devant cet autre mystère de l'immuable, de la pérennité, égale à elle-même, en un passé sans fond, en un avenir sans bornes ! — Mais quoi, quand la bande a bien rêvé (c'est fait plus vite qu'on ne pense), elle se souvient qu'il est midi, qu'elle a grand'faim ! et voilà Vallorbes.

Le dîner dure ses deux heures d'horloge. Rassurez-vous, en sortant, on recommencerait sans se gêner.

Les marteaux de forge vont à leurs moments; maintenant ils se taisent. C'est bien tranquille, ces coins de montagne, c'est un peu mort aussi. Sauf les truites, qui passent dans l'eau claire, s'arrêtent sur le fond noir de mousses, battent mollement des nageoires contre le fil du courant, rien ne bouge.

La bande, rangée des deux côtés du pont, regarde les truites.

Quelqu'un s'avoisine, un vieux bonhomme. Il béquille jusqu'à la bande, plante son bâton en terre, se penche sur le balustre, examine l'eau, et soupire.

— En voilà pourtant un! se prend-il à dire.

— Oui, là! fait M. de Belcoster.

Le bonhomme s'approche : — Et puis, là! il en montre un autre. — Et puis, là! un troisième. — Et puis, c'est que c'est du *vrai poisson!*

Notre bonhomme relève la tête d'un air connaisseur.

Du vrai poisson? Ce qui nage, avec des nageoires, c'est du poisson, du vrai; ainsi pensait la bande; pas l'homme. Il hoche la tête, montre les bêtes du bout de sa canne, et murmure, se parlant à soi-même : — Ça, *c'est du vrai poisson!*

Du vrai poisson? — Eh! j'y suis! c'est de la truite! La truite, au fait, c'est la noblesse, c'est la *gentility*, c'est le VRAI POISSON!

L'homme fait un autre soupir, se tourne un peu, de l'œil compte la bande, gémit encore et dit : — Mais voilà! on les mange!

Aïe! la bande ne le sait que trop. Elle a sur la conscience trois plats de vrais poissons, à la sauce, au bleu, à la poêle! Elle n'en a laissé que les têtes et les queues.

— Voilà... on les mange! reprend l'homme.

Un ogre ne se sentirait pas le cœur plus bourrelé de remords.

— Il n'en restera pas une!

Le pauvre homme s'appuie sur son bâton, jette un regard aux truites, un autre à la bande, triste et doux. La bande n'y tient plus; de l'argent, il n'en voudrait pas; ce n'est pas de l'argent qu'il faut à ce fleuve en détresse : des consolations, une bonne nouvelle, vite! M. de Belcoster l'aborde tout droit.

— Vous ne savez pas, on fait maintenant du poisson, du vrai, à volonté!

Le bonhomme dresse l'oreille.

— On le sème.

— On le?...

— Sème.

Le bon vieux hausse les épaules et reprend son bâton.

— Vous connaissez le frai?

— Oui-da.

— Eh bien, on le pêche, ce frai, du frai de truite, de brochet, de carpe; on le met éclore dans de petits bassins, au soleil; on élève le fretin dans des flaques d'eau, on le transvase dans des étangs; quand il est de taille, on le jette à la rivière; et l'on a *du vrai poisson*, tant qu'on en veut!

Le bon vieux fait ses objections.

— Les gros mangeront les moindres?

— Du tout, on les sépare.

— C'est bon dans les livres!

— C'est bon en pratique. Tenez, à Neuchâtel, sur le lac Léman, partout, cela se voit.

Le vieux considère M. de Belcoster; il lui trouve la figure d'un honnête homme.

— Allons, allons, puisque cela va comme ça... mangez seulement.

— C'est fait, c'est fait, brave homme.

Cette fois, à la source !

J'aime à marcher vite, par un vent frais, des ailes aux pieds, alors qu'en une belle matinée d'automne, la bande grimpe à l'assaut des aiguilles de Baulmes. J'aime à marcher tout à mon aise, en un jour de printemps, comme celui-ci, au sortir des frimas, alors que la bande alanguie secoue un peu ses plumes et s'essaye au premier soleil.

Les taciturnes bourgeois de céans travaillent *sur* les clous, *sur* les limes, aussi *sur* leurs jardinets.

Parlez-moi de ces petits clos bien plantés, avec chacun son prunier, son lilas, sa grosse giroflée et sa frange de tulipes écarlates. Ils donnent plus de joie, ces pauvres courtils de village, que nos parcs à prétentions. Au vrai, la terre ne révèle son mystère de poésie qu'à ceux-là seuls qui l'étreignent de leurs mains amoureuses. Promenez vos traînes par les avenues du bois, faites cueillir par vos jardiniers des corbeilles de fleurs; la jeune fille qui va le matin, court vêtue, la bêche à l'épaule, remuer le sol, celle que l'aubépine inonde de sa pluie blanche et dont la rosée trempe les pieds nus, celle qui se relève de temps en temps pour secouer ses nattes, passer la main sur son front, écouter le merle, et de nouveau courbée, travaille jusqu'aux ardeurs de midi; celle-là seule connaît les beaux secrets de l'aube, seule elle entend les mille concerts des sillons, seule elle a vu les écrins merveilleux aux scarabées de lapis et d'or, seule elle a saisi les harmonies des fontaines, du vent dans les arbres, et ces grandes rumeurs qui tantôt planent sur les campagnes, tantôt vont errant sous l'ombre des forêts. Ses rêveries, dont elle ne saurait pas rendre compte, sont toutes pénétrées des magnificences de la création; elle vit de cela; au fond, c'est la nymphe en habits de bure; si vous l'arrachez du sol, elle languit, s'étiole et meurt.

Dans le fouillis des maisonnettes, au bout du village, vivait autrefois une pauvre créature. Celle-là n'avait jamais quitté son coin ; elle était chétive, même un peu bossue ; elle possédait pour tout bien sa chambrette, une cafetière, une marmite, quelques écuelles au râtelier, dans le jardin un rosier, et sur sa fenêtre deux pots de basilic. Elle avait davantage, elle avait la paix du cœur. Elle aimait Dieu, comme on aime quelqu'un. Elle avait trouvé Jésus ; sitôt qu'elle l'avait trouvé, elle s'était donnée à lui. On ne vit jamais une existence plus dénuée : point d'événements, nulle jeunesse, les jours pareils aux jours, les ans monotones, et au bout, la mort. L'intérêt de sa vie, ce fut une école, qu'elle tint aussi longtemps que lui permirent ses forces.

Les petits la chérissaient, ils ne la craignaient guère ; pour elle, l'école était son bonheur et c'était son tourment. Je vois encore sa pâle figure éclairée par la foi, et tout autour, les mines rondes avec les yeux réfléchis des petits.

— *Veut-on être sages?*
— Oui !
— *Veut-on faire plaisir au bon Dieu?*
— Oui !

Joignez à ces questions, répétées chaque matin, chaque fois accueillies d'une adhésion cordiale, deux ou trois histoires de la Bible, racontées comme si l'incident se fût passé hier, vous aurez tout l'enseignement. Lorsqu'un des petits s'abandonnait à quelque peccadille : un mot rustre, le poing appliqué dans l'œil du voisin, une pomme cachée sous le tablier, quelque noisette tout à coup échappée de la poche et qui s'en allait sautant et sonnant au travers de la leçon, la régente, consternée à l'aspect d'un tel forfait, s'arrêtait sans voix. Cela, c'était son crève-cœur, son scandale, une fenêtre ouverte sur la perversité humaine, une vue horrible sur Satan, sur ses œuvres et sur l'enfer. Au fait, elle ne connaissait du monde que son école ; son école, c'était son univers. Dans ce royaume de Lilliput, les cirons devenaient des monstres. Mais aussi le moindre rayon c'était tout un soleil.

— Vous me ferez mourir! disait la régente aux petits brigands, croqueurs de noisettes. — Heureusement, la régente ne mourait pas; les petits le voyaient bien.

— Attendez la verge! Attendez le caveau!

Le caveau! hélas, le moindre des bambins l'y eût proprement coffrée. Les petits la regardaient, un doigt dans la bouche, le cœur gros. Sitôt qu'elle les voyait écrasés sous le poids du crime, le courroux de la régente fondait comme neige d'avril; ses bons yeux s'emplissaient de larmes, ses lèvres souriaient, nos petits rompaient les rangs, couraient à elle; les plus hardis, debout sur les bancs, la main levée, criaient à plein gosier : — Mam'zelle, on sera sage! On veut faire plaisir au bon Dieu! — Et la chère âme, toute frémissante d'amour, rendait grâce et gloire à l'Éternel.

Ces dévouements en silence, ces sombres existences qu'illumine l'attente du ciel, ces pauvres qui trouvent tout simple de ne rien avoir, ces humbles qui jamais ne s'étonnent de n'être rien, ces éclats de bonheur en des conditions si misérables, cette possession de Jésus qui tient lieu de tout ce que la vie ne donne pas, cela, voyez-vous, m'émeut jusqu'au fond des entrailles.

Avez-vous songé, parfois, au remaniement des places là-haut?

Oui, l'on dit de tel être chétif et pieux, qu'il a sa place marquée au ciel! En attendant, qui voudrait de sa place marquée ici-bas? Et quant à son poste sidéral, je m'imagine qu'on n'y tient guère; car enfin, si on voulait l'avoir, on l'aurait.

Or, vous représentez-vous l'étonnement, j'allais dire l'indignation, lorsque votre servante, ou votre jardinier, quelqu'un de ces indigents trop heureux de baiser les doigts qui leur tendent une aumône, quelqu'un de ces dociles qui vous écoutent d'une oreille respectueuse, et ces Lazares, les vôtres, les miens, et tant de créatures obscures sur lesquelles vous avez étalé les pans de votre robe toute constellée de vertus, quand ceux-là, tirés de la foule, le front plus brillant que l'aube, feront cortège au Maître, au roi; et que vous, et que nous, mêlés parmi la plèbe céleste, nous nous tiendrons heureux de marcher après eux, dans les pâleurs de ce rayon échappé de leur gloire, qui va s'effaçant jusqu'à nous!

Les forges se taisent toujours, c'est le repos de midi. — Nous avons pris la rive gauche. Un rideau de hêtres masque les zones de roche calcaire qui courent à mi-hauteur de montagne. On les aperçoit au travers des trouées, aussi les crêtes qui se dessinent sur l'azur. Çà et là de fortes coulées de pierres arrivent jusqu'au sentier, les prés se déroulent en dessous; ce sont des prés froids; à part la renoncule jaune, la première épanouie, il n'y fleurit rien encore. L'Orbe coule au milieu, ici verte, là sombre, partout transparente, tellement qu'on dirait des morceaux de miroir enchassés dans les gazons. Rien que de le voir, ce courant, profond et limpide, apaise la pensée. Il ne fait pas un pli, pas un caillou ne le ride, nul globule irisé ne glisse sur la surface unie. Pour se fracasser, la rivière attend l'écluse des forges; il lui faut la main des hommes pour la rompre et pour la torturer; sans cela, elle irait tout endormie jusqu'aux moulins des Clées, jusqu'au saut du Dais.

Devant nous, le mont de Cire dresse son cône dentelé de sapins; il baigne dans les fluidités de l'air; je ne sais quelles clartés inondent ses flancs. Vis-à-vis, la dent de Vaulion, rempart taillé dans le roc, oppose une coupe rigide à ces mollesses de la lumière. Trois cimes dans le fond croisent leurs profils.

Voici la dernière forge, noire maison foraine, plantée sur un sol charbonneux. Des poutrelles de gueuse s'entassent devant; dans le bassin de fer tombe à regret un filet d'eau claire, les peupliers qui se balancent sur un rythme monotone, accompagnent le babil des femmes, tandis qu'elles raccommodent leurs nippes couleur de suie. S'il n'y avait pas, au seuil de l'usine, quelques demi-douzaines de marmots fraîchement lavés, blondins aux joues plus rouges que des pivoines, on se croirait chez les chaudronniers de Pluton.

Tout cela n'empêche pas que le soleil rit, qu'il n'y a plus de route! Il y a les prairies, les hêtres, les sapins. L'Orbe s'anime et murmure en bas, le terrain descend en gais ressauts couverts de mousses. A cette heure, l'Orbe a rencontré les roches, jaillit, se fâche, derrière la feuillée on voit l'écume blanchir.

Venez! Ici prend le chenal de chêne, le chenal des forges; l'onde y court sans bruit; parler l'arrêterait, ce sont les paresseux qui jasent; elle se précipite, enroulée, tressée, polie, selon les caprices du bois ou l'ampleur des flots.

— Tenez-vous bien, gens de bande! et vous, les petits! La poutrelle est glissante, l'emportement de l'eau donnerait vite le vertige! Regardez sous les hêtres, au soleil, dans les mousses, regardez les mille sources qui se hâtent! Chacune gazouille, saute, alerte, de bon courage. Sont-elles pressées, sont-elles affolées! Jamais le mouvement, en ses prodiges, ne revêtit plus vive allure, ne chanta plus gaie chanson. On les regarderait toujours, ces fils d'eau claire, tantôt perdus sous l'ombre, tantôt frappés de lumière. Il y en a qui vont droit, roide, comme des volontés précipitées à leur fin, en casse-cou; il en est qui s'amusent tout du long, pas une pierre dont ils ne fassent le tour, pas une branche d'alizier qu'ils ne lutinent; d'autres coulent doucement qui soudain s'irritent, des fusées, une rage, puis tout s'évanouit.

Le jour a des blancheurs éblouissantes; nulle teinte dorée ne le vient adoucir. C'est l'effet du printemps, et de l'heure. L'été s'avoisine, le soleil a pris franchement sa route par le milieu du ciel; les dards tombent d'aplomb, ils transpercent.

En automne, lorsque la route céleste fléchira vers l'horizon, que le pèlerin de là-haut glissera près des crêtes, une lumière ambrée viendra colorer en dessous la ramée des sapins; la feuillée des hêtres, qui commencera de rougir, peindra le gazon de lueurs incarnates; des tons plus caressants parleront mieux au cœur. La nature sur son déclin a de ces tendresses : vers le soir de la vie, elles prennent aux forts.

Maintenant, les grandes ombres de la montagne arrivent jusqu'à nous. Un mur de roches, prodigieux, marque son arête sur le ciel. Cette ombre-là est intense, elle est dure, elle est froide; c'est la nuit. On y entre. Plus de murmures, les sources vagabondes ont rejoint le courant. Au loin, on entend l'Orbe batailler et mugir. Les troncs portent haut leur feuillée, elle frémit sous le vent de la source. Quelques violettes montées sur de longues tiges et qui cherchent un peu de jour; dans les clairières, la dentaire aux fleurons d'un bleu indécis, font penser aux végétations des bords de l'Érèbe. Les doigts pâles de Proserpine ont dû s'étendre vers ces fleurs mélancoliques; ils ont formé ces bouquets aux teintes incertaines; quelque chose de solennel et de triste, comme la nature antique aux sites que hantent les mornes divinités plane sur ces lieux. On ne parle plus; une sorte de décoloration se fait dans l'âme; des obscurités crépusculaires s'abattent sur le cœur; de même que certaines fleurs, quand vient le soir, ferment leurs pétales, les rires s'éteignent; ainsi que les phalènes, ainsi que les oiseaux de nuit battent l'air de leurs ailes pesantes, les pensées qui se cachent le jour, ces tristes à qui le soleil déplaît, sortent de leurs retraites. Pas un insecte ne se joue dans l'atmosphère dépouillée de rayons; les réduits n'ont point d'ombre, les places ouvertes n'ont point d'éclat, rien ne s'emboit, rien ne scintille, la même clarté douteuse se suspend sous les hêtres, du faîte au sol, et le contrefort des roches grandit toujours.

La Source! la Source!
Hourra pour la source! Jamais elle n'apparut si belle!
Arrêtons-nous ici, en face du rempart. La muraille, crénelée de sapins à tous les étages, tranche l'azur, là-haut, d'un trait net. En bas, dans les ténèbres que fait le bois, l'Orbe sort tout entière des entrailles des roches. En trois volutes, trois volutes gonflées, tordues, trois immenses soupirs qui soulèvent son sein, elle fait effraction vers la lumière. Elle se dilate, elle s'enfle, elle tournoie en spirales prolongées, elle enveloppe les écueils d'une cuirasse plus luisante que l'airain. Là-bas on entend ses colères; ici, non. Elle est véhémente et elle est silencieuse; elle a des tranchants aiguisés comme le fil d'un cimeterre, ses profondeurs rappellent la solidité du fer.

— Lancez des cailloux, nos jeunes! — Les cailloux glissent, décrivent une courbe rapide par-dessus les roches et n'enfoncent pas : on dirait des fleurs de cerisier éparpillées sur l'eau. Les mousses qui tapissent le fond du lit donnent à toute cette onde des limpidités couleur d'encre. L'emportement du courant, lancé à travers ces lieux austères, dans une paix qui touche à la mort attire comme un mystère que chaque flot renouvelle : il presse l'âme, la berce, l'étreint et la possède.

Pour moi, ces sources qui jamais ne tarissent me laissent éperdue devant la toute-puissance de Dieu. Tout ici-bas s'arrête, tout s'épuise, tout ce qui respire meurt, tout ce qui verdit se dessèche, tout ce qui fleurit se flétrit; seules, les sources vivent. Dans la nature glacée elles protestent contre le néant. Ce jaillissement inépuisable me parle de l'inépuisable bonté de Dieu. Quand la terre s'engourdit, quand mon âme se fige, la source avec sa pérennité, la source avec ses jets, sa joie, son trésor qui surabonde, la source me dit : — Il y a de la vie par delà ce monde, entends-tu sourdre les fontaines du Paradis!

Nous avons quitté nos sièges séculaires, et ce tronc abattu que la mousse aux longs brins tapissait de velours. Nos yeux se sont détachés de la grande eau sombre. Elle va trouver le soleil, elle va se heurter aux barrages, ses bords élargis la laissent courir où la mène son plaisir. Nous suivons, sur l'autre rive, ses flots laiteux; ils s'apaisent aux prairies; à peine les distingue-t-on du pacage, tant ils sont d'un vert pareil.

Des narcisses! les voilà, ce sont eux! Leur calice à six pétales s'étoile parmi les joncs. Voilà leur petite couronne d'or qu'encercle un anneau de rubis. — Cueillir, voyez-vous, cueillir à foison, à brassées, courir ici, là, prendre tout, les fleurs, les boutons, ce qui est venu, ce qui viendra, c'est l'enivrement de la conquête, ce sont les frénésies de la possession. Vous en avez assez, vous en avez trop, il n'importe! Tant que j'en verrai, j'en prendrai! Je coupe le présent, je fauche l'avenir. En laisser pour d'autres?... d'autres! qu'est-ce que c'est que ça, les autres? — Croyez-moi, le meilleur devient égoïste, je dis un égoïste fieffé, et si vous voulez connaître les belles âmes, ce sont ceux-là qui, se voyant les mains pleines, font signe aux camarades, et crient : Venez!

M. l'assesseur, sur le char à échelles, claque du fouet. Allons, allons! le brave homme a son verre de trop, sa *fédérale*, comme on dit en notre patriotique pays de vignobles.

On va bon train. Quelque génisse qui sort de l'étable, part en flèche au nez de M. l'assesseur; elle trotte devant l'attelage, queue en trompette, et la bande de rire, et les bergers de gueuler. Vers les fontaines, les jeunes filles battent le linge. Elles sont de bonne grâce, nos blondes aux yeux bleus; minces, grandes, un fin sourire! Nous en avons de brunes aussi, avec des fossettes aux joues. Quand les blés sont mûrs et qu'elles vont par les champs, quelque jupon court serré mollement aux hanches, le bras libre, la taille aisée, courbées sur les andains qu'elles amassent en gerbes; quand elles relèvent leur front humide, que d'un mouvement souple elles se redressent, et respirent, on croirait voir les grandes marguerites des prés, alors que la brise les ploie et puis les abandonne, et que, fièrement, elles regardent le ciel.

Mais ce sont nos vergers qui sont beaux! Les pommiers, blancs d'argent, rosés, purpurins, avec leurs essaims d'abeilles, d'un éclat immaculé, étendent leurs tabernacles sur les prairies. Pas une feuille, il n'y a que des fleurs : jamais roi, jamais empereur, ni Tamerlan, ni Charlemagne n'eurent tente pareille. Cela éblouit, c'est la fraîcheur même, cela sent bon, les yeux s'en enivrent, on ne peut voir cela et ne point adorer Dieu.

Que me font vos parterres, que me disent vos orchidées! Oui, les azalées sont de merveilleuses personnes, et les camélias des dames de haute maison; ce qui beau est beau; j'admire les princesses de serre chaude, en hiver elles charmeront mes ennuis; mais un pommier, mais un verger tout inondé de ces splendeurs, à pleines mains, débordantes; ce trop, comme Dieu le donne! où sont les miracles d'horticulture qui pourront bien valoir cela?

La nuit est descendue; voici le jardin. Je me promène le long des allées : le jet d'eau chante toujours, la lune s'avance toujours dans l'immensité sereine, la reinette trille toujours sous sa feuille de fraisier.

Elle en sait long, la reinette! Les vergers en savent long!

COURSE DE TROIS JOURS

SEPTEMBRE

PREMIÈRE JOURNÉE

NEUCHATEL. — LA CHAUX-DE-FONDS. — LES PLANCHETTES. — LE SAUT DU DOUBS

— A Yverdon! demain, avant sept heures! Surtout ne manquons pas le bateau!

— Bah! s'écrie M. Maurice Nevil, un bateau à vapeur de plus ou de moins, qu'est-ce que cela fait? Il faut des incidents en voyage, et des malentendus, et des anicroches; tout le plaisir est là.

M. Maurice Nevil développe agréablement cette thèse sur la route de Valpeyres à Yverdon, tandis que sa sœur, madame de Belcoster, s'inquiète d'un nuage qui passe, d'une mouche qui vole, du soleil, de la pluie... et de bien d'autres choses.

On arrive. Voici le port. Les dames de Monvéran, établies sur le vapeur, agitent leurs mouchoirs. Tom accourt effaré.

— Messieurs! madame! Il y a plus d'un quart d'heure que le capitaine attend!

— Bien, nous voilà. Et mademoiselle du Rouvre, et ses nièces?

— Monsieur, je ne les ai pas vues.

— Et M. le pasteur Nérins?

— Madame, je ne sais pas où il est.

M. le pasteur Nérins, sur le pont, regarde couler la rivière. Mademoiselle du Rouvre, en ville, court après trois chapeaux gris, gris de souris, coquets, galants, qui vont ravir M. de Belcoster, qui vont révolutionner la comté de Neuchâtel.

— Monsieur le capitaine! un instant, ne partez pas! Nous attendons trois chapeaux, non, trois dames; nous faisons une course de montagne, monsieur le capitaine! Sans ces trois chapeaux, je veux dire sans ces trois dames, tout est perdu!

— Où sont-elles, ces trois dames?

— Où? là! ne les voyez-vous pas?

— Comment, où, là?

— Oui, là, capitaine derrière les murs, dans la ville!

— Dans la ville, dans la ville, au diantre!

— Eh! monsieur le capitaine! une minute! Elles achètent trois chapeaux, trois chapeaux gris, gris de souris, monsieur le capitaine!... Mais au fait, pourquoi partez vous avant sept heures?

— Parce que je pars à six heures. Je pars à six heures, parce que c'est ma consigne.

— Monsieur le capitaine, nous n'en savions rien.

— C'est affiché partout.

— Monsieur le capitaine, de grâce!

Le capitaine, assez subtilisé comme cela, fronce le sourcil.

— Arrivent-elles, ces dames?

En vain la voiture de M. Nevil parcourt les rues d'Yverdon, en vain les membres palpitants de la bande, groupés à la poupe, le cou tendu, les yeux écarquillés, exercent la puissance du regard sur un certain tournant pour en extraire les dames, les chapeaux, M. Nérins, le cœur, la tête, tout!

Rien. — Alors, d'un mouvement magnanime, M. Maurice Nevil saute sur le rivage. Il restera, il attendra, il prendra la route de terre avec nos étourdies. Dans trois heures, quatre au plus, nous nous retrouverons à Neuchâtel.

Krrrt! — L'ancre remonte, le bateau glisse, et la bande mutilée, un pauvre tronçon penaud et transi, se masse autour de la cheminée.

Car il fait froid et il pleut. Le temps s'essuie; on grelotte.

Pourtant les rives sont vertes, l'onde est transparente. Il y a dans ces paysages à la sépia, un peu ternes, je ne sais quel charme secret, comme une chanson monotone qui berce le cœur.

Nos jeunes arpentent le pont. La petite Églantine court, crie, et se persuade qu'elle est au comble du bonheur. Les dames, l'aile basse, causent entre elles; M. de Belcoster remonte leur moral. On se représente la confusion des retardataires, aucuns disent leur désespoir. Les malins prétendent qu'il durera ce que dure la rosée, en un matin de mai. Les grondera-t-on, les plaindra-t-on, les écrasera-t-on? — Qu'ils reviennent, les perfides! averses ou non, notre soleil brillera.

La Lance, très belle et très grave, étale ses prairies au bord de l'eau. Villages et bourgs se succèdent. Neuchâtel apparaît avec ses lignes de peupliers.

Il pleut toujours.

A peine la bande débarquée, M. Victor Châtillon, un instant attardé, la rejoint en émoi.

— Vous ne savez pas, je viens de rencontrer un camarade! Il y a une révolution, ici : une restauration! Ça s'est fait ce matin à trois heures. Neuchâtel est conquis, de par le roi de Prusse!

La bande ébahie regarde autour de soi; un vrai désert. La bande écoute; silence absolu.

— Une révolution! Votre ami s'est gaussé de vous. Tenez, allons au musée, pour passer le temps. Vous, Tom, courez la ville, trouvez une voiture, un omnibus, des chevaux, et qu'on nous mène à la Chaux-de Fonds!

Pourtant, cette idée de révolution tracasse la bande.

Au fait, oui, c'est vrai, on aperçoit par-ci par-là trois citoyens, même quatre, qui causent à voix basse. L'un d'eux s'écrie : — Il faudra voir comment cela tournera! — Mais ces citoyens, placides, humant le frais, les mains dans les poches, le nez au vent, la mine plutôt endormie qu'inquiète, n'ont l'air ni de révolutionnaires ni de révolutionnés.

Sur la place, même aspect. La bande prend une rue qui monte au musée. Pour le coup, on n'en saurait douter; il y a une révolution! Le poste des sapeurs pompiers est sous les armes, des paysans en veste de *milaine* défendent l'hôtel de ville. Honnêtes figures, jeunes gens de seize à dix-sept ans, candides, avec un franc et doux regard; pères de famille tout stupéfaits de se trouver à pareille fête.

Quelques groupes stationnent devant les maisons. Ils sont mornes, taciturnes; on dirait des rats pris au traquenard. Jamais révolution ne revêtit pareille face de carême.

Bon! une proclamation, affichée sur le mur, à droite. Lisons:

Neuchâtelois ! Le règne de l'anarchie a cessé. Le drapeau de *nos princes* flotte de nouveau sur la cité de nos pères! Les *Environniers*, les *Sagnards*, les *Éplateniers*, descendus cette nuit des montagnes, ont délivré la patrie : ils sauront en sauvegarder l'honneur!

Pas un mot de la confédération. Ceci froisse nos cœurs helvétiques.

Bah! révolution ou pas révolution : au musée!

Mais il faut que la bande offre aux Neuchâtelois *émeutés* un spectacle bien plus intéressant que la restauration, car on la contemple, même on s'amasse autour d'elle, même on la suit, honneur qu'on ne fait pas à la révolution.

Un artiste tire son calepin et la croque.

Voici l'aspect : Ciel noir, pluie fine. Au beau milieu de Neuchâtel restauré, de cinq ou six bourgeois tout étonnés de l'être, la bande s'étale, imposante, quoique mutilée! Voulez-vous le détail? Des dames charmantes, des chapeaux ronds qui ne sont pas gris, des messieurs fiers et beaux : M. de Belcoster, avec son capuchon droit et mince comme le clocher de Strasbourg, d'où sort une barbe pointue en sens inverse; M. Victor Châtillon, habit léger, trempé, boîte de botanique sur le dos, défiant les orages politiques, sans compter les averses; M. Edgard Nevil, grand, toujours plus grand, le porte-voix en sautoir : façon de conque marine, destinée à se héler par monts et par vaux. — Je passe le reste.

Heureusement, la révolution n'a pas bouleversé le musée. Le *Mont Rose* de Calame [1], y trône toujours. Au premier plan bleuit le lac des hautes Alpes, flaque d'eau profonde, froide, d'un intense azur. A droite se relève un rocher vêtu de lichens, que dore faiblement la lumière décroissante du soleil. Ce soleil rayonne encore, il ne réchauffe plus. Les Alpes resplendissent dans la magie de leur éclat, dans la pureté de leur ciel sans nuages, dans cette gloire de l'inaccessible, de l'immaculé, qui laisse notre cœur éperdu.

Cela ne s'analyse pas, cela s'éprouve; je dirais presque, cela se subit.

Il y a d'excellents Girardets, surtout les Karl; fins sans manière, exacts avec noblesse dans les scènes d'un ordre élevé; mais le mont Rose, mais cet air limpide et rare, mais

---

[1]. Le même tableau, un chef-d'œuvre hors ligne, a été exécuté une première fois pour M. de la Rive, à Genève.

ces dernières altitudes si solennelles, si voisines des cieux, mais ce flamboiement d'une lumière glacée, ce lac d'un calme si près de la mort, voilà le génie.

Une fois hors du musée, la bande se livre à quelques théories sur l'art. Et tandis que le soleil rit au travers des ondées, tout à coup, un roulement de tambour se fait entendre ; l'homme à la grosse caisse, suivi de trois gamins, s'arrête droit devant la bande.

— Citoyens ! des groupes inquiétants se forment sur nos places ! Le gouvernement, protecteur de la paix publique, se prépare à les disperser par la force des armes !

La bande se considère épouvantée ; il n'y a qu'elle de rassemblé dans la ville. Justement, un peloton mi-partie de soldats et de bourgeois débouche et se range en bataille.

— C'est fait de nous ! Convaincus de rassemblement ! dispersés, jetés dans les cachots !

— Rassurez-vous ! répond à voix émue un brave royaliste ; rassurez-vous, messieurs ! le décret n'est fait ni pour vous, ni pour une compagnie telle que la vôtre !

Ce témoignage rendu à la bande lui redonne un peu de cœur. Elle se dilate, s'épanouit, et comme elle sent un certain rongement intime, elle va manger des petits pâtés.

Déception ! L'ouragan des révolutions a éteint le four des pâtissiers.

Pour se consoler, aussi pour faire acte de bravoure, la bande grimpe résolument au château.

— Halte ! Trois *Environniers* croisent... nette ! Pourtant, ils sourient bénévolement à la bande ; ils lui disent, *comme cela :*
— *Qu'on ne veut pas pouvoir la laisser passer ! à moins que vous n'ayez accointance avec ces messieurs de par là-haut !*

Non, la bande, avant tout patriote, ne reconnaît que les autorités fédérales. Elle s'en retourne donc comme elle est était venue, et tout en descendant, rencontre les trois seules figures épanouies qu'il lui ait été donné de voir à Neuchâtel.

Ce sont trois honorables de l'ancien régime; types d'un autre siècle; pleins de loyauté, plus naïfs que ne les fait notre temps. Ils montent allègres, vifs, sans le moindre souci de l'avenir; ils se frottent les mains, secouent la tête d'un air vainqueur : — Enfin nous y voilà! — Et saluent la bande d'un sourire paternel.

A propos, je ne vous ai pas dit comment la révolution s'est opérée.

Rien de si simple. Ce matin, avant l'aube, le gouvernement révolutionnaire, fort d'une troupe d'*Environniers*, de *Sagnards* et d'*Éplateniers* mandés tout exprès des montagnes, s'est emparé sans coup férir du château, qui ne se défendait pas. Il a coffré les conseillers, qui dormaient. Il a illuminé les édifices publics. Il a placé des pelotons de soldats dans tous les postes. Le même tour s'exécutait à la même heure au Locle, ailleurs peut-être, on n'en sait rien : et voilà comme on bâcle une révolution. — Si le roi de Prusse les mange meilleures, il ne les mange pas plus froides.

L'omnibus est trouvé, enfin! bel et bon omnibus, tout battant neuf, attelé de quatre chevaux que tient en main un cocher royaliste.

Dix heures, onze heures! point de chapeaux gris!

Des estafettes partent, arrivent : la révolution s'étire, bâille, va se réveiller. La bande inquiète se demande si sa queue pourra rejoindre. Notre cocher s'impatiente. Encore dix minutes, il détellera.

— Tom, ne voyez-vous rien venir?
— Rien, monsieur.

Le cœur commence à battre aux dames de la bande. Si la révolution sévissait sur la route de terre, si les chapeaux gris...

Soudain des claquements, une fanfare, une voiture au

galop, les voilà! — Cinq figures joyeuses, tristes, gaies, le rire aux lèvres, le regard désolé, telles en un mot que le bonheur de se retrouver, que la douleur de s'être manqués, que le remords, que les cataclysmes, que la gravité et le burlesque de la situation peuvent les faire ; le tout, coiffé des ravissants petits chapeaux gris, gris de souris, cause première du grabuge et de la restauration.

Vous jugez du bonheur. Quand on s'est un peu remis :
— Décidément, fait M. Maurice Nevil, vous persistez?
— Oui.
— Nous allons droit au centre de l'échauffourée, je vous en préviens.
— Oui.
— Je ne réponds pas de ce qui arrivera!
— Oui.
— Vous le voulez?
— Oui.
— Rrrroute!

Un chargement de pain, de fruits, de chocolat, vogue la galère!

A dater de ce moment, qu'il pleuve ou qu'il grêle, la bande est guerrière, pacifique, prête à tout. Ni les balles ne l'arrêtent, ni les colonnes civiques ne l'effrayent. Elle bravera le fer, elle traversera le feu, elle se battra. La bande s'est retrouvée ; une, indivisible et conquérante!

Or çà, traînards, dites un peu vos aventures.

Une fois raccolés, M. Maurice Nevil les a proprement mis en voiture ; des chevaux de poste, et filons!

Mademoiselle du Rouvre se désolait. Dans sa douleur suprême (un désespoir qui touchait au délire), elle aurait voulu voir le monde renversé. Même elle s'est écriée (Oh! folie de la langue) : Une révolution pour les divertir! — A peine lâché, ce mot met le feu aux quatre coins du canton.

En entrant à Concise, la queue de la bande rencontre le

bouleversement invoqué par mademoiselle du Rouvre ; plus loin, les troupes se rassemblent ; plus loin, les confédérés marchent sur la ville prussienne ; plus loin, on arrête la voiture.

— Vous n'avancerez pas! On ne passe pas! Qui êtes-vous? Qu'allez-vous faire là-bas?

— Je suis Vaudois, je passerai. Mes enfants sont à Neuchâtel, j'irai!

— Soit, allez, mais vous n'entrerez pas. Quant à vos enfants, on ne les laissera pas sortir. La ville est en état de siège.

Comprenez-vous les transes?

Partout les populations sous les armes. Il y a même un endroit, où, pour plus de sûreté, les miliciens enfourchent les chevaux de trait, et conduisent la voiture jusqu'au poste voisin.

Nos gens ne respirent plus. Ils atteignent les abords de Neuchâtel. Ils entrent dans la ville, vous savez le reste.

A cette heure, la bande, bien à l'aise dans son omnibus, se repose de tant d'émotions. Elle mange son pain bis, croque ses poires, et fait passer par la fenêtre son chocolat de santé, amer comme chicotin, déplorable emplette de l'honnête Tom.

Si nous la regardions un peu, cette bande?

Composée d'éléments divers, — n'ayez nulle crainte, je ne vais pas vous faire un éloge académique, — la bande se sent liée par une même foi. Nos meilleurs moments sont ceux où, groupés sur quelque cime, assis sous quelque grand sapin, nous ouvrons notre Bible, nous unissons nos cœurs dans la prière, nous devisons au hasard de nos pensées.

Il y a parmi nous des natures très diverses, il n'y a pas un caractère disparate. Tous amoureux d'idéal ; chacun avec son petit bon sens. Tous nageant dans l'éther ; chacun marchant sur terre. De la gaieté, oh! pour cela, de la meilleure!

Décidés à voir en beau ce qui est beau, même un peu ce qui est laid ; délicieusement bêtes à nos heures ; pas une parcelle de mauvaise humeur entre tous. Est-ce assez ? — *Talis qualis*, la bande se trouve à son gré, et si vous voulez savoir pourquoi, venez-y voir.

Nous voilà donc croquant nos poires, tout en politiquant, c'est bien le moins. Madame Varenne se sent mi-royaliste, mi-fédérale, entre le zist et le zest ; à mesure qu'elle approchera de la Chaux-de-Fonds, elle inclinera vers la république ; mais à la Sagne, les *Environniers* et les *Éplateniers* aidant, elle redeviendra royaliste, et s'y tiendra. Mademoiselle Lucy Châtillon recommande à son frère, emmanché du porte-voix et juché sur l'impériale, de crier tour à tour : Vive le roi ! Vive la ligue ! — Le reste de la bande se consulte, et positivement, se déclare ennemi des royautés en Suisse. La bande plaint de toute son âme les Éplateniers, elle voudrait que chacun fût content ; cela dit, elle ne peut admettre l'immixtion d'une principauté quelconque dans le gouvernement républicain des vingt-deux cantons.

Cependant, on passe devant la poudrière. Grands préparatifs ! Une charrette pleine de gargousses et de munitions prend le chemin de la ville.

Plus on monte, mieux le lac s'encadre dans la découpure de ses rives. Les Alpes échelonnent au loin leurs blancs remparts ; près de nous descendent mollement les prairies. Tant de paix, et des hommes qui vont s'égorger !

A Valengin, on trouve les avant-postes fédéraux.

Pour comprendre la scène qui va suivre (une scène qui se reproduira tout du long de la route), il faut savoir que l'omnibus a deux compartiments : le coupé, l'intérieur.

Dans le coupé, sur l'impériale, en singes, en lapins, des hommes, rien que des hommes : M. Maurice Nevil et sa barbe à la Guillaume-Tell ; M. Edgard Nevil, son fils, casquette de travers ; M. Victor Châtillon, avec son porte-voix, vrai tromblon qui ouvre une épouvantable gueule à tout venant. A l'arrière, dans l'intérieur, une cargaison, non, une corbeillle de dames, toutes gracieuses, toutes rieuses, toutes élégantes, toutes avenantes, des yeux à mettre le feu aux canons, et pour chef M. de Belcoster, avec sa barbe à la François Ier.

L'omnibus présente sa face mâle :
— Halte! On ne passe pas! D'où venez-vous?
— De Neuchâtel.
— Pourquoi l'avez-vous quitté?
— Pour courir les montagnes.
— Vous n'êtes pas royalistes?
— Pas le moins du monde.
— Vous ne portez pas de dépêches?
— Non.
— Sur l'honneur?
— Sur l'honneur.
— Que font-ils à Neuchâtel?
— Ils fondent des balles.
— On leur enverra des prunes. — Mais tout ça, c'est des bêtises! On ne passe pas.

Pendant ce temps, un officier, qui a fait demi-tour à droite, avise la queue de l'omnibus.
— Ah! mais! des dames! Des dames! Un bouquet de fleurs! des dames! Allez, messieurs; allez, vous pouvez passer! Des dames! Oh! non, vous ne portez pas de dépêches! Des dames! Oh! oui, vous êtes civiques et fédéraux!

Le capitaine tire à part M. Nevil :
— La colonne de la Chaux-de-Fonds est en marche; si vous la rencontrez, dites-lui de se hâter.

Les miliciens envoient une volée de baisers patriotiques à l'omnibus, les dames rougissent, se cachent, et se sentent plus républicaines que jamais.

Montons toujours. Les vallons s'abaissent, la perspective s'élargit, le lac continue de miroiter, les Alpes de grandir; à droite et à gauche des forêts de sapins projettent leur ombre noire sur les versants.

La bande joue avec les révolutions, elle s'en grise. Vraie bande d'écoliers, qui derrière l'émotion du moment ne soupçonne ni les déchirements, ni les longues douleurs. Pourtant, lorsqu'au premier hameau, la bande voit sortir de chaque maison des hommes revêtus de l'habit militaire, des hommes que leur femme, que leurs enfants embrassent en pleurant, des hommes qui vont se battre et qui peut-être ne reviendront pas; la bande rentre en elle-même, elle se trouve impardonnablement égoïste, odieusement légère, elle se déteste, elle n'a pas tort, et bien des prières muettes s'élèvent pour les deux partis, réunis en une même compassion.

Sur le col, nouveau poste. Plus militant, surtout plus aviné que l'autre.

L'omnibus s'avance; noir d'hommes et de barbes, menaçant de porte-voix.

— Halte!

Il y a bien là cent soldats, quelques-uns pas très solides sur leurs jambes, les autres fiers et décidés, tous plantés en travers de la route, à côté d'une masure qui leur sert de corps de garde.

— On ne passe pas!

— Messieurs, nous sommes fédéraux. Nous venons de Neuchâtel. Nous nous rendons aux montagnes, nous n'appartenons pas à ce canton.

— Possible! Nous allons fouiller la voiture, c'est notre consigne.

A ce moment, l'une de nous penche la tête au dehors.

— Une dame!

Quelques miliciens se détachent, s'approchent, et font le tour de l'omnibus.

— Des dames! Des dames! Cinq dames, six dames, sept dames; un bouquet de fleurs!

Le poste accourt.

— Ah! mesdames! Désolé de vous faire descendre, mais la voiture contient peut-être des armes?

— Des armes! s'écrie un républicain *bu.*

— Des armes! répète en chœur le poste.

— Non, non! reprend en frappant sur son cœur le républicain aux jambes flageolantes, non, non! point d'armes! Non, non! il ne sera pas dit que des troupes civiques et fédérales fassent descendre des dames! Ces dames sont républicaines, elles sont fédérales! Des dames! faire descendre des dames! Nous, les défenseurs de la liberté, nous, les esclaves de la beauté! Jamais!

Sur ces entrefaites, le commandant du poste signe une passe qu'il remet à M. Nevil.

Monsieur Nevil et sa famille sont autorisés à passer.

Vue des Alpes, 3 7e 1856.

Le commandant,

Pour lui.

L. ÉPLATENIER.

Le commandant, un homme rassis, conseille à M. de Belcoster d'abriter pour une heure son omnibus au poste. La colonne civique de la Chaux-de-Fonds approche, elle peut être désagréable à rencontrer; une fois passée, nous poursuivrons notre route. Mais les messieurs, et les dames aussi, trouvent le poste trop brûlant : Fouette cocher !

A force de monter, on finit par descendre. Nous sommes en plein Jura. Plus de lac, plus d'Alpes. De larges vallées semées de toits gris, déroulées jusqu'aux horizons bas; et tout près de la route, parmi les rochers, sous un beau sapin, devant un feu de bivouac : poste numéro trois !

Cette fois, ce sont des miliciens gants jaunes. Ils ont saisi le côté pittoresque de l'affaire. Rien de romantique comme leur campement. Les uns couchés dans l'herbe, les autres négligemment appuyés sur leur carabine, nos braves laissent couler les heures, à demi contemplatifs, à demi guerriers.

Le front de l'omnibus produit son effet.

— Messieurs, on ne passe pas !

— Messieurs, on passe, avec une passe ! — Cela sent l'opéra-comique.

Pourtant l'officier examine la passe d'un grand sérieux; il scrute le personnel du coupé, il arrête son regard sur le porte-voix tromblon, et secoue la tête.

Tout à coup :

— Des dames !

Ce cri part de la queue. Un jeune républicain a découvert la queue.

— Des dames ! Des dames ! Une guirlande de fleurs !

Le poste est sur pied.

— Des dames ! Qui oserait bien arrêter des dames !

— Des dames, vivent les dames !

— Sentinelle, livrez la route.

A chaque rencontre, dès que la queue de l'omnibus a réconcilié les miliciens avec la tête, — tête terrible, barbue et tromblonnée, — M. de Belcoster donne des nouvelles.

M. de Belcoster, — on n'est pas orateur pour rien —

fait parler et le gouvernement, et les Environniers, et les Éplateniers, et les Sagnards, et les rois et les peuples.

Mais voici venir l'avant-garde de la colonne civique. Ce n'est plus le temps de rire. L'avant-garde court sans ordre, prenant au plus droit, grimpant au plus roide. Il y a des jeunes gens, il y a des hommes faits, il y a des enfants, il y a des têtes grises, tout cela lancé, tout cela armé de carabines, de sabres, quelques-uns de haches, physionomies irritées, regard fébrile.

— Halte!

Notre cocher, royaliste dans l'âme, et de plus, *souverainement* impatienté, sans calembour, fait mine de poursuivre; deux écervelés le couchent en joue; on entend le bruit sec de la batterie.

— Cocher! crie M. Nevil, si vous n'arrêtez pas, je vous flanque à bas!

Un peu plus, l'omnibus était criblé de balles.

— D'où venez-vous? Où allez-vous? Qui êtes-vous? Avez-vous une passe? Montrez-la.

Pendant ce temps, la troupe hostile enveloppe l'omnibus. Cette fois la queue rate son effet.

Il faut dire que l'avant-garde est menée par un vieux rauffeur tout crins, démocrate écarlate, l'œil flamboyant, le poing crispé, la lèvre sardonique.

— Des dames! Ah! des dames! bien, bien! Mais c'est une émigration cela! c'est-une-é-mi-gra-tion!

— Hélas! non, balbutie madame de Belcoster : non, monsieur! C'est tout simplement une partie de montagne.

— Une partie de montagne! En vérité, madame, vous avez bien choisi votre moment!

Le vieux démocrate salue jusqu'à terre.

— Hélas! monsieur, ce n'est pas nous qui l'avons choisi, c'est lui qui nous choisit, ce me semble.

— Je ne vous en fais pas mon compliment, madame ; je-ne-vous-en-fais-pas-mon-com-pli-ment.

La passe est en règle ; l'avant-garde, qui n'a rien à redire, se range ; les jeunes rient en dessous, quelques-uns jettent de timides baisers, le vieux démocrate fronce les sourcils ; les dames ne trouvent plus les révolutions si drôles, les messieurs restent graves et fiers.

Tenons-nous bien ! Le gros de la colonne !

Le gros de la colonne se respecte ; il marche en belle ordonnance. Un officier à cheval, de haute et gracieuse mine, s'avance, demande la passe, la prend d'un geste courtois, la rend de même, jette un regard dans l'omnibus et sourit en s'inclinant.

— Que fait-on à Neuchâtel ?
— On y jouit du coup d'État.
— Nous allons les tirer de leur béatitude.

L'officier rassemble son cheval, le fait piaffer et reprend la tête du bataillon. Quelques cris joyeux, vite, en hâte, le torrent a passé, les dangers sont conjurés, victoire sur toute la ligne !

Le beau sexe a sauvé le bon ; il le lui fait un peu sentir.

Sans le beau, le bon s'enfilait aux baïonnettes ou retournait sur ses pas. *In coda virtus.* Gloire aux dames ! Et gloire au pays qu'un omnibus plein de femmes peut traverser en un jour de révolution, sans autre dommage qu'une pluie de gentils propos et de baisers aux étoiles.

Et puis, parlez-moi d'énergie ; parlez-moi de gens qui savent mettre leurs actes au service de leurs idées. L'échauffourée royaliste n'a pas de sens commun, c'est vrai ; elle compromet de pauvres Environniers qui vivaient tranquilles, c'est encore vrai ; mais, au moins, voilà du sang qui court dans les veines, voilà des âmes qui ne calculent pas, voilà des intérêts matériels sacrifiés à une conviction. Neuchâtel est pris, on le reprendra. Le château est prussien, on le refera suisse. Personne qui s'agenouille devant le fait accompli. S'il faut se battre, on se battra. Vous voulez un roi, nous n'en voulons point, une bonne gourmade, à chacun son drapeau, et l'ordre au bout!

La Chaux-de-Fonds, qui se devine là-bas, entasse derrière un repli du terrain son amas de maisons bariolées. Il y en a de neuves, de vieilles, de somptueuses, de hideuses ; il y a des fleuves de boue avec par-ci par-là un morceau de trottoir. Grandes prétentions et grandes misères ; larges rues qui n'en sont pas, des places qui ressemblent à des carrefours, une physionomie de ville américaine en construction, et dedans, une population horlogère, intelligente, remuante, hardie, aux traits effilés, aux formes grêles, aux regards citadins ; tout cela en pleine montagne.

Notre omnibus s'arrête à la porte d'un hôtel encombré. Nous mourons de faim. Bande, deux heures viennent de sonner, le dîner est mangé. En ce pays démocratique et fédéral, on ne rallumera pas les fourneaux pour toi. Du pain à discrétion, quelques tranches de veau froid, voilà ton affaire.

Et pendant que les garçons d'auberge se livrent aux préparatifs de ce repas somptueux, la bande promène ses loisirs par la ville.

— Tom! Avisez un guide!

Ici, vont commencer les pédestres exploits de la bande.

Une foule compacte stationne devant la maison de poste. Les nouvelles arrivent de tous côtés. Le Locle est reconquis, les républicains ont désarmé les Brennets. Toutefois, s'il y a du mouvement sur cette place, il n'y a pas de vie. Ces gens ne crient pas, ne rient pas, ne s'irritent pas ; ils n'ont l'air ni fâchés ni bien aise ; ils fourmillent, voilà tout. Hommes d'atelier, physionomies usées, natures concentrées qui n'ont rien de commun avec nos candides Sagnards. Entre eux et les Éplateniers, on devine où seront les moutons.

La Chaux-de-Fonds, vue en détail, ressemble à la Chaux-de-Fonds, vue en gros. Ici une masure, des murailles sordides, un toit éventré ; là une énorme habitation à quatre étages, surchargée d'ornements prétentieux ; plus loin des terrains vagues ; puis trois maisons, trois quilles plantées dans le désert ; après, un fumier ; après, une rue de capitale : la montagne au travers, dedans, dehors, tel est l'endroit.

La bande ne tenant pas à y plonger son séjour, *lunche* en hâte, et, sous la conduite de son guide, un horloger bon enfant, droit de cœur, ferme de jarret, elle monte les prairies qui la mèneront aux Planchettes, et des Planchettes aux gorges de Moron.

Ainsi l'on va.

Le soir s'avoisine, l'air est limpide, le ciel bleu ; le soleil a des rayons d'ambre qui réchauffent le vert un peu cru des pacages. Bien bas, dans son repli, la Chaux-de-Fonds s'efface. Aux alentours brille un semis de maisonnettes blanches jetées à tous les versants. Les perspectives restent bornées ; je ne sais quoi de monotone et d'étouffé serre le cœur. Mettez là des chalets bernois, avec leurs toits à capuchon, leurs galeries découpées, leurs œillets rouges, leurs vitres reluisantes... vous aurez la joie dans l'âme.

La bande marche rêveuse.

Je ne la vois point dérouler ses anneaux sur les tapis de montagne, foulant d'un pied distrait les herbes aux fins aromes, deux à deux, trois à trois, les uns courant au gré de leur caprice, les autres songeant ; celui-ci, murmurant à demi-voix sa chanson ; celui-là, l'envoyant à grandes volées aux quatre coins des cieux, sans retourner à l'âge de poésie, à ces pays des bonnes fées où se promenaient des compagnies si courtoises et si disposées à jouir honnêtement des nobles plaisirs.

Sur les pelouses, dans les bois s'épand la fantaisie. Le porte-voix a trouvé son âme! M. Victor Châtillon la lui a donnée. Qui en redira les accents! Échos, fragments de cavatines, la mère Michel : — Oh! mère Michel, votre chat n'est point perdu! — acclamations, proclamations, cris d'hommes et cris de bêtes, redowas, polkas, des queues plus triomphantes que celle de la bande, et le tambour avec ses roulements, et le clairon avec ses sonneries, et les sifflets du fifre, et les appels aux paresseux : — *Nos in to le lusi, to le lusi! Veni pire! To ballamen, to ballamen* [1]*!*

De temps à autre, quelque royaliste, tout penaud de la victoire des siens et qui erre inquiet sur les pentes, vient se cogner contre la bande. Car le caractère de cette restauration, c'est que ceux qui l'ont faite ont la mine plus attrapée que ceux qui la subissent. M. de Belcoster donne des nouvelles à notre homme; M. de Belcoster recommence à faire parler ses environniers et ses fédéraux. Tout cela parle bien. C'est égal, notre royaliste s'en retourne haussant les épaules et secouant la tête.

On s'éparpille sous les sapins; ils ont des branches déchiquetées, des têtes foudroyées; imposants et superbes, comme les aime mademoiselle Lucy, qui les pourtrait un par un. Le sol, dans la forêt, est tantôt jonché d'aiguilles sèches, tantôt semé de rochers moussus; la lumière y tombe toute blonde; on y sent une fraîcheur imprégnée de bocagères senteurs. C'est là que le porte-voix mugit. Les profondeurs du bois redisent, en leur donnant un caractère farouche, ses tons plus graves à mesure que vient le soir.

---

[1]. Patois du canton de Vaud : « Nous avons tout le loisir, tout le loisir! venez seulement, tout bellement! tout bellement. »

Au moment où la bande atteint les Planchettes, une amère tristesse prend à mademoiselle du Rouvre. La vue plane sur le pays de France : plateaux immenses, lignes uniformes, solitudes ennuyeuses plutôt que désolées, rien qui arrête le regard, et pourtant point d'infini.

— Ah! que je ne voudrais pas être la femme du pasteur des Planchettes!

Mademoiselle, vous l'avez dit.

A la course, jusqu'au bas des prairies! Parvenu là, notre guide, appuyant à gauche, s'arrête soudain devant un tronc renversé. Les premiers arrivés s'écrient, puis les autres, puis tous. L'aspect est sublime, rien que cela.

Ce que nous voyons? Un ciel bleu pâle que vient de quitter le soleil; sous nos pieds, l'abîme; au fond le Doubs, clair, silencieux, qui glisse furtivement dans l'étroite vallée. Les remparts de Moron, gigantesques, se dressent à côté, rochers sourcilleux sur lesquels s'égare un rayon d'or. En face de nous, un cône noir coupe l'horizon; le croissant de la Lune se suspend au-dessus; il n'y a plus que lui de lumineux dans la nature, le reste ne reçoit que des reflets, et le tableau est si fortement teinté dans cette gamme sévère, il a une si écrasante grandeur, l'atmosphère est si éthérée, les masses sont si puissantes, tant d'énergie se révèle dans ces rudes profils, c'est si loin de tout, si profondément autre, que la bande, saisie, se sent en présence de Dieu et l'adore d'un seul cœur.

Peu à peu, la lune s'est colorée, l'air a bruni. La nuit tombe, il faut descendre.

Par où? Par un vrai casse-cou : cailloux roulants, rochers croulants, racines en travers, souches pointues! On court dans les ténèbres, on sent mille maux. La bande ne dit rien; seulement, parvenue au bas, elle s'avoue qu'elle a vu tout du long trente-six mille étoiles. Bel éclairage, mais qui coûte cher.

La petite Églantine est héroïque. Avant de l'incorporer dans la bande, on lui a fait promettre :

De n'avoir jamais faim, jamais froid, jamais chaud!
De prendre tout en bien et de voir tout en beau!

La petite Églantine, fidèle à sa consigne, se réjouit bravement des plus fières vicissitudes humaines :
— Nous ne dînerons point.
— Ah! bon!
— Nous avons trois lieues de surcroît.
— Ah! bon!
— Il pleut.
— Ah! bon!
— Il grêle.
— Ah! bon!
Une série de bonheurs croissants. — Ce que c'est que savoir prendre la vie par le bon bout.
Nous voici donc au fond des gorges. Partout règne l'obscurité.
Notre sentier côtoie le Doubs; on ne le voit pas, on l'entend. Perdus dans les cieux, blanchis par la clarté lunaire, les contreforts de Moron pâlissent au travers du bois. La bande se tait. Parfois deux yeux flamboyants, à fleur d'eau, lui font deviner quelque forge serrée contre le courant. Point de lune, dans ce pan de ciel qu'enferment les murailles du défilé. La lune a marché, elle éclaire de plus larges horizons. Incomparable mélancolie. On songe, on se ressouvient aussi. Qui dira les méandres de ces rêves aux teintes grises? Qui dira vers quels pays ils s'envolèrent, comment aux jeunes cœurs ils se colorèrent d'un reflet pourpré, comment aux cœurs qui ont souffert ils s'embrunirent, comment aux âmes croyantes ils montèrent en longues spirales, vers les régions où la lumière resplendit à jamais.

D'apparence, un peu de fait, la bande est *lugubrée*.
Porte-voix, à toi! Jeunes gens, remontez votre bande!

Aussitôt fanfares d'éclater, coqs de piauler, mère Michel de retrouver son chat, sans compter les sarabandes qui jettent à tous les vents leurs notes mutines.

La trompette aidant, et les kikeriki, et le reste, la bande arrive au *Saut*. C'est notre gîte : trois maisons, dont deux auberges.

Il fait plus noir qu'en un four. Notre guide a disparu. Où? comment? est-il en avant, est-il en arrière, engouffré dans le Doubs, perché sur les roches? Nul n'en sait mot. Seulement, M. de Belcoster, plein d'ardeur, continue son chemin. M. de Belcoster affirme que le Saut est au delà, que le guide est au delà, qu'il faut marcher; il marche, la bande suit! Elle courrait encore, si les dames, avec cette admirable certitude d'intuition qui les distingue, n'affirmaient à leur tour que le Saut est ici, que le guide est ici, qu'il faut rester ici!

On revient. M. Nevil et M. de Belcoster se livrent à des perquisitions domiciliaires dans les auberges. La bande s'abandonne au repos sur les troncs de sapins. Le porte-voix adresse des allocutions pathétiques aux habitants de ces lieux profonds.

— Braves gens, recevez-nous! Ouvrez vos portes, citoyens! Ne craignez rien, nous payons bien!

Le tout, entremêlé de *fantasias* superlativement capricantes.

Un quart d'heure s'écoule. On voit revenir M. Nevil avec M. de Belcoster; ils ont l'oreille basse : Accueil verjus, hôtesse idem! Trois lits, pas un de plus.

— Trois lits pour quatorze! C'est un peu peu! Et l'autre auberge?

Ils y courent. Le porte-voix reste glacé, la bande figée.

Au bout d'un moment, retour des plénipotentiaires.

La seconde auberge est un cabaret, mais les hôtes ont bonne volonté ; il n'y a qu'un lit, mais avec ce lit on en fera quatre : quatre et trois font sept, partie gagnée.

Puisque nous voilà logés comme des princes, fourrageons un peu l'hôtesse récalcitrante. — Car on soupe chez elle, il n'y a moyen que là.

Nous entrons, quatorze, avec nos chapeaux ronds, nos jupes retroussées, piques, houppelandes, et le porte-voix pour nous achever de peindre.

Au fond de la salle quelque mauvaise chandelle charbonne sur une table ; l'hôtesse, pincée, roide, jeune et sèche, abominable alliance de mots et de choses, tricote sans nous regarder.

— Madame, vous avez trois lits?
— Oui.
— Pouvez-vous les dédoubler?
— Non.
— Vos lits sont-ils bons?

L'hôtesse arrête sur nous des yeux pointus où se marque un inexprimable dédain.

— Pouvez-vous nous donner à souper?
— On verra.
— Madame, il faut que nous mangions, il faut que nous nous couchions, il faut que nous dormions !

Ceci, nettement dit, secoue un peu notre hôtesse. Elle se lève d'un grand air, nous montre ses chambres d'un geste hautain, se rend à la cuisine en comptant ses pas, et nous apprend qu'elle n'a ni lait, ni viande, ni rien.

Bon ! Courir au cabaret, fraterniser avec les braves femmes, en rapporter un gros pot de lait, écraser notre hôtesse verjus sous les vertus de ses voisines, c'est fait en un instant. Pour le coup elle se dégèle, allume son feu et met frire des pommes de terre.

Mais, tout ainsi qu'il arrive en de plus grands États, à

peine la bande a confondu ses ennemis, une émeute, bien autrement grave que la révolution de Neuchâtel, éclate en son sein. Les dames de la bande ne veulent pas accaparer — c'est leur expression — les soi-disant bons lits de l'auberge soi-disant bonne ; elles s'élancent, mademoiselle du Rouvre en tête, à l'assaut de madame de Belcoster. Madame de Belcoster, appuyée des messieurs qu'elle emmène au cabaret, reçoit bravement choc, rechoc, estocades et coups de pointe. Hélas! c'est encore ici comme à Neuchâtel; les vainqueurs sont vaincus, les mauvais lits sont les bons, le cabaret vaut mieux que l'auberge ; les dames de la bande seront mal et ne fermeront pas l'œil ; madame de Belcoster ne fermera pas l'œil, mais elle sera bien.

La paix rétablie, on s'éparpille.

Madame Varennes et mademoiselle du Rouvre ont nourri mille terreurs à l'endroit du Doubs. On s'y noie. Naguère encore deux jeunes gens. Seules au bord de cette eau traîtresse, qu'on soupçonne sans la distinguer, elles suivent avec effroi la lanterne que portent trois bûcherons. Ils descendent la berge, détachent un batelet, et s'apprêtent à passer en France, de l'autre côté.

— Quoi! vous traversez! à cette heure!

Madame Varenne avance toujours. Au fond, elle ne craint pas les situations extrêmes.

Mademoiselle du Rouvre, immobile, tremblante, supplie madame Varennes de songer à ses enfants, que les eaux sont perfides, que le gouffre est avide, qu'elle est mère, qu'elle est fille, qu'elle se doit à ses amis!

Quant aux bûcherons, qui ne se moquent pas de ces dames, parce qu'ils sont Français, ils se contentent de grommeler :

— Y a pas de danger!

Et passent.

Les premiers rayons du jour montreront demain à ces dames une anse aussi calme qu'un miroir.

Le culte du soir nous a réunis.

Dans la paix absolue de cette heure, au fond de ce coin retiré qu'oublient les révolutions, une pensée nous saisit : le sang va couler! le sang suisse, versé par des Suisses! Mon Dieu, prends pitié des mères; mon Dieu, sauve le pays!

La bande, après, se souvient un peu tard qu'elle a des parents. Les parents seront anxieux, bien sûr; il les faut rassurer. On leur écrit au crayon, quelques mots; notre guide, qui retourne cette nuit à la Chaux-de-Fonds, portera le tout; il en parviendra ce qu'il pourra. Cela fait, madame Varennes déclare, solennellement, que son père *sera inquiet, ou ne le sera pas!* Salomon n'eût pas dit mieux. Pourtant madame Varennes se comprend bien; la bande aussi.

— Le souper, le souper!

On franchit en deux bonds l'escalier de bois. Splendeur! Une salle de cinq cents couverts, des lustres, des girandoles, des draperies, des glaces! et sur la table quatre chandelles, trois plats de pommes de terre frites, du café, du beurre, le lait du cabaret.

Une fois l'an, le jour de la fête du Doubs, les populations de Suisse et de France accourent par milliers; on navigue, on festine; le soir venu, on regagne son logis. Voilà ce qui explique la salle mirobolante, les girandoles et le reste.

La bande gèle, cette nef l'achève; le souper dévoré, la bande fait comme les populations de Suisse, de France et de Navarre : elle se va coucher

DEUXIÈME JOURNÉE

LES BRENNETS — LE LOCLE — LES PONTS — NOIRAIGUES — LA MAISON DU CREUX

Personne n'a dormi, chacun est radieux.

De jour, il en faut convenir, la bande a meilleur air que de nuit. L'hôtesse, considérablement radoucie, avoue, non sans peine, qu'elle a pris la bande pour *une musique ambulante!*

— Voilà! dit son mari, il vient ici *tant de sortes de monde!*

— Il y en a comme ça, reprend la femme, qu'on ne reçoit pas.

— Oui-da! Et ceux que vous laissez à la porte, que deviennent-ils?

— Oh! là! ils trouvent toujours un coin.

En vain M. de Belcoster essaye de faire comprendre à l'hôte, que sous les habits d'un esclave africain se cache parfois un monarque! cela ne prend pas; que l'esclave, que le musicien, que la plèbe, de chair et d'os, a faim, a soif, que nous sommes frères, et qu'il se faut entr'aider! notre homme regarde M. de Belcoster, sourit, et dit :

— On ne peut pourtant pas recevoir *toute sorte de monde!*

Quelques coups d'aviron nous ont transportés sur la rive française. En deux pas nous sommes devant la chute; elle se dérobe sous un triple voile de vapeurs. Les nuées, tour à tour, montent en tourbillons ou jettent çà et là leur amplitude morne. Sous le couvert des brumes l'eau se fracasse et mugit. Soudain, un souffle passe; il a déchiré le brouillard. Voyez les nappes à la folle écume! Voyez les flots lancés en fusées! Voyez les rochers que lave éternellement l'onde polie comme du verre! Les écharpes de gouttelettes nouent et dénouent leurs plis; le vent promène à son caprice leur transparence irisée; un peu plus bas, la rivière, bouillonnante, fuit dans son chenal de roc; des pans de montagne tout entiers se découvrent selon que va la brise; la brume coquette et changeante revient, s'en va, revient encore. Un instant la magie du spectacle éclate dans sa magnificence, puis le souffle expire, les nuées retombent, tout meurt.

Et maintenant, glissons sur le lac. Ses eaux, d'une entière pureté, réfléchissent jusqu'à la fraîcheur de ce beau matin.

Le Doubs s'est élargi. Des anses gracieuses s'arrondissent en mordant de petits prés. Les teintes sont si pareilles, le lac répète si fidèlement les tons paisibles du gazon, que n'était je ne sais quelles profondeurs limpides, l'herbe et l'eau se confondraient en une même intensité de vert.

A mesure que passe notre barque, la rive projette de grands caps à pans roides. Les bassins succèdent aux bassins; parfois un bouquet d'arbres vient se refléter dans le miroir sauvage; les roches, parfois, y jettent leur blanc profil. En extase, la bande ne parle pas, n'analyse rien, seulement ces beaux vers lui reviennent au cœur :

. . . .
L'eau s'enfle et grandit dans son lit superbe,
Laissons-nous voguer tout le long de l'herbe
Et ne pressons pas l'heure du retour.
Au port, où des jours le fardeau s'apprête,

Où le cœur reprend son accablement,
Toujours assez tôt la barque s'arrête...
Ramons lentement, ramons lentement! »

. . . .
Profiter à point du moment qui vient,
Est le savoir-faire et l'orgueil du sage,
Le passé manqué jamais ne revient,
Et l'occasion est de court passage.
Bonheurs méprisés! long apprentissage!
Comme on se repent quand on se souvient!
Heureux sous ce ciel, que notre œil regarde
Le présent charmé fuit paisiblement;
Qui sait ce qu'un jour l'avenir nous garde!...
Ramons lentement, ramons lentement!

. . . .
Ce matin la vie est vraiment un bien;
Rendons pleine grâce à l'auteur des choses.
A son paradis il ne manque rien :
Les papillons noirs ont leurs ailes closes,
Les yeux sont contents, les couleurs sont roses,
Au gré du souhait tout cadre et va bien.
Nous aimons tout bas, sentant qu'on nous aime,
L'âme est en repos, le ciel est clément;
Tout ainsi, toujours, n'ira pas de même...
Ramons lentement, ramons lentement¹!

Oui! Ramons lentement! Assis au gré de notre fantaisie, des mains ridant l'onde, nos regards plongent au fond des gouffres limpides. Et tandis que va se perdant notre pensée, le porte-voix, joyeux compagnon, entame une querelle avec les échos.

Puissants échos, moqueurs aussi. *Gentleman* toujours, le porte-voix débute par une salutation bienveillante; l'écho la redit avec une railleuse ponctualité. Le porte-voix trouve le procédé leste, il s'en plaint; l'écho répète sa plainte, ironique et gausseur. Le porte-voix fait la grosse voix, l'écho la fait

---

1. *Bonheur sur l'eau*, par M. Jules de Gères.

plus grosse. L'écho y met de la brutalité, positivement : c'est un malotru, un bélître!

— Malotru, bélître!

Par bonheur, la grotte royale — qu'ont à faire les grottes avec les rois? — paraît tout à point pour empêcher nos orateurs de se prendre à la gorge.

Une grotte, c'est une grotte. Le plus souvent, belles promesses et rien après. Portiques enchantés d'où pendent les lianes; derrière, un couloir fangeux. Tête de lion, queue de rat, c'est le cas de bien des cavernes.... et de bien des gens.

Celle-ci ouvre son large bec; nous y faisons trois pas; on n'y voit goutte, on y étouffe. A l'air libre! aux flots glauques! Ramons lentement, ramons lentement.

Hélas! nous avons tant ramé que nous avons abordé. Vite on trouve le bout de toutes choses.

Un sentier nous mène aux Brennets. Le village, à cheval sur son col, regarde tranquillement la tranquille surface de son lac. Les maisons, solidement bâties en pierres de taille, avec de l'architecture, de l'élégance, chacune son jardin étoilé de fleurs, forment un absolu contraste avec la Chaux-de-Fonds. Là-bas, l'industrie montait à l'assaut du luxe; ici, la fortune acquise, modérée en ses désirs, s'épanouit au sein d'une nature agreste et plantureuse.

Notre chemin circule parmi les villas à demi cachées dans leurs odorants bouquets. Une foule taciturne, comme à la Chaux-de-Fonds, stationne devant la poste. Les républicains sont partis hier pour reprendre Neuchâtel; les royalistes désarmés gardent un silence gros d'arrière-pensées. Quant à la bande, elle fait événement dans l'événement.

Courir les montagnes, en pleine révolution, quatorze, à pied, des messieurs, des dames, des petits, des grands, des tout jeunes, des pas si jeunes... drôles de gens!

M. de Belcoster ne donne plus de nouvelles. A son tour

d'en recevoir. — Neuchâtel est reconquis de ce matin; quinze royalistes tués.

La bande pensive prend la direction du Locle.

Sur ces sommets si distants du bas pays et des petites choses, dans cet air très vif et très pur, voisin comme on l'est des cieux sans limites, il y a des silences où Dieu parle, il y a d'immenses espaces qui, devant l'âme, s'ouvrent tout à coup.

Le Sauveur aimait, lui aussi, les solitudes, et marcher par les montagnes. Ses pieds que mouillait la rosée des nuits erraient sur les cimes; les milliers d'étoiles dont il sema l'étendue jetaient leurs clartés sous ses pas.

Ces heures, où la bouche reste close, ont un charme ineffable. Ce sont des heures vaillantes. Le cœur, débarrassé d'entraves, bat plus fortement; les idées, tantôt victorieuses et charmantes, passent d'un libre vol; tantôt voilées, indécises, font cortège, avec des sourires tristes et doux.

Plus de lac; les grands pâturages entourés de forêts descendent sur les pentes largement ondulées. Les routes qui coupent çà et là le plateau, miroitent jusqu'aux dernières perspectives. A chaque pas, des oppositions inattendues d'ombre et de lumière intéressent le regard. De ce côté, tous les brins d'herbe semblent des émeraudes baignées de soleil; de celui-là, le pré s'emboit dans la nuit que lui fait un vieux sapin branchu.

— Eh bien, eh bien, mesdames! Espadonner en ces lieux paisibles!

Essayez de les arrêter! Deux esprits souples et brillants comme des lames de Tolède!

Voici l'affaire. Ces dames causaient amicalement, comme font les dames. Tout à coup mademoiselle du Rouvre, je ne sais quelle franchise aidant, et la malice aussi, je pense, déclare net à madame Varennes qu'elle est un diamant, un *Kohinor*, une montagne de lumière; que ces sortes de joyaux ne servent pas les jours ordinaires, qu'on les garde pour les galas, disons pour les dimanches.

Galas, Kohinor! à d'autres!

Madame Varennes s'indigne du diamant, s'indigne du dimanche; elle a des prétentions pot-au-feu, elle veut servir tous les jours, c'est son idée.

— Eh! là, là, mesdames! Vous ignorez donc qu'à vous deux, vous faites une paire d'escarboucles, l'orgueil de la bande : sa clarté la nuit, sa beauté le jour!

Quand la guerre a duré ce qu'il faut, elle fait comme font les guerres, elle finit. Non loin du Locle, au bas d'une descente, par-devant deux bonnes femmes de la Comté, par devant leurs chapeaux en cornet et leurs jupes étriquées, madame Varennes, bras ouverts, pied ferme, attend mademoiselle du Rouvre; mademoiselle du Rouvre, lancée à la course, tombe droit dans le piège; et les bonnes femmes :

— Oh! là, *c'est des comédiens* !

Cependant le Locle, gros bourg, s'étend sans façon dans sa vallée. Une rue le traverse; ses maisons, jaunes, grises, blanches, vertes, coiffées de leurs gais toits rouges, montent parallèlement, à droite et à gauche. Le *village*! disent ses habitants avec une modestie pénétrée de fierté.

Mais savez-vous ce qui manque au Locle, ce qui manque à la Chaux-de-Fonds, ce qui manque à toutes les agglomérations industrielles de la Comté? Un passé historique.

Du neuf, il y en a tant que vous voudrez; il n'y a rien de vieux. Or, le vieux, c'est le blason des peuples. Notre pauvre petite ville d'Orbe, avec sa tour carrée, legs des Romains; avec sa tour à chaperon, reste du château de madame Berthe; avec ses mosaïques, avec ses pans de murailles antiques perdus à travers champs, nous redit les lointaines légendes

des siècles écoulés. Les horizons de la pensée vont grandissant, le jour d'aujourd'hui ne l'étouffe plus.

La Comté n'est point sans un passé, je le veux croire; elle possède son *jadis*, qui en doute? toutefois, ni les pâturages ni les forêts n'en ont gardé souvenance; les villes et les hameaux encore moins; tout y reluit, tout y date d'hier, et quand, de fortune, quelque bourg attrape ses vingt ans, crac! il brûle, et c'est à recommencer.

Le Locle, au surplus, nous plaît mieux que la Chaux-de-Fonds. A défaut d'histoire, il a un je ne sais quoi d'établi qui satisfait. L'ambition ne le dévore pas; tel ses pères l'ont bâti, tel il reste. Il mange gras, beurre bien, élargit ses coudes, ne rêve ni le fracas ni le Pérou. Honnête bourgeois retiré, point avare, point prodigue, qui sait comme l'argent vient, qui sait aussi comme il s'en va. Il a travaillé dans son jeune âge, il fait travailler ses enfants, sans fièvre, sans mollesse, et se maintient à son niveau. Le niveau monte d'un mouvement égal, et le village grandit harmonieusement dans sa couche veloutée, enveloppé d'une moelleuse couverture qui jamais ne lui fera défaut.

Notre bande, tout à coup transportée au centre de la civilisation, achète des caramels, dîne à table d'hôte, lambine, *bambanne*[1], se fournit de trompettes à deux sous, et cherche pour M. Nevil et ses enfants, trois places dans la diligence de Noiraigues.

Plus de diligences! La contre-révolution a tout saisi.

Le Locle, surpris l'avant-dernière nuit par les royalistes, se voyait, quelques heures après, reconquis au nom de la république. Les emprisonnés mettent les emprisonneurs en prison. De là un accablement dont rien ne saurait donner l'idée. Car le Locle, ne l'oublions pas, se partage entre les

---

[1]. *Bambanner,* muser, mot du terroir.

deux partis; chaque famille renferme des royalistes et des fédéraux; la vie politique embrase tous les cœurs. Eh bien, c'est à la louange de ces populations. On peut avoir des opinions erronées et ces opinions nous égarer; il est beau, je le maintiens, d'avoir des opinions; il est beau de croire en autre chose qu'en son lard; il est beau de savoir, au jour donné, mettre ce qu'on fait au service de ce qu'on croit.

— Assez raisonné; partons!

— D'accord, mais où la bande ira-t-elle coucher? Une question qui ne manque pas d'intérêt, par ce temps de cataclysmes.

— Où? à Noiraigues.

— Noiraigues est bientôt dit. Y a-t-il des auberges, à Noiraigues?

Les chefs de bande n'en savent rien, l'hôte n'en sait rien, personne n'en sait rien.

— Demandez-le!

— A qui? Comment?

Avez-vous remarqué une chose; les hommes, — je ne dis pas tous les hommes, — grands en face de ce qui est grand, disparaissent, semble-t-il, en présence de ce qui est petit. L'héroïsme les trouve à sa taille, les niaiseries ne les trouvent plus du tout. Il faut se baisser trop bas, il faut regarder de trop près. Bref, n'exigez d'eux, ni qu'ils dissèquent un cheveu, ni qu'ils cherchent une aiguille dans le foin. C'est un grand défaut qu'ils ont là.

Que voulez-vous, la bande supporte la vie, et ses hommes, comme elle peut. En attendant, il faut s'abriter quelque part. Madame de Belcoster et mademoiselle Lucy Châtillon, deux braves petites femmes, prennent leur courage à deux mains :

— Ah! vous ne savez pas où? Ah! vous ne savez pas comment?

Et les voilà qui descendent résolument au cabaret. Pour

quoi faire? Pour s'enquérir, s'il vous plaît, des auberges de Noiraigues. Vous riez? J'aurais voulu vous y voir.

Voilà donc ces dames au cabaret. Ce n'est pas la première fois, ce ne sera pas la dernière. Au surplus, ne craignez rien ; l'hôtesse, une matrone d'âge, les couvre de son aile. Elles vont rougissantes, modestes, de table en table, demandant des nouvelles de Noiraigues et de ses œuvres.

Honnête peuple neuchâtelois! ils sont là une trentaine, des bourgeois, des militaires, des montagnards, des sagnards ; pas un regard de trop!

Enfin, l'hôtesse avise quatre hommes mûrs ; elle les connaît ; eux connaissent Noiraigues.

— Noiraigues! je *crais* bien qu'il y a des hôtels, et des *toutes bonnes*! Chaque nuit il s'y arrête des Anglais! pour monter le Creux, vous *savais*! A preuve qu'il y en a deux, d'auberges!

— C'est que nous sommes quatorze!

— Quatorze! Ils en logeraient bien quarante! *Allais, allais,* seulement! *Vous voulais bien être!*

Nous le voulons, c'est certain ; le serons-nous, Dieu le sait? Bah! des Anglais, deux auberges, quarante lits! Tout cela produit un assez bon effet aux arrière-plans du tableau.

En route! M. Nevil a trouvé un compère, qui, moyennant grosse finance, lui charrie ses enfants jusqu'au village des Ponts. Il prend les devants ; la bande suit.

Trotter, caminer, *se brigander*, tant qu'il vous plaira! Un bon souper, voire un bon gîte ne gâtèrent jamais brigandage ; tel est l'avis des vétérans de la troupe.

L'heure est cuisante, le pays a des replis mous, la route, en queue de lézard, file droite et lisse. On cause et l'on marche ; on marche et l'on cause. Cela va comme cela deux lieues. La bande se profile sur le vert des prés, sur le noir des sapins, sur le bleu du ciel ; elle cueille la fraise et mange la framboise; elle écoute M. Victor Châtillon, qui l'initie aux arcanes de la perfectibilité de ses linots, bouvreuils, fouines, grenouilles et autres *insectes*, comme on dit au village. — Tout allait bien, lorsque voici paître sur l'enfourchure d'un col, vaches et génisses à la mine innocente. M. Châtillon d'emboucher son cornet pour leur tenir propos galants; vaches de riposter. Il faut qu'il ait dit, ou bien elles, quelque sottise, car le taureau, qu'on ne soupçonnait pas, fait soudain retentir cette voix aiguë, cette note stridente, ce rugissement dans les octaves hautes, plus sauvage et plus terrible cent fois qu'un plus rauque mugissement.

Le voilà, le voilà! Il avance, tête basse, laboure la terre du sabot, s'arrête et ricane. Ces tons douceâtres ont une sorte d'ironie qui glace le sang.

Madame Varennes, éperdue, court aux sapins; madame de Belcoster y court aussi; elle supplie son mari, placé aux avant-postes, de revenir! qu'il s'expose, s'il le veut, mais plus près d'elle, plus loin de la bête! M. de Belcoster reste fièrement sur sa ligne; mademoiselle du Rouvre, qui le suit, ne déviera pas d'un centimètre. Parlez-moi d'un chapeau gris, gris de souris, pour vous donner du cœur! Les autres se sauvent. Une fois le gros de la bande hors de vue, le taureau ne bouge plus, roide, immobile, les oreilles tournées du côté par où lui sont venues les provocantes légèretés de M. Victor Châtillon.

Tout passe, même la peur.

Une fois sur le col, à la porte du chalet, mademoiselle du Rouvre se heurte contre une naturelle du pays. On ne voit d'elle que son chapeau cornet avec son jupon flasque; elle grimpe comme un chamois et crie à tue-tête :

— Je n'ai plus de jambes, je n'ai plus de jambes!

— Pourquoi? fait mademoiselle du Rouvre d'un grand calme.

— Ils viennent!

— Qui?
— Les troupes!
— Quelles troupes?
— J'ai entendu la trompette!
— Il n'y a point de trompette, il y a un porte-voix.
— Les soldats!
— Il n'y a point de soldats, il y a un taureau.
— Bonté! bonté [1]! je les entends! j'entends la colonne!
Et de courir, et c'est à grand'peine qu'on la rattrape.

La vachère est sortie du chalet aux premiers hurlements de sa bête.

— Dites donc? il est méchant, votre taureau?
— Oh! là. Il n'est pas tant bon!
— Pourquoi ne pas l'enfermer?
— Oh! là, ça l'enragerait. Y a la semaine passée, il a bien comme ça pilé le berger!

Merci de ma vie! — On se dévale sur le revers. M. Châtillon, à qui la bande interdit les conversations intimes avec les troupeaux, avise trois enfants accroupis contre un mur. Aussitôt le porte-voix de se redresser, et à bout portant:

— Salut, brave jeunesse! Salut, espoir de la patrie!

Avant que les pauvres petits, foudroyés par ce tonnerre, terrassés par cette avalanche humaine, aient secoué leurs plumes, M. Victor Châtillon, en trois gambades, tombe au beau milieu des Ponts.

Les Ponts, coquettement étalés sur la pente, ont en face d'eux l'amphithéâtre du Creux du Van. Des terrains tourbeux descendent jusqu'à Noiraigues, caché dans le fond de son val. Quelques villages s'épatent en plein marécage; c'est la Chaux-du-Milieu, c'est la Sagne, c'est le pays des Environniers et des Éplateniers. Aussi madame Varennes:

— Je vote pour le roi de Prusse, décidément!

---

1. Exclamation favorite des gens de la Comté.

Les voiturés nous attendaient ici. On s'assied où l'on peut, comme on peut. Le pays est triste ; une large vallée descend à droite vers la Brévine, une autre s'étend à gauche vers Neuchâtel, des routes sans arbres et sans festons partagent ces prairies où pousse une herbe jaune sur un sol noir.

Calme absolu dans le village ; rien qui révèle des convulsions politiques ; les uns vont, les autres viennent ; les horlogers travaillent à leurs pièces, derrière leurs petites vitres encadrées de vert.

Comme on prend le frais, mademoiselle du Rouvre avise une jeune servante, native de Granges :

— Que fait votre patron ?

— Oh ! là, que faut-il faire ? On le désarme.

On désarme les Ponts, à ce moment même, au travers des occupations journalières. Un des actes les plus violents de la contre-révolution s'opère, sans qu'un murmure décèle une émotion. On ne voit rien, on n'entend rien, pas plus de désarmeurs que de désarmés. Et il y a là des royalistes, des fédéraux, des vaincus, des vainqueurs. — Singulier peuple !

Gens de bande, entamons notre dernière étape !

Le soleil flamboie, la route poudroie, l'herbe ne verdoie pas. La bande tirerait le pied si elle osait ! elle n'ose pas. La bande, à cheval sur les principes — une monture qui coûte gros, et qui mène plus loin qu'on ne pense — arpente à grands traits l'étendue.

La petite Églantine essaye bien de parler de taureau, — chaque pâturage a le sien, — de fatigue, d'omelettes, voire de pommes de terre frites ; la bande refoule ces effusions débilitantes. Une fois son parti pris, la petite Églantine saute de joie et rit de plus belle. Qui se tait souffre moins. Ainsi, petite Églantine, on fait l'apprentissage de la vie.

Les hameaux sont déserts. A peine si quelques vieillards

ou quelques femmes sortant des maisons, nous regardent d'un air sombre. Leurs hommes sont à Neuchâtel, incarcérés. De leurs chefs, les uns ont fui; les autres, blessés, sont pris. Pauvres familles, que de larmes! Et que de misère, quand il faudra nourrir les bataillons fédéraux.

Ne craignez rien, nos frères, on ne pèsera pas trop sur vous. Une fois rentrés dans la grande famille suisse, vous nous aimerez quand même.

C'est le soir. Quatorze paires de jambes toisent le terrain. Voici la descente finale. Le Creux du Van dresse son cirque de l'autre côté du Val.

Sombre, étouffé, avec son eau profonde qui coule sans bruit et sans rides au milieu des prés d'où s'est retirée la lumière, le Val mérite bien son nom : *Noiraigues*, eau noire.

Au bas se groupe le village. On en compterait les toits; les odorats d'élite saisissent de vagues aromes de soupe aux choux.

— Où vont ces charrettes chargées de soldats?
— Désarmer la Brévine.
— Pas Noiraigues. Bon!

Ce que c'est que l'égoïsme, et la soupe aux choux!

La bande couve Noiraignes du regard; la bande, pacifique avec rage, ressemble à ces caractères tranquilles que rend féroces la menace d'une perturbation. Natures débonnaires, qui ont l'idolâtrie du calme. Rien ne les agite; elles considèrent la vie et les humains comme au travers d'une incommensurable distance; le bruit des événements meurt à leur voisinage, les orages sociaux éclatent on le dirait sous d'autres cieux, la sourdine est mise à toutes les voix de ce monde. Oui, mais qu'une idée fasse explosion dans leur atmosphère, qu'une question vienne battre de l'aile sur leur tête, que quelque chose remue près d'eux qui les contraigne à bouger, alors ces paisibles, alors ces débonnaires tomberont dessus, yeux fermés, à coups de poing. Vrai, faux, ami, ennemi, peu importe! Le vrai, c'est ce qui nous laisse en repos; l'ennemi, c'est ce qui nous dérange.

Ne parlez donc à la bande ni de révolution, ni de contre-révolution. La confédération pas plus que le roi de Prusse ne trouverait grâce devant elle. La bande a des apparitions de côtelettes, elle a des visions de chambres propres et rustiques; même elle trouve à Noiraigues je ne sais quelle grâce attrayante; ce noir ne lui déplaît pas, ce froid la repose, une touchante mélancolie plane sur ce repli qu'enveloppent les vapeurs du soir : c'est retiré, c'est secret; c'est l'idéal qu'elle a rêvé.

Voilà l'auberge.

— Quoi! cette manière de caserne! haute, sale, dépenaillée?

Entrons, il le faut bien.

M. Nevil et M. de Belcoster, à peine dedans, ressortent. Mauvais signe.

— Un lit, un ingénieur dedans. Ni plus, ni moins.

— Un lit?

— Un lit.

— Un ingénieur?

— Un ingénieur.

— Pas moyen de le partager?

— Qui? l'ingénieur?

— Non, le lit.

— Pas moyen.

— Mais il y a un autre hôtel, là-bas; cette jolie maison bien encapuchonnée, jaune, avec des contrevents verts! C'est l'hôtel des Anglais, très sûr! Il fallait commencer par là.

La bande y court. Un gros homme se présente.

— On loge, ici?

— Non.
— Comment, non ?
— Non.
— Ce n'est pas un hôtel ?
— C'est la *pinte*.
— Pinte ou non, avez-vous des chambres ?
— Point de chambres.
— Mais votre premier étage, mais votre second étage ?
— Tout ça, c'est loué à l'année. Je *tiens* les Tessinois. Ceux qui taillent la pierre.
— Mais vous pouvez bien nous trouver un réduit, un coin où nous reposer, fût-ce sur des chaises, durant quelques heures ?
— Rien, rien, rien.

La bande sort consternée. Elle se groupe sur la place du village. Scène orientale, sauf qu'aucun Arabe ne se présente pour la retirer chez soi. Au contraire, l'idée fixe des habitants de Noiraigues, c'est de se débarrasser de la bande.

Faisons bonne figure, tenons ferme.

— Messieurs, mesdames, ne pourrait-on pas obtenir dans votre bourg, dans votre ville, quelque chose comme des matelas, au besoin de la paille, un plancher de grange, avec deux ou trois couvertures pour ne pas geler cette nuit.

— Non. Vous ne trouverez rien de tout ça. Il vous faut bravement vous en aller.

— Mais où, mais comment ? La nuit vient, nous sommes loin de tout, ce sera partout à recommencer !

Les bonnes femmes s'amassent.

— Savais-vous ? Il vous faut bravement allais aux Brots-Dessus !

— Qu'est-ce que c'est que cela, les Brots-Dessus ?

— Oh ! là, c'est là drait en dessus d'où vous venais !

— Combien met-on pour y aller ?

— Un tiers d'heur' !

— Ah! ouah! — interrompt une voix. — Un tiers d'heur'? Deux tiers.

— Deux tiers? — fait une autre. — C'est pas d'un' heur' qu'ils y vont, allais!

Notez que le chemin que nous ferions ce soir pour retourner sur nos pas et grimper aux Brots-Dessus, il faudrait le refaire demain matin pour descendre des Brots-Dessus, traverser Noiraigues et gagner le Creux du Van.

— Y a-t-il du moins une auberge, là-haut?

— Un' auberge! je crais bien, je crais bien! Et des lits, et de tout.

— Oh! là, — murmure une autre femme en hochant la tête — ce n'est pas encore tant sûr, savais-vous!

Monter là-haut, s'y cogner contre une porte fermée... la bande se perd dans ses pensées. M. de Belcoster, en vrai chevalier français, offre de courir aux Brots-Dessus. Il vérifiera l'auberge, il nous enverra quérir si elle veut de nous; si elle n'en veut pas, il reviendra. — Oui, mais l'attente nous fait perdre deux heures, la nuit tombe, on n'y voit presque plus.

M. Nevil ronge son frein en silence.

— Attendais, attendais! — crie une bourgeoise qui balaye le seuil de sa porte. — Y a la maison du Creux du Van.

— Où est-elle, cette maison du Creux du Van?

— Pardi! dans le Creux.

— Cela nous avance-t-il pour demain?

— Pardi, bien sûr! puisque tout également vous êtes d'obligeais de passer par là.

— Y a-t-il des chambres, des lits?

— Dès chambres! dès lits! Pardi!

Là-dessus, la bourgeoise avise de loin une grande, forte femme qui arrive au pas militaire:

— Dis donc, Virginie! l'Évodie a des lits? Dis donc voir à ces messieurs! C'est ta cousin', tu dois savoir!

— Dès lits! Pensais voir si ma cousin' a dès lits! Elle en a un, deux, quatre; elle en a cinq!

— Cinq lits! c'est donc une auberge?

— Pas seulement, pas seulement! Mais ma cousin' est bien gentill'! Et puis son mari, Ulysse, donc! Si vous voyais ça! Elle loge tout plein des étrangers, ma cousin'!

— C'est donc un monde, que sa maison?

— Sa maison! Pas tant, pas tant.

— Pourtant si elle a cinq lits à donner!

Alors une autre bourgeoise, d'un ton sentencieux :

— L'Évodie n'a qu'un lit à donnais; vu qu'elle couche dans les autres, avec son mari, ses enfants, le domestique et la vieill' tante.

— C'est égal! — reprend Virginie, — ma cousin' est gentill'! N'ayais point de crainte, allais! Ma cousin' veut vous arrangeais! Venais seulement.

— Combien met-on d'ici là?

— Combien?

— Oui.

Les femmes interrogent du regard :

— Y a bien un tiers d'heur'.

— Un tiers d'heur'! Que dis-tu? Avec ces dames qui sont fatiguais! Y a bien un heur'.

— Pas seulement, pas seulement!

Sur ces entrefaites, et comme la bande se disposait à partir, conduite par Virginie, arrive un homme, le premier, le seul visible à Noiraigues, sauf l'aubergiste d'en haut et le *pintier* d'en bas.

Il descend de la montagne, son raffe [1] sur le dos, les bras ballants, et se vient planter devant M. Nevil. En deux mots, les femmes l'ont mis au courant. Nous voyant décidés :

---

1. Espèce de hotte assez semblable à l'*oiseau* que portent les maçons.

— Tout de mêm', — dit-il d'un ton traînard, — je ne vois pas ce que vous allais faire là-bas.

— Ce que nous allons faire? Souper et nous coucher, si nous pouvons.

— Si vous pouvais, oui, c'est la chôse! Comprenais bien, tant de monde! Combien vous êtes? Quatorze! Jamais l'Évodie ne pourra vous logeais! Comment voulais-vous! Elle a cinq lits, l'Évodie : chez *eusse*, ils sont...

M. Nevil lui coupe la parole.

— Est-ce qu'on vous demande votre avis?

— Non.

— Est-ce que vous avez des chambres à nous donner?

— Non.

— Alors, passez votre chemin.

Le brave homme ne se le fait pas dire deux fois. Il éprouvait le besoin de déranger un peu ce qui menaçait de s'arranger; l'allocution de M. Nevil lui remboîte sa velléité jusqu'au fond de l'estomac. Il passe son chemin, en effet, l'oreille basse, l'air penaud; et le bon, c'est que M. Nevil, à l'heure qu'il est, nie avoir vu l'homme, nie avoir parlé, nie avoir remboîté, nie tout. C'est sa léthargie!

— Au Creux du Van! Qui nous y mène?

— Moi! — fait Virginie, d'un bel élan. — Dis donc, Mélanie! Va voir dire à Eulalie qu'elle dise à Uranie que je vas avec ces messieurs.

La bande s'ébranle; madame de Belcoster en tête, à côté de Virginie, flanquée d'Euphrasie qui l'accompagne un petit bout; puis la bande, répandue sur le pré noir, le long de l'eau noire, dans le noir crépuscule; puis la petite Églantine, gentiment portée par mesdemoiselles Berthe du Rouvre et Marthe Châtillon, qui lui font un siège de leurs mains entrelacées.

Virginie parle politique. Virginie est républicaine; Euphrasie est royaliste. Noiraigues n'a pas deux familles dont les membres pensent de même. Avant la révolution, tout allait bien, on se supportait, on s'aimait; maintenant les lies du cœur sont remuées. Et la réaction, et ses violences, et le pain qui va renchérir, et les hommes à Neuchâtel, les uns pour le roi, les autres pour la Suisse, les uns coffrés, les autres coffrant, tous oisifs!

Après une demi-heure de marche, Euphrasie laisse Virginie et sa politique pour retourner au village. La nuit est venue; nous grimpons assez roide, dans les prés, dans les sapins, parmi les rochers. Parfois nous rencontrons quelque fruitier de la montagne qui descend au corps de garde de Noiraigues; tous les citoyens sont mis en réquisition.

Virginie raconte à madame de Belcoster son histoire intime, un peu retouchée, en style de la Comté : mots insolites, à désinences françaises, plus inintelligibles que du goth!

Les étoiles brillent par milliards. De temps à autre, l'amphithéâtre qui grandit derrière les sapins apparaît immense, frappé de blanches lueurs. Il monte, monte toujours; il surplombe, d'une inénarrable majesté. Virginie ne laisse guère à sa compagne le loisir de se perdre en contemplations : C'est la cousine du Creux, c'est le passé de Virginie, c'est son présent, et les Tessinois, et la cousine encore.

— Vous verrais l'Évodie, vous la verrais! Elle a huit enfants; eh bien, vous verrais que vous n'en verrais point! Elle envoie tout ça couchai, l'Évodie, comme des souris!

— Trouverons-nous à manger? crie du milieu de la bande une voix affamée.

— Pardi! L'Évodie ne sera pas embarrassai! Elle est accoutumai, vous savais! Qu'est-ce que ça lui fait, à elle; ils iront couchai sur le foin, les autres! Vous serais bien, allais!

Cependant, à mesure que l'on monte, Virginie baisse le ton; au bout d'une demi-heure, elle parle moins; au bout d'une heure elle ne parle plus.

Cette fois, nous sommes dans le Creux, au fin fond du Creux, cernés par le colossal rempart.

Pour autant qu'on la peut discerner, voici la maison de la cousine Évodie : gros chalet dans un pré, avec un auvent sous lequel la bande rejoint.

— Écoutais! dit alors Virginie d'une voix mal assurée. — Laissais-moi entrer la premièr', pour les avertir, vous concevais!

Virginie entre, la bande attend. A l'intérieur, ni bruit de pas, ni bruit de voix. Patience, ici se joue notre va-tout. Cela dure un quart d'heure. Enfin la porte s'ouvre, une petite femme rondelette en sort, c'est la cousine Évodie; puis un petit homme maigre, c'est Ulysse, le mari; puis un autre petit homme, les mains dans ses poches, le casque à mèche en tête, qui regarde le bout de ses souliers; c'est le domestique, Hector. Derrière se tient Virginie, la grande Virginie, muette et tout d'une pièce.

— Bonsoir, madame.

Pas de réponse.

— Vous pouvez nous loger?

Silence.

— Nous sommes un peu nombreux.

Rien.

— Quatorze! mais pas difficiles.

Soupir.

— Nous avons faim.

Grognement.

— Nous voudrions bien manger.

Soupir.

— Et nous coucher.

Grognement.

— On nous a dit que vous aviez des chambres, des lits.

— *Eh! grand Dieu, père,* qu'allons-nous devenir?

A cette première explosion qui rompt un silence, un accablement, une horreur inexprimables, la bande se sent perdue.

— Mettez-nous où vous pourrez, donnez-nous ce que vous voudrez, impossible de faire un pas de plus!

— Mais, *au monde!* qui vous a envoyais ici?

Virginie recule dans les ténèbres.

— On n'a pas voulu nous recevoir à Noiraigues.

— A Noiraigues! où ils ont de tout! Et vous envoyair ici! Ils sont bien peu humains, ceux-là de Noiraigues!

— Hélas!

— Dans un moment semblable! Nous qu'on est déjà bouleversais par cette révolution! Il ne manquait plus que vous!

— Madame, rassurez-vous, nous sommes gens de paix, point malfaisants, vous verrez. Arrangez-nous comme il vous plaira. Croyez-moi, tout ira bien!

Ulysse, debout derrière sa femme, n'a pas bougé. Hector, debout derrière son maître, regarde toujours ses souliers. On n'aperçoit plus Virginie.

— Entrais! fait la cousine Évodie avec un gémissement : Il ne faut pourtant pas rester au froid.

Nous suivons la cousine Évodie. Un grand feu pétille dans la cheminée à cuire le fromage. Le reste de la pièce, une cuisine de chalet, demeure sombre : dalles mal équarries, troncs de sapins, sacs d'avoine empilés. Cela sent la cave; l'humidité suinte des murs. Évodie ouvre la porte de sa chambre. Ici, la plus jolie scène d'intérieur. Sur la table, bien éclairée par quatre ou cinq crozets [1], se rangent des pots de lait tout bouillant, tout fumant; au milieu se prélasse une grosse cafetière; à droite, à gauche, se dressent des monceaux de pommes de terre rôties sous la cendre, éclatées et farineuses à plaisir; trois assiettes de framboises complètent le menu. Des deux côtés de la pièce, deux grands lits, bien dodus, dressent leurs courtines; les enfants terrorisés se pressent dans un coin; au fond, devant son rouet, une bonne vieille se lève

---

1. Petite lampe de forme antique.

toute tremblante ; à l'aspect de la bande elle reste confondue.

— Que de gens! que de gens! dit-elle de sa claire petite voix argentine et cassée. — D'où venez-vous, braves gens? d'où venez-vous, tout ce monde?

Ici, Noiraigues et son histoire. La bonne vieille branle la tête et répète :

— Que de gens! que de gens!

Pourtant la cousine Évodie a repris courage, un sourire effleure ses lèvres; Ulysse reste sombre; Hector reste bête.

— Écoutais! nous dit Évodie. — Laissais-nous voir souper! après, on verra voir ce qu'on fera pour vous.

La pauvre bande pressentait bien que ce bon repas n'était pas pour elle. C'est égal, il en coûte de se voir mis à la porte. La bande jette un regard triste du côté des pommes de terre, repasse le seuil de ce paradis, va se ranger autour du feu de la cuisine, et, comme elle a du cœur, elle proclame à l'envi son goût pour les aventures, pour le foin, pour la belle étoile et pour le jeûne.

Là-dessus, Virginie, qui de loin a suivi les péripéties du drame, se hasarde dans la pénombre. Nous n'avons pas l'air féroces, elle se rapproche un peu; mademoiselle du Rouvre la regarde en riant, elle se risque tout à fait.

— Allais, allais, tout de mêm', la cousine Évodie veut assez vous arrangeais. Ayais point de crainte, tout veut marchais!

La bande ne répond pas. Mais comme, évidemment, la question des vivres est une grosse question, on envoie Virginie à Noiraigues, avec ordre d'en rapporter, avant l'aube, une pleine hottée de pains, de saucissons, de fromage, de tout ce qui lui tombera sous la main.

Le temps passe, nos hôtes soupent. Ils soupent encore, ils soupent toujours. La bande sent d'étranges défaillances, d'autant qu'un cliquetis de cuillers et de fourchettes semble l'appeler au combat. Ils y mettent de la conscience, les habitants du Creux! Comme dix heures sonnent, la porte grince; elle s'est entre-bâillée; Évodie, Ulysse, Hector, les enfants, sortent l'un après l'autre.

— A cette fois! dit Évodie, entrais! on va s'occupais de vous!

Du souper, trois tas de pelures demeurent, pour en raconter à la bande les gloires évanouies; parmi les pelures, quelques pommes de terre, grosses comme des noix!

Les intempérants, les grignoteurs, les maraudeurs, ceux qui ne respectent rien, pas même leur souper légal, mettent la main dessus. Les autres, par un scrupule d'honnêtes gens :

— Dites donc, madame, pouvons-nous les manger, celles-là, en attendant?

— Mangeais, mangeais, on vous les a laissais exprès; parce que, voyez-vous, il n'y a plus que ça d'arrachais.

La bande trouve le procédé maigre, les pommes de terre encore plus, pourtant elle gruge.

— Écoutais voir! — Ceci s'adresse à madame de Belcoster. — Arrangeons d'abord les lits, nous deux, après, on fera du café.

Les lits! c'est bientôt dit. Il y a cinq lits, oui, mais il y a, rien qu'aux habitants de la maison, neuf coucheurs, sans compter les marmots en bas âge. Comment s'y prendre? La cousine Évodie n'en sait rien. Ce qu'elle sait fort bien, c'est qu'elle n'a pas la moindre envie de faire divorce avec son matelas, ni elle, ni ses enfants, ni le mari, ni le domestique.

Si on dédoublait les couchettes? Impossible, vu qu'elles ne sont pas doubles. Et voyez vous d'ici l'essaim des dames obligeantes tourbillonner autour de ces deux femmes éplorées! Elles veulent, sans qu'il en manque une, coucher sur la paille, dans la grange, au fenil, dehors, partout, sauf dans un lit : — C'est décidé, c'est convenu, à la grange, sous l'auvent, sur les pierres!

La cousine Évodie stupéfaite d'un côté, les jolies dames bourdonnantes de l'autre, le mari taciturne en queue, le domestique derrière le mari, les mains dans ses poches, flageolant sur ses jambes, madame de Belcoster ne sait auquel entendre! Sans compter ses propres sollicitudes, et que ces dames gèleront, et qu'elles s'enrhumeront, et son désir, à elle aussi, d'être mal et les autres bien! Tout cela, tout à la fois, c'est trop; enfin, d'un air résolu :

— Mesdames, on fera vos quatre volontés. En attendant, laissez-nous tranquilles!

Juste comme M. Maurice Nevil à l'homme de Noiraigues.

— Ah! fait la cousine Évodie.

Cette fois, c'est un soupir de béatitude.

Longs pourparlers. On va, on vient; à la lueur du crézu qui charbonne, on ouvre les armoires; six douzaines de draps y sont empilées, jugez de l'effet! La cousine Évodie regarde madame de Belcoster avec un paisible sourire de brave femme :

— On a ça filé, la tante et moi, aux veillées !

De l'armoire aux draps, nos ménagères montent au fenil ; elles en visitent les recoins. Avec six douzaines de draps, quatre duvets, du foin et de la paille, il y aurait bien du malheur si l'on ne s'arrangeait pas. Madame de Belcoster compte sur ses doigts, la cousine Évodie aussi : trois ici, cinq là, quatre un peu partout, les deux autres où l'on pourra, le compte y est.

Maintenant, à table! Cela sera vite fait. Du café, du thé, un pot de lait, les rogatons de pommes de terre, quelque *matolle* de beurre, et dévorons !

Encore, faut-il le temps! — Eh! que vous êtes bouillants par ce canton de Vaud!

Bah! le feu flambe, la cousine Évodie sourit, la *cocasse* [1]

---

1. Sorte de bouilloire.

pansue chante sur les braises, le *coquemard* [1], chapeau sur l'oreille, l'accompagne d'un second dessus plein de crâneries. L'une, bonne mère de famille, toute à ses devoirs, un peu matrone, un peu lourde, un peu sermonneuse, débonnaire au demeurant et sans malice ; l'autre, un vieux beau sur le retour, efflanqué, mauvais sujet, et qui parfois s'émancipe, ce qui fait que la cocasse prend un air offensé, et cache ses pudeurs sous un tourbillon de fumée ! Allez, couple joyeux, toujours en querelle ; allez, causeurs infatigables du foyer ; vos rumeurs fantasques, vos chansonnettes dont nul musicien ne redira la poésie, réjouiront éternellement les jeunes et les vieux.

Il fait bon ici ! plus rien ne manque !

— Laissez faire, cousine Évodie, nous avons les mains adroites ; nous savons, nous aussi, comment va le ménage.

Et de l'âtre au lavoir, et du lavoir à l'âtre ! Celle-ci secoue prestement la nappe et dresse le couvert, celle-là ranime les lueurs mourantes du crézu, l'autre arrête juste à point la cousine Évodie qui fourrait une poignée de cannelle dans la théière. Des deux parts on s'émerveille du contraste des habitudes : — Chez nous c'est comme cela ? — Et chez nous, c'est ainsi ! — La glace fond, l'intimité naît.

— Arrivez, arrivez ! voilà le café.

Les rires éclatent, les enfants s'enhardissent, la vieille tante, déjà couchée, regarde à travers les rideaux :

— Que de gens, que de gens !

Le repas achevé, un recueillement profond succède aux explosions de joie.

— Venez, nos hôtes, prions ensemble. Là, voyez-vous, est le bonheur ; point de paix sans prière. Que Dieu garde votre maison ! Que Dieu vous garde, bonne tante ! Petits enfants,

---

1. Autre bouilloire.

soyez bien sages. Quelqu'un là-haut vous aime; quelqu'un qui vous bénira.

Il se fait tard; rude journée! Gens de bande, gagnons nos réduits.

On accompagne solennellement l'escouade qui doit coucher au fenil. La cousine Évodie précède avec sa lanterne. Le fenil, ouvert à tous les vents, n'est pas chaud. Encore s'il y avait assez de litière! mais notre hôte pleure sa denrée, il a peur que la bande ne lui mange son foin.

— Une brassée! encore une brassée! Ici! là! — Chacun implore pour son coin. Le pauvre homme, quelques maigres poignées aux bras, se hâte lentement. La cousine Évodie, maternellement penchée sur ses hôtes, lanterne en main, prise d'une subite, exclusive, inexplicable compassion pour M. le pasteur Nérins, lui tend un foulard de coton dont il ne veut pas, et crie à tue-tête :

— Tenais, le foulard de ma fille! tenais, le foulard de ma fille!

Les enfants de la cousine Évodie vont de l'un à l'autre et se regardent d'un air effaré. Sur le foin, six têtes, tantôt béates, tantôt agitées, se redressent avec des étonnements incomparables mêlés d'inapaisables cris de détresse :

— J'enfonce dans un trou! je pivote sur un pic! je brûle! je gèle!

Tous protestent en bloc qu'ils sont au comble du bonheur.

Ceux qui ont vu ce spectacle vivraient mille ans qu'ils ne l'oublieraient pas.

— Vraiment, êtes-vous confortables?
— Oui.
— Pouvons-nous emporter la lanterne?
— Oui.
— Bonsoir!

A peine redescendus, grand remue-ménage au fenil. M. Victor Châtillon n'y peut plus tenir; il est sur le bord d'un abîme! il n'a sous lui que des planches, pas un brin de quoi que ce soit où reposer ses membres endoloris! il grelotte, il se fige, il est mort! Sans compter que la tête lui pend à quatre mille mètres au-dessous du niveau de la mer :

— Qui aura pitié de moi! Par grâce, je vous adjure! un peu de foin, un peu de paille! fût-ce des *rebibes*[1]!

Madame Varennes, sa sœur, sent son âme s'émouvoir. Au rique de faire rôtir et la bande, et la cousine Évodie, et le mari, et le domestique, elle frotte des allumettes, là, au beau milieu des gerbes!

Mais le chat miaule; voici bien une autre affaire. Un chat! — celui-ci est gros comme le poing, — un chat! Pour le coup, gare les cous! les chats étranglent, c'est connu. M. Victor Châtillon avait un ami qui avait un frère qu'un chat avait étranglé; à preuve que l'ami en portait le deuil! du chat ou du frère? On ne l'a jamais su. *La mère Michel, votre chat n'est point perdu.*

Dans le réduit de famille, autre scène.

M. Maurice Nevil, vers minuit, crie d'une voix de tonnerre :

— Brave Tom!
— Que dites-vous?
— Je dis : brave Tom!
— Vous rêvez, Maurice!
— Je ne rêve point.
— Tom n'est pas ici.
— Eh bien, si je ne parle pas à Tom, je parle à d'autres!

C'est clair, c'est péremptoire, c'est la queue de l'homme de Noiraigues.

1. Copeaux.

Les dames casernées avec la cousine Évodie font la causette; entre elles d'abord, puis avec les enfants, puis elles se taisent, puis elles s'assoupissent, puis tout le monde dort.

Et la tante de redire, au travers de ses songes :
— Que de gens, que de gens !

TROISIÈME JOURNÉE

LE DÉPART — LE CREUX PRIS A REVERS — FONTAINE

Le merle a sifflé dans les bois ; les insectes dorment encore sous l'herbe, il faut pour les réveiller que le soleil ait franchi le rempart des Alpes.

M. de Belcoster, armé de sa trompette à deux sous, devance l'aube au fenil. Il sonne la diane. On se secoue et l'on s'habille, opération d'autant plus facile qu'on ne s'est pas déshabillé.

Le ciel, partout bleu, s'arrondit sur le vallon. Virginie vient d'arriver à travers la rosée, elle porte son chargement de vivres sur le dos. Ceci achève de désassombrir la cousine Évodie.

— Vous êtes tout de même gentils !

A mesure que la hotte se vide, qu'il en sort des pains, des saucissons, du petit vin blanc de Neuchâtel :

— Si on avait su, hier soir ! Si on en voyait souvent du comme ça, de monde !

Et parlez-moi de déjeuner, là, tous ensemble, quand les premiers feux du jour dorent les vitres encore moites du froid de la nuit, quand le lait emplit jusqu'au bord les pots de terre rouge, quand la cafetière répand ses aromes, quand le beurre s'étend sur le pain bis, quand la bande, bien en jambes, sent une bonne grimpée devant soi !

Le déjeuner mangé.

— Voyons, partons-nous !

— Un moment. Faut-il pas échanger des adieux avec la cousine Évodie ? Et la vieille tante, faut-il pas serrer dans les nôtres ses mains ridées ?

Allez, on ne se quitte pas sans avoir un brin de larme à l'œil.

La bande ne marchera pas seule ce matin. Ulysse, Pulchérie sa fille, Hector le domestique nous accompagnent jusqu'aux Rochats.

Le mari porte le panier, le domestique porte la malle, Pulchérie, taciturne comme son père, porte un chapeau coupé, la bande se porte elle-même. C'est ainsi que nous montons le Creux du Van.

Vrai labyrinthe. Mille sentiers s'y croisent. De temps à autre les brouillards, en leurs vagues intermittentes, cachent tout un pan du cirque. Par-dessus, bien haut dans le bleu, les crêtes chenues nous regardent. Nous cheminons sous bois. Des lianes aux fruits rouges couvrent les sureaux, le sorbier des oiseleurs étale ses grappes de corail qui font fléchir la branche, des clairières où fleurissent quelques rares scabieuses avec quelques dernières campanules s'ouvrent çà et là ; chacun suit à sa guise les spirales du sentier.

Madame de Belcoster marche la première. Si madame de Belcoster ne marchait pas la première, elle marcherait la dernière, si madame de Belcoster marchait la dernière, elle ne marcherait plus du tout, ce qui fait qu'on lui laisse l'honneur de porter le *toupin* [1]. Elle emboîte le pas dans

---

[1]. Grosse cloche suspendue au cou de la vache qui mène le troupeau.

le pas du mari de la cousine Évodie, qui l'emboîte dans le pas de sa fille Pulchérie, qui l'emboîte dans le pas d'Hector le domestique, qui regarde plus que jamais le bout de ses souliers.

Tout en montant, le mari de la cousine Évodie s'est un peu dégelé. On parle politique. De quel côté se range Ulysse? il ne sait trop. S'il est royaliste, il ne l'est guère. Il veut la paix, et qu'on le laisse tranquille dans son Creux. Ce printemps, il lui a fallu descendre à Noiraigues, un dimanche, la seule fois de l'année.

— Ils faisaient un train, par ce Noiraigues! Ouah! — Il se promet bien de n'y pas retourner.

Et puis, ces révolutions, *c'est-y pas bête!* Qu'il y ait le roi, qu'il y ait la confédération, que ça lui fait-il, à lui? Tout ça, c'est des gens qui veulent des places! Pourrait-on pas se tenir en repos, une bonne fois! Avant-hier soir, ils ont *bien mis* le pistolet *sur la bouche* à son beau-frère, qui *tient pour* le roi! Est-ce des jolies manières, ça?

Après la politique, l'éducation. Là-dessus, le père Ulysse est de bon raisonnement.

— Garçon, fille, chacun doit savoir son livret, les quatre règles, et lire comme il faut. Pour quant à écrire, ce n'est pas de trop. Qu'ils aillent par le monde ou qu'ils restent dans leur coin, toujours ça qu'ils auront.

Durant la mauvaise saison, le père Ulysse prend à demeure une institutrice de village, *une régente*; il la garde six mois d'hiver. Le matin on étudie *sur les livres*, l'après-midi on coud. Il en résulte des intelligences très meublées, sous une apparence gauche et presque sauvage.

— A propos! Cet ours, avec ses petits, qu'on disait dans vos montagnes! ce n'est pas vrai?

— Pardonnerai? c'est vrai!

— Où se promène-t-il donc, cet ours?

— Se soucie pas où, un peu partout.
— Pas ici?
— Si fait, ici, là ; où ça y fait plaisir.
— Ah! mais! savez-vous que ce n'est pas drôle!
— Ah! ouah!
— Si nous le rencontrions!
— Ah! ouah!
— Il nous dévorerait!
— Ah! ouah!

La petite Églantine, d'un saut, a quitté les framboisiers ; les débandés se serrent au gros de l'armée.

— Ah! ouah! fait le mari de la cousine Évodie. L'autre soir, y a bien Pompée, le fils à Marius, qui le *guignait* dans une avoine ; il a joliment détalais, allais!

Pompée, Marius, l'ours? La bande ne s'en informe pas.

Sans se douter comment, elle a gravi l'amphithéâtre. C'est singulier comme les ailes lui poussent à de certains moments.

Une fois en haut, on regarde en bas. Les vapeurs emplissent l'abîme. Elles tournoyent avec lenteur, elles montent d'un mouvement monotone, l'œil fasciné les suit en leur remous : on dirait une chaudière d'enfer.

Ne trouvez-vous pas à ces palpitations des choses inanimées, je ne sais quel attrait plein de tristesse? Ces retours aux mêmes notes plaintives quand c'est la voix du vent, ces flots brisés aux mêmes écueils quand c'est le balancement de la mer, ces mêmes froissements des feuilles aux mêmes bouffées d'air quand c'est la tourmente, nous redisent les douleurs, les accablements, les efforts sans cesse renouvelés de nos pauvres âmes, travaillées elles aussi par les hostilités de la vie.

— Voyons, les rêveurs! si nous redéjeunions un peu, là, vers la citerne!

Redéjeunons ; à bon déjeuner la bande ne dit jamais non.

Mais vers la citerne il y a les vaches, vers les vaches il y a le taureau ; le taureau nous a vus, il commence à trompeter, sauve qui peut ! — De l'autre côté du cirque on reprend haleine. Et justement, un divan d'herbe y dresse à l'ombre son dossier de buissons nains. C'est une de ces retraites gracieuses dans la sévérité, un de ces sourires en pleine horreur qui saisissent le cœur et qui l'enlacent.

Toutes les voix se sont jetées au gouffre ; on chante, on déclame, on tire des coups de pistolets ; M. le pasteur Nérins et l'écho en perdent le boire et le manger.

Avec M. Victor Châtillon, autre affaire. M. Victor Châtillon a une idée, qui tient ferme ; il veut nager sur l'abîme ; neuf cents pieds d'air sous lui, le ciel et tous les systèmes planétaires sur la tête. Sa sœur le ficelle, un nœud autour de la cravate, solide ; on dirait un brave homme fraîchement dépendu. Bon, le voilà tout de son plat, au bord du gouffre ; il rampe, il y est : la tête, le buste, les bras dans le vide. Mademoiselle Lucie le tire par le cou, madame Varennes le tire par les pieds ; M. Victor Châtillon pagaye dans l'immensité, les dames crient, M. Châtillon est superlativement heureux.
— Trois heures ont passé là comme un éclair.

— Venez-vous en, gens de bande. Tournez le taureau !

C'est bête, les taureaux ; plus bête que les révolutions, quoi qu'en dise le mari de la cousine Évodie. Cela va devant soi, front bas, œil allumé, toujours en bronche ; cela tombe sur ce que cela voit, sans savoir pourquoi ; furieux sans cause, apaisé sans raison, brutalement fort : pas moyen d'échanger un mot de bon sens ! La bande aimerait mieux rencontrer des lions de Némée, des tigres d'Ircanie, voire des colonnes civiques.

Tout en marchant sur les sommets, de cette libre allure que ne connaît pas la plaine, on atteint le dernier col.

Adieu, comté de Neuchâtel ! Nos Alpes, salut ! Salut,

vous, horizons démesurés! Salut nos lacs! et toi le Vélan, et toi la Dent du Midi, et vous, Diablerets, Jungfrau, Blümlisalp, les éblouissantes, les étincelantes! — Mont Blanc, qui assieds ta base sur la tête des autres, tu es le roi; Molèson bleuâtre, couché comme un lion devant la chaîne fribourgeoise, garde-nous bien!

La bande, triste de revenir, est contente de se retrouver chez soi. Arrangez cela comme vous pourrez.

Cependant elle respire à longs traits l'air des hautes cimes, nul souci ne vient épaissir l'atmosphère; on y vit de la puissante vie de nature; il semble qu'on y marche de plain-pied avec tout ce qui est grand. Les perspectives se sont tout à coup relevées, on voyait de bas, on voit de haut. D'un élan on a franchi le ciel, Dieu est près; rien de simple comme de l'aimer, rien d'aisé comme de lui obéir. — Oui, oui, redescendez un peu du côté de la fourmilière humaine, vous m'en direz des nouvelles.

Arrivés aux Rochats, l'hôtesse, le foin, les poules et le Juif errant, on retrouve tout.

— Si nous déjeunions?

— Un déjeuner! Encore! c'est le troisième!

— Hélas! ce sera le dernier.

Quatre heures sonnent au coucou des Rochats.

Le père Ulysse et sa fille Pulchérie, qui avaient devancé la bande, nous attendent assis sur un tronc renversé; tous deux regardent le sol d'un œil éteint. Ils se sont égarés, ils ont marché trois heures de trop, le monde est trop vaste, la montagne trop élevée, le sentier trop perfide, le chalet trop loin.

— Allons, braves amis, entrez, mettez-vous à table. Si vous saviez comme cela aide à supporter la vie!

Maintenant, une poignée de main. Vous aurez de nos nouvelles, et des livres, pour charmer les soirées d'hiver.

— Bonté! des livres! s'écrie la fille, y en aura-t-il bien [1]?
— Tant que nous pourrons.
— Des voyages?
— Oui.
— Un *Almanach boiteux* [2]? fait le père.
— Mieux que cela.
— Des histoires qu'on pleure? reprend la fille.
— De tout.
— Et puis vous reviendrais?
— Peut-être.
— Ne tardais pas tant; on va s'ennuyais de vous.

La bande a repris les pâturages. Bonheur de s'attarder et de cueillir! Les fougères empanachées ombragent les chapeaux; les graminées coiffent follement les jeunes têtes. Des fleurs à brassées, des fleurs épandues sur les tresses blondes, enroulées dans les cheveux noirs! Les filles de la Grèce antique ne s'avançaient ni d'un pas plus léger, ni d'un front plus rayonnant, ni mieux chargées de gerbes odorantes, alors qu'elles suivaient les rivages du golfe de Daphné.

— Avez-vous entendu un cri? le taureau!

Hi han! hi han! hi han!

Cette fois, le taureau est un âne; il y a tant d'ânes qui sont des taureaux.

Le soleil a disparu derrière le mont Suchet; quelques rayons pourpres errent encore au zénith, ils vont rencontrer les crêtes neigeuses des Alpes, sous leur baiser elles fleurissent comme la rose. Après, c'est une mortelle pâleur, puis un dernier épanouissement, un ressouvenir de la lumière, et tout s'éteint.

---

1. Beaucoup.
2. *Almanach populaire*, publié à Vevey.

Voici Fontaine et voici M. l'assesseur.

— Monsieur l'assesseur, attelez le char à échelles!

M. l'assesseur a bu; Fontaine, ce n'est pas de ton eau.

M. l'assesseur rit; mauvais signe. M. l'assesseur a des sollicitudes pour nos santés; faut-il qu'il soit gris!

Ses chevaux vont tout seuls, le char à échelles suit; il court par la nuit étoilée, par la lune, par les éclats de rire et par les calembours.

— Je déteste le premier tiré de mon second, mais j'aime mon tout.

— Jura!

— Vous êtes mon premier, mon second passe trop vite, et je nage dans mon tout.

— Bonheur!

Au bruit que fait la bande, M. l'assesseur se retourne, il croit avoir la révolution aux talons.

— Monsieur l'assesseur, rassurez-vous, ce ne sont que trois chapeaux, trois chapeaux gris.

— Gris! — Monsieur l'assesseur s'y connaît.

— Gris de souris, monsieur l'assesseur.

Au premier beau jour : en avant, bande du Jura!

UNE NUIT EN CHAR A ÉCHELLES UN JOUR A PIED

JUILLET

VALLORBES — L'ABBAYE — LE MONT TENDRE

Voici une prouesse accrochée, décrochée, raccrochée, redécrochée, jusqu'au moment où la combinaison des astres aidant, et la Grande Ourse appointée avec la petite, ces deux dames décident qu'elles prennent l'affaire entre leurs pattes, et qu'au beau milieu de six semaines torrides, en ces jours caniculaires où la création tout entière meurt de soif, la bande mettra la main, juste, sur la seule averse qui ait terni l'éclat de juillet.

Pour que vous le sachiez, la bande a de fiers paresseux; gens amoureux de leurs aises et de leur oreiller : rôder la nuit, détraquer la quotidienne machine, à d'autres! Ce sont, sans les nommer, M. Maurice Nevil, M. Charles Keuler, botanistes jurés de la bande; c'est M. Delmas, l'illustre docteur, sans qui elle ne saurait passer de vie à trépas.

Avec ces maîtres ronfleurs, point de fanfreluches; vieux vétérans qui trouvent que la peine vient toujours assez tôt :

— Courez de nuit, clochez de jour, grand bien vous fasse. Nous, les avisés, nous allons prendre une bonne petite voiture, un bon petit cheval, un bon petit cocher, et tout doucement, à trois heures de l'après-midi, s'il vous plaît, nous irons trottinant, fumant, devisant jusqu'à l'*Abbaye*. Vous y arrivez demi-morts cette nuit; nous y arrivons, nous, gaillards et dispos, dès ce soir. Nous y soupons, nous y refumons, nous y dormons, et demain, quand vous serez là, eh bien, demain, *Allah ou Allah!*

La carriole des prudents partie, à nous autres les fantaisistes:
— Tirez de la remise le char à échelles! mettez des bancs en travers, deux ou trois méchants coussins dessus, qu'on sente le bois, un clou par-ci, un clou par-là! — Manuel, notre brave Manuel aux regards candides, à la bouche largement rieuse, vous qui avez la verve, mon bon ami, et le coin de poésie, et qui comprenez vaguement comme quoi, dans cette carcasse de sapin, vous charriez la joie, l'esprit, la grâce, les grands caractères, les grandes convictions, la grande bande du Jura (des perfections absolument invisibles à quiconque n'en fait pas partie!) Manuel, mon brave garçon, allez quérir *Marquise* dans l'écurie de votre père, allez quérir *Pauline* dans l'écurie à votre cousin Péclard de Montvéran! — Un instant, Manuel, y avez-vous pris garde? Valpeyres et Montvéran au char de Granges, mais c'est ne plus ne moins que les colombes au char de Vénus! Attelez-moi ça, mon bon ami; les colombes, je veux dire les juments, les grosses juments poulinières qui emmagasinent, sans se faire prier, deux quintaux de foin dans leurs flancs homériques, et partons!

Pas avant le soir. Attendez que l'arc d'or monte au ciel tout parsemé d'étoiles. Attendez que le souffle de la montagne nous apporte l'odeur des sapins.

C'est l'heure des phalènes, l'heure de la bande; et, si vous me voulez croire, la bande, à le bien prendre, est de ceux-là; je dis des papillons de nuit.

Les avez-vous vus, ces amants des douces clartés, alors qu'ils passent et repassent dans un beau rayon de lune? Avez-vous regardé ces robes soyeuses; des teintes discrètes, du satin blanc, de la peluche fauve, et ces mines diversement ingénues, et ces délicates antennes qui vont s'agitant pour ne mettre les pattes qu'aux places sûres? Examinez un peu les gilets fourrés des forts de la troupe, étuis de velours, pennes sombres, avec ces physionomies d'honnêtes veilleurs de nuit! Les voyez-vous, quand ils viennent à la fête? les voyez-vous, quand ils s'appliquent aux vitres, tout entourés de leur cour, papillonnes d'argent, papillonnes ardoisées, celles-là blondes, celles-ci bleuâtres, et de nacrées, et de cendrées, nuances infinies dans les tons indécis? Ils contemplent, mais là, de tous leurs yeux, les splendeurs d'un lustre allumé. Ce beau salon les fascine. Les vibrations de la lumière les enivrent. On dirait le pauvre qui, de loin, considère les magnificences du riche. Eux, ce sont les éblouissements de la demeure des hommes.

Mais la nuit est descendue. Mademoiselle du Rouvre paraît la première dans la cour du manoir. Mademoiselle du Rouvre a l'air triste; elle tient dans ses mains un gros bouquet de roses:

— Je ne viens pas.

— Comment, vous ne venez pas?

— Non, je ne viens pas. Prenez mes roses!

— Vos roses! quelle plaisanterie est-ce là?

— Quitter mon chez moi pour vingt-quatre heures, c'est impossible. J'ai des hôtes, des enfants, des bonnes, des mamans; prenez mes roses!

— Je ne prendrai rien du tout! Des hôtes, vous en aviez hier; des bonnes et des mamans, vous en aviez avant-hier, quand nous avons arrangé notre affaire.

— C'est vrai, mais, en conscience, il faut que je reste. L'hospitalité, l'amitié, les convenances; prenez mes roses!

— La peste de vos roses!

— Si vous saviez ce qu'il m'en coûte! C'est un sacrifice, allez. Bonsoir, adieu! Marianne, prenez mes roses!

— Marianne, je vous défends d'y toucher. — Ça, voyons, rêvons-nous, veillons-nous? Venez un peu sur ce banc : causons un brin!

Les deux farfadets se rapprochent, ils raisonnent, et raisonnent si bien que mademoiselle du Rouvre, vite, remonte à Granges, change d'enveloppe, laisse ses roses, redescend, et vogue la galère sur le char à échelles.

Que c'est beau les nuits, les nuits de juillet! Que c'est beau le gros de l'été, alors que les forêts ont un vert sombre, alors que les moissons jonchent la terre, alors que les insectes chanteurs fourmillent aux prairies, alors que le sentier se crevasse, que la goutte de rosée s'évapore avant d'être bue, que l'air a des vibrations électriques, que les cieux gardent un bleu profond, que l'haleine du soir rafraîchit à peine l'atmosphère embrasée! Les clématites à l'odeur de jasmin courent sur les haies, les liserons ouvrent dans les buissons leurs grandes cloches blanches, les épis des chars de blé s'accrochent aux chênes, le foin des charretées jonche les chemins. Vive juillet!

— Hi! Pauline! hi! Marquise! volons par la nuit sereine!

Et que c'est charmant, l'inusité! faire ce qu'on ne fait pas, ne se point coucher, ne pas dormir; quand les autres s'assoupillent, courir seuls, dans le silence de minuit, au milieu des bois qui estompent de noir l'air sombre, sous les constellations brillantes, au travers des villages assoupis, par les campagnes désertes! Un grand accroc au tissu de la vie ordinaire!

On voit de belles choses par ce trou-là. Sur la terre, ce que je vous ai dit; dans le ciel, le chariot aux roues étincelantes, les cheveux de Bérénice déroulés par l'étendue, l'étoile polaire, froide, claire; puis des corbeilles de sable d'or jetées à d'infinies profondeurs.

Ce qu'on entend? rien, si ce n'est, de village en village, le porte-voix. Le porte-voix rassure les gens qui ronflaient, ébouriffe les gendarmes, scandalise les pédants et fait sourire les bons vieux compatissants aux jeunes.

A Lignerolles : — Liberté, patrie [1] ! Messieurs, nous n'apportons pas le trouble dans vos demeures! Dormez, messieurs! dormez du sommeil de l'innocence! Mais avant tout, sachez que la classe de vos respectables régents, l'honneur du pays, l'espoir des âges futurs, s'est ouverte ce matin, dans votre capitale, au bruit des acclamations du peuple!

Fanfare. Quelque ivrogne attardé sort du cabaret :

— Vous n'êtes pas contents : non!

Un peu plus, la population, saisie au cru du premier somme, empoignait les fourches et nous courait sus.

La bande est bien loin; elle a secoué, chemin faisant, deux ou trois maisons foraines. La voilà qui traverse Ballaigues.

A Ballaigues, c'est la grande ménagerie :

— Messieurs, ce soir, je me trompe, hier soir, à huit heures, trente minutes, six secondes, l'incomparable ménagerie du célèbre Étienne-Hippolyte Van-am-Burgh, a fait son entrée dans la ville de Lausanne, chef-lieu de ce canton. Elle renferme deux tigres du Bengale! un boa constrictor qui avale son homme en douze minutes! trois lions d'Afrique qui ont eu l'honneur de combattre sous les drapeaux frrrrançais! des singes, mandrilles, orangs-outangs, sapajous, ouistitis, guenons et autres anthropophages, plus une demi-douzaine d'autruches emplumées, trois lézards de grandeur naturelle, six puces faisant mouvoir une machine à vapeur, etc., etc. !

Ballaigues passé, le poste des douaniers derrière nous,

---

1. Devise du canton de Vaud.

en face d'une triste, noire maison acculée contre la moraine :

— Réveillez-vous, braves gens ! Allez soigner votre *gabelou*, qui vient de prendre une attaque d'apoplexie !

Après, c'est la chanson grecque, puis le veilleur allemand, puis un rire inextinguible. Morphée se sauve en robe de chambre, ses pantoufles à la main, le casque à mèche tiré sur les yeux.

Laissons-les rire, ces jeunes qui n'ont pas encore pleuré. L'heure viendra trop tôt où la plus printanière des nuits ne les touchera pas de son aile, fût-elle illuminée d'étoiles, fût-elle toute parfumée de la senteur des roses, sans qu'une tristesse ne leur prenne le cœur.

Ah ! dans ces nuits-là, on revoit des figures, des figures pâles, avec un sourire si tendre, si doux ! des figures qu'on ne reverra plus. Il y a des soupirs qui passent sur l'aile du vent ; il y a des pages de la vie tout à coup restituées : une chambre, un lit de douleur, de pauvres bras amaigris, un pauvre regard éperdu ! on contemple cela longtemps.

Et puis il y a, oh ! oui ; il y a parfois comme une révélation de la sainteté de Dieu. Elle éclate, immaculée ; elle resplendit, dépouillée des haillons que lui jette la folie humaine. Si vous avez une âme, vous savez ce que je veux dire.

Voilà mon Dieu ; il est là ! Toute mauvaise sécurité s'écroule. Jamais défaiseur de mensonges n'abattit, d'un tel coup, les excuses de la conscience égarée, que ne les foudroie ce divin rayonnement du vrai. Vous l'avez senti, mon cœur m'en est garant. Les pensées austères vous ont étreint, les terribles problèmes se sont posés devant votre âme éperdue. — Mais quoi, les jeunes sont jeunes ; laissez le rire éclater aux lèvres de vingt ans.

— Pauline, Marquise, volons par la nuit sereine !

Des tas de tourbe en feu marquent de points rouges la combe de Vallorbes. A peine si l'on devine la rivière, allumée par places de quelque pourpre lueur. Les forges veillent, leur chapiteau d'étincelles s'épanouit dans les obscurités de l'air.

Halte sur la place, vers le moulin! Une bouchée de pain à Marquise, un picotin d'avoine à Pauline, et pendant qu'elles se restaurent, nos bêtes vaillantes, entrons au moulin.

Ils sont là trois ou quatre compagnons, maîtres en farine, qui versent gaiement le blé sous la meule. La lampe, suspendue au soliveau, laisse tomber çà et là de blanches traînées; les silhouettes de ces grands garçons s'emportent d'un trait lumineux sur le fond noir. Si l'on avait sommeil, l'idée en passerait : tic tac, et la sonnette, et les chansonnettes, et le va-et-vient!

Sur ce, un chien bénévole se hâte vers la bande.

— Bonjour, Azor! détonne le porte-voix dans l'oreille du caniche. Le caniche s'affaisse, décrit une courbe, en décrit deux, en décrit trois, toujours plus vastes, toujours plus échevelées, et court encore.

Devant le porche, qui dort ici? par terre, les genoux serrés sous un châle et la tête appuyée sur les genoux?

— Allez-vous-en voir! allez-vous-en! grommellent les meuniers.

Ils en prennent à leur aise les meuniers; ce qui dort là, c'est tout simplement mademoiselle du Rouvre! Et voulez-vous savoir pourquoi dort mademoiselle du Rouvre? parce que, depuis sept nuits, sans compter les jours, mademoiselle du Rouvre veille. Et savez-vous pourquoi veille mademoiselle du Rouvre? parce que mademoiselle du Rouvre, soir et matin, ouvre les bras à toute créature souffreteuse, bêtes, gens, et particulièrement les mères de famille, qu'elle trouve errant sur la surface du monde.

S'il y a là dedans un petit brin de malice, noble vengeance de célibataire triomphante sur toute la ligne, je ne le dirai pas. Suffit que dès qu'il pointe à l'horizon quelque pauvre femme chargée de lignée : un enfant, trois enfants, cinq enfants, dix enfants, mademoiselle du Rouvre fait signe, élargit les cordeaux de sa tente, console les marmots, couche, berce, lève, nourrit les générations futures, et ne les fouette pas.

Sa tâche accomplie, mademoiselle du Rouvre tombe en défaillance, aux portes des moulins, comme la voilà, et bénit la destinée qui, jusqu'à cette heure (ne jurons de rien), l'attache aux pas de Diane chasseresse. Diane, justement, lui envoyait une troupe de songes dorés : mères désolées, épouses abandonnées, marmots en pénitence, verge en sautoir, lorsque ces meuniers, triples ignares en mythologie, viennent de leur voix rude épouvanter le cortège aérien.

— Allons ! Et cette fois, Pauline, tirons dru ! Il s'agit d'un coup de collier qui dure deux lieues.

Soit la montagne qui se resserre, soit le noir des sapins qui mange le bleu du ciel, soit les sauts à terre pour soulager Marquise, les sauts dedans pour se soulager soi-même, la bande tourne au silence. Plus de sornettes ; on se fait léger ; à chaque tirée on gémit. Puis on pense, c'est le moment : heure de plomb, entre la nuit qui s'efface et le jour qui ne se lève pas ; ni hier ni aujourd'hui ; quelque chose d'indéfini, un malaise ; le dégoût du passé, le découragement de l'avenir.

Au sommet du col on retrouve le ciel. Hélas ! un ciel gris ; on voit les lacs, hélas ! des lacs gris ; on découvre l'Abbaye, hélas ! une abbaye grise ! L'Averne pour tout dire, avec les mélancoliques masures des pêcheurs de là-bas. L'eau, une tache d'étain ; le ciel, un plafond ardoisé ; le clocher, les maisons, grisaille sur grisaille.

L'aube n'a rien blanchi, pourtant on sent venir le matin : matin sans azur, aurore sans rougeurs, prairies sans alouettes.

Il n'y a que les Planchettes *riére* la Chaux-de-Fonds pour le disputer à ce joli séjour.

Si jamais mademoiselle du Rouvre déserte les saintes phalanges de Minerve, ce ne sera bien sûr ni la faute à M. le pasteur des Planchettes, ni celle à M. le ministre de l'Abbaye.

En attendant, la bande débouche au milieu du village. Marquise hennit, Manuel fait claquer son fouet; les bourgeois restent muets comme des truites au bleu! Alors, l'âme du porte-voix se lève, toute droite, sur ses jambes :

— Messieurs, votre auberge ! Votre auberge s'il vous plaît ! Indiquez-nous votre auberge ! — Et des turlututus, et tout ce qui sert à mécaniser un pauvre prochain. Rien ne bouge.

La bande sur ses pieds, cherche à tâtons une enseigne :

— Ohé ! là-haut, c'est nous !

Une lueur jaune paraît, l'hôte ouvre sa porte, il arrive en se frottant les yeux; puis M. Maurice Nevil, très éveillé; puis M. le docteur, encore à jeun; puis M. Keuler, sans se presser; puis la petite Églantine.

— Apportez le café, allumez six chandelles, éclairage *à giorno*, et déjeunons !

Ceux qui ont gaudriolé toute la nuit trouvent que cela leur fait grand bien; ceux qui ont dormi sur l'une et l'autre oreille trouvent que cela ne leur fait pas de mal.

— Maintenant, adieu Manuel. A ce soir !

Manuel reste là, tout songeur. Manuel, pour la première fois de sa vie, respire dans le voisinage de son lieu d'origine. Les arrière-grands-pères de Manuel étaient bourgeois du Chenit. Manuel poussera-t-il au Chenit pendant que nous grimpons au mont Tendre? Manuel n'y poussera-t-il pas ? c'est la question. Entre aller et revenir, il y a cinq bonnes lieues; Manuel jette un regard découragé sur son lieu d'origine. Il s'étire les bras : — *Triste coin que cette abbaye ! il s'ennuie déjà de Valpeyres !* — Bah ! ses ancêtres se sont bien passés de lui jusqu'à ce matin, il va comme cela, se jeter un moment sur le foin, entre Pauline et Marquise; cela fera toujours avancer le temps.

Nous autres, montons les pentes! Le lac n'a pas bleui; le profil du clocher s'amincit sur l'eau morne; au nord, le village du Pont [1] se range le long de sa plage; toute cette onde endormie repose dans une vasque dont les croupes allongées du Jura forment les bords. C'est beau si l'on veut, ce ne l'est pas trop; il y manque les couleurs et la vie.

Voulez-vous voir la Vallée dans son jour? gravissez par un clair matin la Dent de Vaulion; alors votre regard planera sur le saphir transparent des lacs. Porté haut dans les cieux, le pic abrupt du côté du val, les limpidités de l'eau, ce vert sombre des pacages auxquels les grands monts jettent leur ombre, ce calme absolu plus semblable à la mort qu'au repos, tout ce tableau, saisi d'un coup d'œil, avec les contrastes inouïs qu'y jettent les splendeurs de la lumière et la tristesse des lignes, vous laissera sous une impression puissante et solennelle. Vu par une clarté douteuse, à mi-chemin des sommets, dépouillé de cette majesté que lui communiquent les profondeurs de la perspective, sévère sans grandeur, uniforme et taciturne, les médiocrités, qui lui restent seules, vous pénètrent d'une mélancolie proche voisine de l'ennui.

Deux philosophes de la vallée marchent devant nous; ce sont nos guides. Ils portent un panier de poires pour M. de Belcoster, six bouteilles de vin bouché pour M. le docteur Delmas, sans compter les provisions destinées au commun des mortels. M. le docteur, homme à principes, prescrit l'eau fraîche à ses patients et boit sec à l'occasion. Nos philo-

---

1. Le Pont, village du canton de Vaud, sur le lac des Brennets. Ne pas confondre avec Les Ponts, dans le Jura neuchâtelois.

sophes, longs, silencieux, tous deux en fine moustache, tous deux en habit du dimanche (chez nous, le paysan se fait beau quand il va sur les monts), cheminent côte à côte, les yeux baissés, un kilomètre en avant de la bande. Ils ne regardent ni derrière, ce serait indiscret; ni devant, ce serait présomptueux; ni à gauche, pourquoi faire? ni à droite, à quoi bon? Enfilez le sentier qui mène à Rolle, prenez la route qui mène à Yverdon, ils n'articuleront pas un mot, je dis, pas un. Ils vont roides, précieux, impassibles; à vous de les suivre. Aussi faut-il voir les jeunes de la bande, ceux qui courent en flèche, et les crochets, et les désolations !

Croyez-moi, attardons-nous sous les forêts. Il n'en reste plus guère de pareilles. Les bases de la montagne se dérobent dans la nuit que leur font les dômes à triple étage : ramée d'un vert métallique, vieux sapins aux bras prodigieux. Au sein des clairières, des plantes charnues étalent ces larges feuilles qui rafraîchissent rien qu'à les voir. Le sol disparaît sous une exhubérance de végétation comme on n'en trouve qu'aux solitudes. Là-dessus pendent les lichens blanchâtres, là-dessus se balance le lis martagon avec son paquet de fleurons pourpres; la pimprenelle y déploie son parasol étoilé; la digitale y pousse ses jets où s'accrochent les casques, les petits casques d'acier dont les fées et les lutins viennent se coiffer le soir. C'est vaste, c'est abandonné; on y respire librement; la hache de l'homme n'a rien abattu, sa scie maudite n'a rien mordu; douces rosées, beau soleil et belles nuits, ces coins perdus ne connaissent rien d'autre.

Il est loin, le mont Tendre. Ni malaisé, ni rapide, mais reculé. Vals, croupes, chalets, taureaux, des pentes qui se font glissantes, des cols qui se font pelés, on traverse tout et l'on n'arrive point.

La bande rêvasse. M. Victor Châtillon corne du bouquin.

M. Keuler botanise à mort. Bien habile qui lui en remontrera ! Quand M. Keuler a inventorié une montagne, les herboristes du monde entier l'examineraient à la loupe, ils n'y découvriraient pas une paille. M. Keuler va de soi, à son idée, toujours absent, jamais égaré. On le croit au fin fond d'un creux, le voilà sur la fine pointe du Tendre. Le premier, le dernier, peu lui importe. Ce qu'il y a de certain, c'est que M. Keuler arrivera. Son état normal est-il d'être retrouvé ou perdu ? la bande n'a pas résolu le problème. M. Keuler laisse dire ; il cueille, il emmagasine, *il s'en fait*[1], avec une moue tant soit peu dédaigneuse : Bande, prends-le comme tu voudras.

M. Maurice Nevil, lui, procède d'autre sorte. Il y va de haut, en grand ; il foule nos taupinières d'un pied distrait. Il lui faut des Libans, des Atlas, des Krapates, des Carpates, tout au moins des sierra Nevada : le reste, *poca roba*. Pourtant, lorsque M. Keuler, son *alter ego*, lui vient soumettre quelque brimborion alpestre égaré dans les régions jurassiques, M. Nevil daigne sourire. Affaire de complaisance, ne vous y trompez pas, monsieur Keuler.

Mais les philosophes se sont arrêtés devant un trou ; le trou s'ouvre à fleur de terre : un gouffre ! Courez en étourdi sur les gazons, vous ferez un saut de mille pieds ; pas plus de façon que cela.

Un des philosophes prend la parole :

« — Y a comme ça un jeune homme qui a mené par ici sa bonne amie. Ma fi ! le soir, il est revenu seul. Quand ils ont vu qu'elle ne suivait pas, ils ont dit comme ça : Faut voir aller voir où elle peut bien être !

Ma fi ! le jeune homme tirait de son côté.

Ma fi ! les autres lui ont comme ça dit :

---

1. *S'en faire !* Dans l'argot de MM. les botanistes : amasser à foison les plantes du pays pour les échanger contre les plantes étrangères.

— Viens avec nous !

Ma fi ! l'autre, à moitié bois, s'est ensauvé.

Ma fi ! quand ils ont vu ça :

— Elle est dans le trou ! qu'ils ont fait.

Ma fi ! bien entendu, qu'elle y était. On l'a mêmement *aventée* avec passé trente toises de corde. Pierre Abraham au cordonnier s'était comme ça mis au bout. Il l'a trouvée accrochée par ses cotillons, à une corne de pierre qui sort au milieu.

Ma fi ! quand ils l'ont mise sur le brancard, le jour tournait contre le soir. Ma fi ! sous le bois, la lune éclairait. Ma fi ! sous un sapin, voilà une paire de jambes qui attrape la figure au porteur de devant. Ma fi ! c'était l'autre qui s'était pendu ! »

L'histoire faite, les deux philosophes reprennent leur allure.

Cet homme n'était pas tendre.

— Eh bien, la cime ?
— Nous y sommes.
— Eh bien, la vue ?
— La voici.

Une vue de panorama :

Le Léman décrit sa vaste courbe à nos pieds, les Alpes s'étagent derrière. Quelques villes, Lausanne, Morges, Rolle, semblent des grains de poussière jetés sur le bord de l'eau ; du côté de Savoie une flotille de voiles blanches sème l'étendue de points brillants ; du côté de Suisse, deux bateaux à vapeur glissent sans bruit ; on dirait des fourmis, courant sur un miroir. C'est grand si vous voulez ; c'est ou trop loin ou trop près ; ni carte de géographie, ni tableau ; rien qui dise au cœur un mot précis qu'on écoute. L'œil ébloui erre partout, ne se fixe nulle part, et lassé, revient à ce pauvre brin de mousse, par terre, pour s'y arrêter avec bonheur.

Quelques rayons de soleil, et le caractère solennel de l'aspect émergeait d'un tel éclat que le saisissement, cette émotion des hauts sommets, nous aurait tenus palpitants sous son étreinte! mais le jour est blafard, mais les couleurs sont effacées; les lignes seules demeurent; lointaines, uniformes : un trait à la sépia sur une feuille de papier buvard. Nous nous possédons; or, quand on se possède, on n'est pas possédé.

Tenez, ouvrons le panier aux poires; il y a du rôti, par mégarde. Ici, près de la neige, au milieu de ce parterre d'anémones bleuâtres, de soldanelles aux petites gueules violettes, faites sauter les bouchons en l'honneur du docteur! Des sorbets! qui veut des sorbets? Versez à flots le nectar dans la neige!

Deux oiseaux sautillent près de nous, ils vont se rafraichir le bec sur la flaque éblouissante. La bande, tout de son long étendue, n'a jamais fait si bon repas. Nos philosophes, assis à l'écart, discrets et taciturnes, mâchent de conserve.

Quand on s'est bien reposé, dégringolade à grande vitesse vers les régions médianes.

Qu'est ceci? Des escadrons de nuées montent à l'horizon? Bah! il ne pleuvra pas, pourquoi pleuvrait-il? Prenons du loisir.

L'âme du porte-voix met au galop deux pouliches qui venaient poliment saluer la bande, tout comme le chien de Vallorbes. *Brrrt! brrrt!* rien que cela, en contrebasse, à fond de cornet; les pouliches de détaler, de franchir un mur, deux murs, trois murs, pacages, alpages, clairières; bonsoir aux vachers.

Pendant qu'elles courent, la pluie se décide; elle y a mis le temps, six semaines; elle se rattrapera.

Parlez-moi d'une bonne averse!

Ainsi est fait l'homme, ainsi la femme est faite : dédain

des joies paisibles, l'ennui du bonheur, le goût des autans. La bande est servie à souhait. Une fois trempée, heureuse au point de l'être trop, elle avise une nef de verdure. Monsieur le docteur, il faut de la sobriété dans le boire. La bande ressemble à une troupe de fleuves qui aurait laissé sa défroque aux buissons. Sans urnes, sans roseaux, mais non sans eau, elle s'achemine ruisselante ; chacun de ses pas fait jaillir une source ; du bout de ses voiles naissent les courants. Pénétrons sous l'abri, ne fût-ce que pour savourer notre fortune. Les sapins sortent deux ou trois à la fois d'une même souche, leurs troncs soutiennent le dôme verdoyant, le sol est jonché d'un tapis d'aiguilles odorantes ; il y a des fauteuils pour les dormeurs, il y a des fumoirs pour les messieurs, il y a des boudoirs pour les dames.

Un peu de toilette n'est pas de trop. Que dirait Manuel, si la bande rentrait ainsi faite à l'Abbaye ! — Mademoiselle Lucy Châtillon traîne sur l'herbe une toge romaine ; mademoiselle du Rouvre se drape dans un burnous de Touareg ; M. Nevil porte coquettement sur l'épaule un petit caraco bleu de ciel ; le reste à l'avenant. Les chapeaux ? cornus, bossus, consternés, véritables gargouilles de cathédrale ; et là-dessous des yeux, un rire ! Ah ! papillons de nuit, où vous êtes-vous fourrés, mes bons frères ? Comme les voilà arrangées, ces belles robes de satin blanc ! Et cet air discret, qu'en avons-nous fait, mes compères ?

Une fois à l'Abbaye, Manuel tire Marquise, tire Pauline de l'écurie. On ne lui a pas dit d'atteler, c'est bâclé. A-t-il hâte de quitter le voisinage de son lieu d'origine ! — Les ancêtres se contenteront comme cela.

Au trot par les chemins, au trot par les rocailles ! Hu, hi ! garde à toi, Pauline ! tiens-toi bien, Marquise ! — Bande, n'aie pas peur ; le pis qui te puisse arriver, c'est de te rompre les os.

Ainsi l'on descend tout le long du mont de Cire, ainsi l'on court tout le long du val! Entrée triomphante à Vallorbes; le caniche trace encore ses grands orbes. Et qui nous attend là, sur le pont, avec de chers visages heureux? Les pères, les pères de la bande.

A table!

Un moment, s'il vous plaît.

Depuis longtemps la bande a une idée fixe, comme qui dirait une fêlure dans le cerveau.

La bande veut savoir combien pèse la bande. Elle veut le savoir en gros et en détail. En gros surtout; le détail froisse les âmes délicates.

La bande veut savoir, au juste, ce qu'elle possède de quintaux et de kilos.

Quand un char à échelles la porte, la bande veut savoir ce qu'il porte.

Quand la bande se porte elle-même, elle veut savoir quoi.

Est-elle de poids, ne l'est-elle pas? Voilà l'affaire.

M. Glardon, l'hôtelier, a justement là sa *romaine* à fromages. La bande s'y assied. On pèse, on soupèse, on repèse. Les gens de petit poids voudraient peser gros, les gens de gros poids voudraient peser peu. Et cependant, M. de Belcoster, grave comme le roi Minos, tient le registre et cote son prochain.

La bande pesée, je dis le noyau, les fidèles, les solides, ceux qui vont toujours; la bande (tête, tronc, membres, queue), la bande pèse 862 kilogrammes 5/8, soit 1,725 livres 1/4, soit 17 quintaux 25 livres 2/8.

Vous voulez-vous savoir le détail, absolument?

Le voici, en commençant par les étiolés, en finissant par les étoffés. De la bande vous n'aurez jamais meilleure portraiture.

```
Le porte-voix..................   1 1/4
Le char à échelles............   800
```

Le reste *ad libitum*.

Et dire que c'est de l'or en barre ! — Si les exploiteurs s'en doutaient ! Quelque amateur de pépites, de ces affamés de vingt ans ! — Chut ! mademoiselle du Rouvre se réveille.

Maintenant que la bande est pesée, la bande peut manger. Plus, moins, il n'importe. Le chiffre une fois clos, l'addition une fois faite, le total reste invariable; gens de bande, profitons-en.

Profitons-en ! c'est facile à dire. La bande y met de la bonne volonté, M⁰ Glardon encore plus, mais les pères se campent en travers, et voilà le hic !

Les pères ont passé la nuit dans leur lit, les pères ont déjeuné deux fois plutôt qu'une, les pères ont depuis trois heures attendu leurs enfants, les pères veulent regagner le manoir; il faut qu'en un clin d'œil tout soit servi, englouti, desservi.

M⁰ Glardon court éperdu, les servantes courent éplorées. Et de l'eau par-ci, et du sel par-là, allons, marchons, trottons !

— Valentine ! si vous ne hâtez pas le service, nous ne partons plus !

— Ma fille ! si cela va de ce train, autant coucher ici !

On descend, on monte, on presse. Madame de Belcoster dépêche Edgar à l'office; M. Nevil dépêche madame de Belcoster à M⁰ Glardon.

— Maître Glardon, je vous en supplie, voici deux heures que nous tablons ! la suite, la fin !

C'est la faim qu'il fallait dire.

— Eh ! madame, on y va ! Ces messieurs, c'est la foudre ! Moi qui ai là tout un festin : jambon, saucissons, un gigot, un coq, des écrevisses, de la crème, du dessert, des côtelettes !

En haut, les uns clochent, les autres s'affadissent; les pères pétillent, les dames tournent l'œil; le thermomètre de l'impatience marque 35 degrés Réaumur.

Levée en masse. Adieu Bourgogne, vendanges sont faites !

Les pères triomphent. En descendant, la bande rencontre les écrevisses qui grimpent, le coq qui chante, les tartes qui prennent la file : côtelettes, crèmes, gigot! et tout en bas, tout au fond de sa cuisine, M° Glardon qui s'arrache le toupet.

Les pères passent droit. La bande suit les pères, le cœur un peu gros, l'estomac un peu creux.

En route, dans quatre carrioles! M. Nevil va devant. Sa voiture flamboie, tournoie et disparaît. Les autres trottent comme ils peuvent. Le porte-voix, sur tout le parcours, prêche aux enfants l'obéissance, aux femmes la vertu, aux hommes le travail.

Quant aux gendarmes, le porte-voix, de jour, ne leur prêche rien du tout.

A mesure qu'il chemine, le char à échelles a déposé ses hôtes : trois par trois, deux par deux, chacun chez soi. Il s'amincit, le char à échelles, il s'étrique, il rentre en petit état, un par banc, et finit comme les roses, comme les chansons, comme les prouesses, en queue de.....

CASSE-COU

OCTOBRE

DÉDIÉ AUX ENFANTS DE LA BANDE

DE VALPEYRES AU SAUT DU DAIS LE LONG DE L'ORBE

RACONTÉ PAR UN ÉCUREUIL DES BOIS

Ils y étaient tous, hormis le fameux connaisseur d'herbes, le père du grand Edgar et de la petite Églantine; un homme que j'aime, parce qu'il m'a rendu le bonheur.

Une fois, je sortais à peine du nid (bien des récoltes de noisettes se sont emmagasinées dès lors), de méchants garçons m'avaient pris. Ils m'avaient enfermé dans une boîte; moi qui saute de chêne en chêne, parmi les frondes pleines de rosée! Le jour n'entrait dans ma prison que par trois trous, et quand j'y hasardais les pattes, un épouvantable instrument de torture se mettait en branle : une roue de fer, à barreaux épais, qui tournait, tournait, tournait, comme les feuilles du bouleau quand le vent l'agite, et m'entraînait malgré moi. — Les hommes sont de vilaines bêtes! — pas M. Nevil. Les mauvais gars m'avaient porté chez lui.

Ce bon homme me donna de la mousse pour mon cachot,

des noisettes pour mon déjeuner, des noix pour mon dîner; après, il vit que j'étais triste.

Oui, bien triste. Ramoncelé dans le coin le plus obscur de ma prison, je me pelotonnais pour ne rien entendre, je rabattais ma queue sur mon museau pour ne rien voir. J'avais même, dans ma désolation, enlevé le petit bout du petit doigt de la petite Églantine, qui me tendait une amande! Là, seul avec moi-même, je rêvais au soleil du matin, aux faînes des hêtres, aux gambades en liberté, sur le versant du Suchet.

De la mousse! je la connaissais, la belle mousse aux longs brins qui vient dans les forêts; je connaissais aussi la mousse courte et fine qui tapisse les troncs raboteux. Les noix! Oh quand je les cueillais, au bout des branches, assis dans la ramée, que le vent chaud passait à travers les arbres et me faisait doucement balancer!

Mes pleurs allaient éclater lorsqu'une douce voix se mit à dire :

— Il ne peut pas vivre comme cela, il est trop malheureux! reportons-le au bois!

C'était la maman du grand Edgar et de la petite Églantine.

Elle prit ma boîte, elle prit la main de son mari; ils me mirent avec eux dans une machine roulante, qui gronde comme le tonnerre : j'étais éperdu, j'étais tout haletant d'espoir.

Au bout d'une heure, la machine s'arrête, l'odeur des sapins pénètre dans mon cachot. Je bondissais de plaisir.

Mes bienfaiteurs marchent sur les cailloux, marchent sur les bruyères, marchent dans les genévriers; soudain, mon cachot s'ouvre, je vois une grande lumière, un tronc est devant moi, d'un élan je grimpe au faîte!

Alors, j'entendis des éclats de rire; le cœur me battait si fort que je fus obligé de le contenir avec mes pattes. Le papa et la maman dirent : — Ne l'effrayons pas! — puis ils s'en allèrent. Braves gens!

Un peu revenu à moi-même, je regarde au pied du sapin ; qu'est-ce que je vois ; des noisettes, en provision !

Voilà ce que j'appelle une charité bien entendue ! J'entassai mon trésor dans un trou de hêtre, et quand vint la froidure, je m'empaquetai tout à côté. Au mois de mai j'étais rond, j'étais lustré, j'étais le plus joli des écureuils ; ma bonne mine donna dans l'œil de la plus gentille des écureuillettes, et nous voilà mari et femme.

Jamais nous ne nous sommes quittés : pas un jour, pas un instant ! L'hiver nous nous pelotonnons en boule ; le printemps, au premier soleil, nous sautons dans les branches rouges de sève ; l'été nous allons chercher des faînes par les montagnes, et sitôt que la bande du Jura se met en branle, avec elle nous courons.

La bande du Jura, c'est presque une bande d'écureuils. M. de Belcoster, lui, vivrait rien que de noisettes, comme nous. Il a un grand noyer, M. de Belcoster, eh bien, il a dit, un jour : — N'y touchez pas, c'est le noyer des écureuils ! — Aussi, chaque automne, moi et mon écureuillette, nous venons faire la cueillette de notre noyer, à nous. Nous grugeons, nous grignottons, et de loin nous voyons derrière les vitres M. de Belcoster qui écrit ses gros livres.

Les écureuils bien nés ont le cœur reconnaissant. Dès que la bande reprend le chemin des bois, vite, de nos queues fourrées nous nettoyons les sentiers. Cela use bien un peu le mouchet, mais où il n'y a pas de sacrifice, il n'y a pas d'amour. C'est nous qui, dans les chalets, goûtons la crème du matin ; c'est nous qui commandons aux merles et aux bouvreuils de chanter leurs plus fins triolets ; c'est nous qui convoquons la troupe ailée des papillons bleus, et les abeilles butineuses, et les gros bourdons en veste de velours ; c'est nous qui avons disposé les épines où s'est accrochée la capote, celle qui, celle que, je m'entends, suffit. En un mot, c'est nous qui faisons tout, partout, sans qu'on s'en doute.

Ce matin-là, madame Écureuillette, ma femme, était, contre sa coutume, restée au logis.

Elle avait fort à faire, madame Écureuillette; la chambre d'hiver à tapisser et ses provisions à mettre en ordre. C'était le dernier beau jour, disait-elle.

Elle est prévoyante, mon Écureuillette, et parle d'or. Parfois elle me donne une griffée, le long de la pelisse, quand je boude et me renfrogne : cela me lustre le poil; une gambade, en boule après, tout est dit.

Moi, en les suivant ce matin-là, les gens de bande, je savais bien ce que je faisais. Je les trouve à mon gré; et puis il y avait des châtaignes; je les sentais au travers de la serviette. Des châtaignes, chez nous, où l'on n'en voit guère! grosses comme la moitié de ma tête, brunes et dorées comme la fourrure de mon Écureuillette! S'ils en laissaient tomber une, deux; si je pouvais les rapporter au logis! Oh! Écureuillette ma mie, quelle bombance!

Mais il en faudra donner aux écureuils pauvres : les deux coques d'abord, pour se tenir les pattes au chaud; aussi un petit brin de grumeau, à côté. Dieu ne bénit pas les écureuils avaricieux.

Il faisait beau ce matin-là, par le dernier soleil d'automne; il n'y manquait que mon écureuillette. Je sautais en avant, en arrière, sur les saules, dans les sapins. Eux aussi étaient heureux, ils suivaient l'Orbe. Elle était verte sous les arbres, autour des pierres elle écumait.

A l'île des Frélons, j'ai eu une fameuse peur! M. de Belcoster, mon bon frère, pose un instant la serviette aux châtaignes. Il s'amuse à regarder courir la rivière, il lance des pierres, et des ricochets, et crier de plaisir! Je ris de le voir rire, les autres frappent des mains; quand nous revenons à nous, plus de châtaignes! Mon bon ami reste sur le coup, moi, je manque tomber de mon arbre. Il se démène, il cherche derrière le tronc, parmi le fourré, deçà, delà. Victoire! nous les avons! le cœur me revient un peu, et nous revoilà cabriolant dans la forêt.

La connaissez-vous, la forêt? Les aulnes étendent leurs branches sur l'eau qui glisse sans faire de bruit, les longues traînes des liserons y trempent par le bout, il y a de petites baies couvertes d'un sable blanc comme le lait, il y a des roches polies sur lesquelles passe le flot luisant. Beaucoup de feuilles jonchaient déjà la terre, les arbres en gardaient encore assez pour jeter sur les pentes une ombre toute blonde. La lumière n'était pas froide comme à l'aurore, elle était joyeuse, elle était chaude, on sentait le soleil derrière le rideau des feuilles tremblantes.

Ils se sont arrêtés partout. Quant à l'île inaccessible, avec ses hautes roches et ses pins, il a fallu s'en passer; celle-là, c'est mon île, à moi, comme le noyer.

Rien qu'un saut dedans pour embrasser madame Écureuillette, pour lui dire que j'avais vu des châtaignes, qu'elle serait la plus gracieuse comme elle était la plus mignonne des écureuillettes, si elle voulait bien laisser là son salon, son ménage, et achever la course avec moi; rien que le temps de recevoir un baiser d'elle sur mes yeux, un camouflet de sa queue sur le bout de mon nez, un petit cri d'indignation parce que, affairée comme elle était, j'osais lui proposer de courir : qu'on voyait bien que je ne savais guère de quelle façon se faisait l'ouvrage, que pourtant je serais fort étonné si, au premier sifflement de la bise, je ne trouvais pas un nid moelleux, soyeux, capitonné, ouaté, secret, large, rond, uni, tout, quoi! et je me sauve, penaud, un peu triste, heureux pourtant d'avoir une si sage écureuillette.

Notez que je ne l'avais jamais vue si jolie! courant de ses quatre petites pattes autour du nid, fourrant ici une mousse, là une feuille, et prompte et preste, et faisant la part des écureuils pauvres, toujours ; un petit tas près de la porte !

C'est comme cela qu'on bâtit sa maison.

J'aime mon Écureuillette ! Ah ! sans ces châtaignes ! Bah ! ce soir je reviendrai pattes pleines.

Lorsque je les ai rejoints, nos gens étaient bien en peine.

Le précipice coupé droit, la rivière en bas, il n'y avait pas de quoi rire. Nos grimpeurs s'accrochaient comme ils pouvaient le long des roches ; les cailloux se dévalaient, les branches cassaient, la bande dégringolait. J'aurais tendu volontiers le bout de ma queue à la petite Églantine, mais la queue tient au corps, et si la petite Églantine avait tenu la queue ! J'ai pensé à mon Écureuillette, je n'ai rien tendu, nos gens s'en sont tirés : ils se tirent de tout.

De ce moment, je ne les ai plus quittés. J'étais sous le vieux poirier, vers les moulins, là où l'eau bouillonnante et folle tournoie dans les vasques de pierre, là où il y a des trous à engouffrer un homme et des baignes pour les écureuils. J'étais dans les noyers sous le pont, quand ils jetaient leurs grosses roches : les gouttes, aussi brillantes que des étoiles, dansaient autour de moi, je secouais la tête, la queue, les oreilles, je sautais au milieu de cette pluie. Dans le bois de chênes, je courais avec le soleil sur les branches basses ; dans la prairie j'ai eu peur du vacher.

C'est le saut du Dais qui était beau ! toute l'Orbe en bas le mont ! La grande eau glissait, la poussière des gouttelettes jaillissait, il y avait un arc-en-ciel au milieu ! J'y aurais bien passé, sur ce pont, rien que pour faire voir aux gens de bande : il était rouge, il était bleu, il était d'or, il était d'argent ; mais qu'aurait dit mon Écureuillette ! Il montait, il grandissait toujours, des rayons le traversaient, la lune du côté de l'Orient venait à sa rencontre, peut-être bien qu'il mène au paradis! Tout à coup, il a disparu, et je me suis mis à regarder l'eau qui s'en allait dans l'herbe, tranquille, douce et profonde.

Pourtant, j'ai failli pleurer.
Les châtaignes, c'était pour ici; on devait ouvrir ici la serviette; moi, je frissonnais de plaisir. Je ne voulais pas manger, oh! non, mais rapporter ma part au logis et faire avec mon Écureuillette un gai festin!
Soudain, mon bon ami, celui aux châtaignes, laisse tomber son paquet d'un air sombre. Je regarde, j'écoute, qu'est-ce que c'est? c'est sa femme, à lui, un cœur craintif, inquiet, juste comme mon Écureuillette, qui ne veut pas qu'on cuise les châtaignes. Elle ne veut pas qu'on les cuise, parce que la nuit va venir, parce que l'obscurité les prendra dans le bois, parce que la petite Églantine, lorsqu'on n'y verra plus, pleurera! — Ce qu'aurait dit mon Écureuillette, absolument.

— Eh! madame l'Écureuillette! je veux dire madame la femme à mon bon ami; est-ce que je ne suis pas là? est-ce qu'à la nuit close, je n'aurais pas été réveiller les vers luisants dans leurs cachettes? Ne les aurais-je pas rangés tout le long du sentier? Est-ce que dans le ciel il n'y a pas d'étoiles? Faut-il gâter le plaisir qu'on a par la frayeur des peines qu'on aura? Allez, madame Écureuillette, la femme à mon bon ami, veux-je dire, ce qui vous manque, voyez-vous, c'est une meilleure fiance en Dieu. Tâchez de l'avoir, vous y gagnerez, et moi aussi.

Bah! malgré le chagrin qu'elle m'a fait, je l'aime, la femme à mon bon ami; je l'aime parce qu'elle croit à l'âme des bêtes. On se moque d'elle; laissons-les dire : rira bien qui rira le dernier.

Tandis que j'étais en train de pleurer, un peu en colère (mon poil était tout hérissé), voilà que dans un coin, sur une large pierre, flambe et pétille un feu clair! Avec la flamme monte une odeur : une odeur de châtaignes grillées! La serviette est vers le feu, déployée, les châtaignes grésillent sous les braises!

Voulez-vous savoir qui a fait cela? Une demoiselle! Les demoiselles, je les appelle, moi, le grumeau de l'humanité!

Les demoiselles sont prévoyantes sans être soucieuses, affectueuses sans être exclusives, sérieuses sans être tristes, charitables sans être imprudentes, dévouées, pratiques, serviables, miséricordieuses, jolies; elles savent cuire les châtaignes! Sans les demoiselles, que deviendrait le monde? et la bande, donc! Demandez à la femme de mon bon ami!

Les châtaignes éclatent, ma bande s'en régale. Moi, je ne me régale de rien du tout. Manger loin de mon Écureuillette, non. Et puis, on ne pensait pas à moi.

Alors ils ont lu dans le livre de l'Éternel. Je ne sais pas lire, moi, mais, à force de regarder dans le ciel avec mon Écureuillette, à force d'écouter la voix du vent dans les bois, la voix des eaux qui court sur la rivière, la voix de la pluie quand elle tombe des feuilles sur la mousse et qu'elle chante à travers les filtres de la terre; à force d'écouter le merle qui dit le premier cantique du matin, et l'alouette qui remercie le Seigneur tout le jour, et le rouge-gorge, perché le soir sur un poirier sauvage, qui se tourne vers le soleil couchant et célèbre les gratuités de Dieu, nous avons appris, mon Écureuillette et moi, bien des choses que l'homme ne sait pas.

Ils ont lu, moi j'écoutais; le cœur m'a battu quand ils ont dit : « Dieu essuiera toute larme de vos yeux; la mort ne sera plus; il n'y aura plus ni deuil, ni cri, ni douleur. »

Après, ils sont partis; la nuit descendait. Je me suis rapproché du foyer. Que de richesses! ah! madame Écureuillette, vous allez rire : des miettes, plein six coques de noix;

et des châtaignes! deux cuites, oubliées sous la cendre, exprès, je connais le cœur compatissant des demoiselles! douze crues, douze! entendez-vous, Écureuillette mes amours! douze châtaignes crues tombées de la serviette! Pour le coup, j'en ai fait, des cabrioles!

Mais l'obscurité venait, les renards sont méchants; que dirait mon écureuillette, ma pauvre écureuillette, seule dans le nid, si les étoiles s'allumaient et que son écureuil... Bien, ne vais-je pas faire comme la femme à mon bon ami!

Vite, deux feuilles; de ces larges, de ces rondes qui croissent au bord de l'eau; notre trésor dedans, quatre forts piquants de sapin pour coudre le paquet : en route!

Tandis que je parlais, quelqu'un se tenait derrière moi. Deux pattes mignonnes se jettent autour de mon cou. Qui se cache ainsi dans sa belle queue ébouriffée, qui? une Écureuillette en émoi. Elle était là, mon Écureuillette, le cœur gros. Pour la première fois de sa vie, elle m'avait laissé courir seul; ah! mais, c'est qu'il s'agissait de la chambre, de la belle chambre d'hiver!

A peine l'avais-je quittée, elle s'était assise au seuil du nid, sous le parasol de sa queue, les deux pattes sur les yeux; elle s'était mise à pleurer, mon Écureuillette; puis elle avait essayé d'arrondir le nid; l'ouvrage n'allait plus; alors, en trois sauts, la voilà sur mes traces! Oh! que je l'ai baisée et rebaisée!

Et quel grignotage nous avons fait, là, nous deux! et quel bon petit trou pour la nuit nous avons trouvé dans un vieux saule! et comme, serrés l'un contre l'autre, nous y avions chaud!

Le lendemain, ah! le lendemain matin, madame Écureuillette a mis, la belle première, son nez à l'air. Il a fallu se réveiller, et vite, et tôt. Elle était pressée, madame Écureuillette. Nous avons pris nos deux charges de châtaignes, nous les avons solidement attachées sur notre dos avec deux brins de jonc mis en croix. Sur les cinq heures, nous rentrions au nid.

Vive nid! le nid douillet, dodu, soyeux!

Dieu vous bénisse, gens de bande! Nous en voilà pour tout l'hiver, de boule et de marrons.

VINGT-TROIS HEURES DE MARCHE

JUIN

**FLEURIER PAR LE CHASSERON
BUTTE, SAINTE-CROIX — LA COVATANNE
VUITEBŒUF, BEAULMES, VALPEYRES**

Les hirondelles sont revenues, les coquelicots fleurissent aux champs, sur les crêtes du Jura la sève de Suisse a baisé la sève de France.

Holà! gens de bande, holà! Entendez-vous le carillon des toupins! Voyez-vous monter les troupeaux! La plus belle vache va devant, son bouquet de tulipes et de girardes sur la tête, sa grosse cloche au cou. Les chevrettes se sont promenées le soir autour des villages, les voilà sur les monts. Sentez-vous l'arome des pins en fleur? — Le cœur vous bondit, n'est-ce pas? Vous suivez d'un œil épris la pure silhouette du Suchet qui s'enlève, dentelée de sapins, sur le fond lumineux du couchant.

Aux montagnes, aux montagnes!

— Nous voici, nous voilà!

Se retrouver sans qu'il en manque un, quelle gratuité de Dieu!

Il en manque une.

Mademoiselle Lucy Châtillon a pris son vol du côté des métropoles; elle boit à pleine coupe en plein Léthé.

Un appel, deux appels : rien.

Les vaches, les toupins, Plancemont : néant.

On essaye l'attraction magnétique : le fil casse.

Mademoiselle Lucy trouve qu'elle est bien où elle est, et y reste :

— Vous voulez vous promener? allez-vous promener! Ni plus, ni moins.

Que faire? s'aller promener. On y va.

Ce que c'est pourtant que l'atmosphère! Non pas cette colonne d'air qui pèse sur notre planète, mais l'enveloppe tissée des pensées et des habitudes dont s'entoure chacun de ces petits mondes qu'on appelle un cœur. Il y en a de mille sortes; les unes cristallines, immuables, les autres plus variables qu'un jour de printemps; celles-ci facilement attiédies, celles-là toujours congelées; la vôtre taillée dans le bleu, la mienne noyée dans le gris : la plupart, avouons-le, chatoyantes selon le reflet.

Hélas! nous sommes un peu comme les truites, nous prenons la teinte de nos courants :

— La bande! qu'est-ce que la bande? Ah! ah! oui! oui! je me souviens. Braves gens, bonnes gens tout à fait. Des originaux, quelque peu simples, qui se lèvent avec les merles, qui se vont tremper dans la rosée, échiner par les rocailles, griller sous le soleil; cela revient éreinté, déchiré, inondé; triste façon et pauvres figures! C'est bon, je connais cela... j'ai connu cela! Me venir quérir ici : naïf! Bonnes gens, repassez demain!

L'aube naît. Le ciel a mis son pardessus. La bande l'approuve, car il pleuvra. En avant les parapluies.

A Vuitebœuf, on laisse le char à échelles; on se secoue, et l'on grimpe devant soi par un épais brouillard.

L'air est humide, les feuilles sont humides, humides et emperlées les toiles d'araignées ; chaque parcelle de la création jette à la bande sa goutte d'eau. La bande humidifiée tourne au noir.

Tout à coup, le vent se lève ; il a déblayé un grand morceau du ciel ; la plaine s'est colorée, le lac d'Yverdon s'est fait bleu, les nuées empilent vers les Alpes leurs gigantesques remparts, et par-dessus, au zénith, trône le mont Blanc. Appuyé sur ses contreforts, ses colossales épaules étalées, il écrase le ciel même de sa royale grandeur.

De toutes parts les brumes qui s'enfuient laissent tomber jusqu'à la plaine les plis de leurs mantes ; on dirait les esprits du Jura que met en fuite le jour.

Allez, allez, dressez vos pyramides ! le mont Blanc se rit de vous. Il grandit, grandit encore, éternel roi de son univers glacé.

Tout le ciel est en rumeur. Ne nous parlez pas de ces dômes fastidieusement sereins qui promettent un beau jour, et qui tiennent leur promesse ! Notre ciel, à nous, menace et rit à la fois, des nuées y courent plus rapides que les phalanges de cavaliers arabes. Du clair, du sombre, du clair encore, une ondée, l'azur s'étend, les alouettes partent des buissons, Bullet déploie ses maisons blanches sur les hauts pacages, et la bande entre au cabaret.

Vive le cabaret !

La bande est *pintière* [1]. Si la bande n'était pas pintière, la bande ne serait pas helvétique.

Un bon petit cabaret, riant au soleil, en pleine montagne, avec ses fenêtres ouvertes sur les pelouses, sa cuisine un peu pauvre, son hôtesse avenante ; voilà ce qu'il nous faut.

---

1. *Pintière*, du verbe *pinter*, du substantif *pinte* ; ceci pour les puristes.

Le régiment des cafetières n'y gâte rien, non plus les chambrettes, boîtes de sapin autour desquelles se rangent mesdames les quatre parties du monde. Nos cabarets en sont restés à quatre, mordicus : madame l'Asie en odalisque, la tête enturbannée, de l'or partout ; madame l'Amérique en sauvagesse, sur la tête un diadème de plumes, carquois sur le dos ; madame l'Afrique, noire d'ébène, les lèvres cramoisi, les yeux blancs, des perles au cou, aux oreilles, aux bras, aux jambes ; madame l'Europe en taille courte, qui minaude sous son chapeau paméla.

Après qu'on a devisé, et mangé, on prend la forêt.
Les botanistes cherchent leur foin, les jeunes filles leurs fleurs, quelques-uns ne cherchent rien, qui trouvent tout. Trois dames dessinent pour le compte de cette ingrate qui court le monde. Ne faut-il pas illustrer les prouesses de la bande? Elles dessinent Bullet qu'elles voient, le lac qu'elles ne voient pas, chalets, vallons, cités, villages ; un coup de crayon superbe et définitif.

Horloger à l'œil d'émouchet, où es-tu?
Heures du soir, heures sereines qui précédiez l'orage, crépuscule où chantaient les bouvreuils, marche rêveuse sur le velours des dernières prairies, heures du soir, heures sereines, dans quelle coupe de cristal êtes-vous tombées?
Il y a sous les sapins comme un lointain écho qui monte du passé ; nos pas, lorsqu'ils froissent l'herbe, en font jaillir des souvenirs pleins de charme. Souveraine poésie des choses qui ne sont plus, tu viendras en son temps couronner ce beau matin. Tel quel, présent comme il est, il égaye le cœur, il ne l'émeut pas. Le soleil est vif, le pré vert ; il n'y a plus d'oiseaux sous les feuilles. La bande ne revient pas, elle va ; elle ne cause guère, elle chante. Pleine vie, plein midi, point de clair-obscur, tout en avant, rien en arrière!

Heures mélodieuses, heures passées, vous ne sonnez pas deux fois aux mêmes lieux.

Pourtant le lac, entre les grands sapins qui le découpent, s'épanouit là-bas, avec sa teinte de lapis. L'immortelle rose étincelle près de terre, les étoiles de la potentille éclairent le gazon sous leurs rayons d'or; la coupe bleue des gentianes, la coupe blanche des anémones où les petites fées de la montagne viennent boire la nuit, foisonnent dans l'herbe.

Rien de tout cela ne contente M. de Belcoster. Il lui faut Plancemont.

Qu'importe la cime du Chasseron où nous voici, qu'importent les Alpes que voilà, et la Suisse, et la France étendues à nos pieds, si M. de Belcoster a perdu Plancemont!

M. de Belcoster fume, il est vrai; c'est pour tromper sa douleur. M. le pasteur Nérins fume, c'est pour consoler M. de Belcoster. Les botanistes fument; c'est pour encourager M. le pasteur Nérins. Toute cette fumerie par un vent à déraciner la bande offre bien des charmes; mais Plancemont!

Les dames, ventées et fumées, en ont assez. Elles quittent les splendeurs tempêtueuses de là-haut pour descendre vers de profonds replis d'où l'on ne découvre ni les forêts de Bourgogne ni les lacs de Suisse. Le soleil tombe à plomb sur les tapis embaumés, un ineffable calme règne en ces solitudes. Quelques roches bien abritées, du thym, du serpolet, par-ci par-là de gros sapins touffus, point de froides haleines, point de chapeaux en tourmente; elles n'en veulent pas plus.

Recueillons-nous ici, dans ce doux réduit.

On a songé, on a causé. Maintenant on s'approche de Dieu. Sur les sommets qu'il a redressés, au sein des retraites qu'il a merveilleusement ornées, la Bible s'ouvre comme d'elle-même et le cœur attentif en écoute, l'un après l'autre, les mots divins :

« J'élève mes yeux vers les montagnes d'où me viendra le secours ! Mon secours vient de l'Éternel, qui a fait les cieux et la terre ! »

Celui qui a connu les belles heures, a connu les heures navrées. Des bas-fonds de la vie, il a jeté un regard éperdu vers les grands cieux d'où vient le secours :

« L'Éternel est mon ombre; il est à ma droite; il me gardera ! »

Seigneur Jésus, tu marches avec nous sur les cimes qu'un souffle de ta bouche souleva ; tu marches avec nous dans les vallées. Le matin, le soir, aux heures lumineuses, aux heures obscures, toujours avec toi. — Et quand descendra le soir, le soir de la vie, dans tes mains, Seigneur, nous déposerons nos âmes, nous remettrons nos cœurs.

Les crêtes se sont abaissées. Il fait tiède dans notre sentier, à peine si un souffle amenuisé par la feuillée nous rase de l'aile. Parfois une bouffée arrive, plus vive, restaurante, et de nouveau les odeurs y montent en paix, les papillons s'y abandonnent d'un vol nonchalant.

Il fait bon aller ainsi, débandés, à l'aventure, les botanistes le nez en terre, les rêveurs le nez en l'air ! Justement, ce sont eux qui avisent notre comté de Neuchâtel. Un pan d'herbe fleurie coupe le ciel, on s'approche, le vallon moucheté de villages s'étend à quelque mille pieds au-dessous. Voici Butte, voici Fleurier, et Motiers, et Couvet, et Travers, et sur ce pré, contre ce bois, Plancemont, le vrai, l'incontestable Plancemont !

Plus loin, au fond du val, Noiraigues s'entasse. Noiraigues *où le monde* est si dur aux brebis errantes. L'homme à la hotte est encore là, sur le coup, foudroyé ! A droite, on soupçonne la maison du Creux. En face, les Brots-Dessus narguent la bande.

Ces vues à tire-d'aile ont un charme étrange. La perspective y est renversée, l'éther au travers duquel plonge le regard semble un pur cristal ; il prête aux couleurs je ne sais quelles vibrations inaccoutumées ; les teintes s'y fondent mieux, les plans s'y relèvent en étages bizarres, le ciel y met son azur partout ; les routes, lacets d'argent jetés par la main du caprice, vont d'un village à l'autre festonnant le fond vert ; les villages eux-mêmes, très nets, avec leurs maisons en miniature, leurs clochers pointus, leur grand silence, l'apparence de la vie sans la vie, complètent une toile où la fantaisie a pris carrière : on dirait quelque coupe japonaise avec sa terre bleue, son ciel vert, ses oiseaux qui nagent et ses poissons qui volent.

Il n'y a que la bande pour voir ces belles choses-là.

C'est qu'aussi la bande se trouve en l'état propice aux extases ; la bande, à jeun depuis qu'elle a déjeuné, meurt de faim.

— Fritz, sauvez la patrie ! prenez les devants, guide-chef, commandez une régalade à Fleurier !

Quant à nous, suivons le sentier plein d'ombre.

Ceci ne fait pas le compte de M. de Belcoster. M. de Belcoster ne connaît que la ligne droite ; qu'elle accroche la lune ou qu'elle embroche le centre de la terre, cela lui est bien égal. D'ailleurs, M. de Belcoster, dégrisé de Plancemont, a besoin, positivement, de se démolir.

Le voilà qui se dévale par le plus roide, tandis que la bande vient donner du nez, au beau milieu de la route, contre un char de bois qu'appuient en travers les indigènes du pays. Le char de bois, attelé d'un cheval par devant, d'un cheval par derrière, en sens contraire, queue contre queue, se pose comme insoluble problème aux yeux ébahis de la bande.

Et pendant que la bande, emberlificotée, se désemberlificote comme elle peut, M. Nevil expose la théorie du système d'attelage. Aux montées, le cheval de devant traîne à reculons le cheval de derrière; aux descentes, le cheval de derrière traîne à reculons le cheval de devant. S'il y a des gens méticuleux que cette explication ne contente pas, tant pis pour eux; ni M. Nevil, ni la bande n'en démordront : ils ont vu la carriole, ils ont vu les chevaux, dos à dos, croupe à croupe, que vous faut-il de plus?

Midi sonnant, nous arrivons à Fleurier.

C'est tout à fait un village hollandais que Fleurier. La route éclatante de blancheur miroite parmi les prés; les maisons aux vitres brillantes s'éparpillent dans les jardins; les gros pompons des pavots, les longs thyrses des pieds d'alouette, les bouquets de roses à cent feuilles s'y épanouissent, tandis que l'eau claire du Sayon glisse sur un lit cailloutteux : le tout dans un encadrement de pentes veloutées, avec des combes noires de sapins, et des diligences de Paris qui passent au galop!

Notre auberge, bien encapuchonnée, nous appelle de tout loin. Vous concevez si l'on dîne. Après, la bande se lève pour courir en Chine.

En Chine?

Oui, Fleurier, ce village de montagne, commerce avec la Chine. Fleurier y porte des montres et en rapporte des monstres. Fleurier a ses armateurs, il a ses matelots, il a ses gros négociants et ses grands voyageurs. Fleurier, tel que vous le voyez, fait son tour du monde sans que cela le gêne.

La bande n'en veut ce matin ni aux montres ni aux monstres. La bande veut une lanterne, chinoise.

Diogène s'armait d'une lanterne pour chercher un homme; la bande qui a des hommes, plus qu'il ne lui en faut, prend ses hommes pour trouver une lanterne.

Point de lanternes! des lanternes crevées, sans feu, sans mèche; et des hommes à revendre! O Diogène, où es-tu?

En revanche, les citoyens de Fleurier promènent la bande; comme si la bande ne s'était pas promenée!

Par un soleil cuisant, par une route éblouissante, madame Bernard et M. Visconti, conduisent la bande au jardin de M. Dormeuil : une miniature de Jura chinois, qui vivote à l'ombre du grand Jura.

Les botanistes vérifient les étiquettes, la bande passe et repasse devant ces maigres exemplaires de troglius et de pimprenelles dont elle vient de fouler là-haut les exubérants tapis.

Pour le coup, la bande démoralisée, pratique à l'endroit de mademoiselle du Rouvre, cause innocente de cette exhibition, une mauvaise *scie* d'atelier.

— Le jardin appartient à M. Visconti?

— Non, à M. Dormeuil.

— Ah bien! et c'est madame Dormeuil qui nous le montrait?

— Non, c'est madame Bernard.

— Ah bien! alors madame Bernard est la tante de M. Visconti?

— Non, madame Bernard est la tante de M. Dormeuil.

— Ah bien! alors M. Visconti est le neveu de M. Dormeuil?

— Non, il ne lui est rien du tout.

— Ah bien! C'est étonnant comme ce jardin de madame Bernard...

— De M. Dormeuil.

— De M. Dormeuil, est à la disposition de madame Visconti.

— De madame Bernard!

Ainsi jusqu'à Butte, où la bande, bête comme une oie, rit à se démancher.

Cependant madame Bernard, en prenant congé de la bande, a proféré ces paroles solennelles :

— Vous ne coucherez pas ce soir à Valpeyres, VOUS N'Y COUCHEREZ PAS!

Est-ce la provocation? est-ce l'ombre qui descend, est-ce la fraîcheur qui monte, madame de Belcoster et mademoiselle Hélène Châtillon prennent les devants, rasent le sol, traversent Butte, traversent Longeaigues, seules, en flèche, et grimpent à la course. Pourquoi elles vont, pourquoi elles volent, hirondelles affairées? elles seraient bien embarrassées de le dire. De temps à autre elles se retournent, essoufflées, murmurent : les voici! et repartent comme l'éclair.

Qui les eût suivies eût entendu de chaleureux plaidoyers en faveur de la vérité absolue, de nobles théories sur l'indépendance de l'âme, sans compter d'impétueux élans vers l'idéal. Ces dames se comprennent, elles s'approuvent; c'est peut-être cela qui leur met du vent sous les ailes.

Soudain, d'un revirement brusque, comme ces oiseaux voyageurs lancés par l'étendue qui, tout à coup, se heurtent à quelque haute muraille, les voilà plongées aux abîmes de l'humilité; c'est peu, au fin fond de l'horreur de soi! Leur plus cruel ennemi ne leur en eût pas tant dit; ce qu'il y a de certain, c'est que s'il s'en fût avisé, on l'eût reçu de main de maître.

Belle chose que l'humilité! Pourtant nos hirondelles en ont les ailes coupées; il se faut rabattre sur terre. Par bonheur, une galerie se trouve là, juste à point, taillée dans le roc. On dessine : une manière décente d'attendre la bande; car de s'avouer rendues, pour mortifié que l'on soit, vous ne les connaissez guère.

La bande a rejoint, un peu narquoise; mais quoi, la bande qui est forte, est généreuse. Mademoiselle du Rouvre promène l'ambroisie de lèvres en lèvres, sous la forme d'un cornet de pastilles, achetées dans je ne sais quelle forge de

Butte. Jamais forge ne forgea plus restaurant cordial. La bande, une fois le cornet grugé, trouve que les pastilles ont tous les goûts, l'anis, le cumin, la poix, les épinards! une bande démoralisée, je vous l'ai dit. Aux oranges maintenant! on les mange, sous un arbre; les oranges ont le goût d'orange; elles inondent le gosier d'un sirop qui fait pâlir toutes les délices du paradis de Mahomet.

Au surplus, que nous reste-t-il à parcourir? sept à huit kilomètres de montée; Sainte-Croix est au bout. De Sainte-Croix on se laisse glisser à Vuitebœuf; de Vuitebœuf à Granges on cause; de Granges à Valpeyres on se promène : un rien!

La bande monte. Elle a sur la conscience une huitaine de lieues. La bande, qui commence à se sentir un corps, s'appuie ferme sur son âme; elle admire la nature, discute les questions d'art, s'enfonce en des problèmes théologiques où elle ne voit pas très clair, et monte.

O forêt des Étroits, tu nous mets à l'étroit!

Jusqu'ici, la bande (une fière bande, allez!), n'avait pas gémi. Un soupir s'échappe, il fait partir la détente : on traîne le pied, on s'assied, on se relève, on se rassied, et l'on monte toujours.

Alors, deux systèmes se disputent l'honneur de réveiller les énergies défaillantes. L'un, celui de ce philosophe de l'antiquité qui ne revenait point chez soi sans se représenter sa maison brûlée, son bien volé, sa femme morte; l'autre, une belle illusion qui dore la réalité et se repaît d'espoir. M. Maurice Nevil dit tout du long : encore quatre heures, encore cinq heures, six peut-être. — M. de Belcoster, à chaque détour s'écrie : c'est le dernier! à chaque coup de collier : nous y voilà!

Et comme ne nous y voilà point, la bande tombe à plat.

Enfin, à force de monter, on ne monte plus. Et tandis que le soleil, retrouvé là-haut, disparaît en France derrière les montagnes de Salins, la bande touche aux premières maisons de Sainte-Croix. Cette fois, la bande ne dîne pas, oh non! ni ne soupe; elle a bien assez à faire de franchir avant nuit close le défilé de la Covatanne.

Le sentier, un ruban de satin, court sur la pente et s'amuse aux fleurs de la prairie, jusqu'au moment où, s'enfonçant tout soudain en une gorge sauvage, il vous mène casser le cou, droit, en des précipices pleins d'horreur. Puis il se ravise, le petit sentier; le voilà sous la feuillée, le long d'une croupe baignée de ces dernières lueurs que promènent par le ciel les nuages embrasés de quelque flamme purpurine. Vous entendez, au fond, l'eau qui cascade et fait rage; vous entendez au-dessus le rouge-gorge qui jette aux bois la pluie de ses notes cristallines. Soudain, le sentier se dénude, s'accroche au parois du roc; vous avez deux cents mètres de gouffre sous les pieds, trois cents mètres sur la tête, et vous vous arrêtez, saisi, en face d'un de ces chaos, d'une de ces solitudes désolées qui font involontairement penser aux mauvais coups dans de mauvais coins.

Le drame du 24 février a dû être conçu en un site pareil, vis-à-vis de ce mur colossal qui gêne la respiration, devant cette eau rare qui filtre parmi les quartiers de calcaire tombés des crêtes, sous ce morceau de ciel presque noir, dans ce pas étroit d'où quelque réchappé du bagne, rien qu'en vous touchant du coude, vous ôterait de ce monde.

Dieu merci, il n'y a point de réchappé du bagne; il n'y a qu'un honnête montagnard en blouse, qui descend gaiement le défilé. Aussitôt la bande rattrapée :

— Vous voyez bien cette roche?

— Oui.

— Eh bien! y a le boucher qui a fait un fameux saut, tout de même!

— Quel saut?

— De par là-haut, donc! Il conduisait des bêtes; le pied lui manque, le voilà bas.

Et comme nous frémissons.

— Oh! là, faut croire qu'il n'avait *pas tant la caboche dans son assiette!*

L'autre saut est celui du peintre en bâtiments, un Italien, brave garçon, qui revenait de Sainte-Croix, son pot à colle en main. Le boucher avait sauté du haut en bas, le peintre sauta de bas en haut. Une mine (on ouvrait le sentier) lui éclate entre les jambes; notre Italien part comme une chandelle romaine, retombe sur ses pieds, pot à colle en main, pas une goutte de couleur versée, le pinceau vertical, les membres en place, rien de rompu, rien de tordu, sauf un peu d'étonnement : les idées qui étaient dessous, dessus, l'omelette retournée, voilà tout.

On le descendit à Vuitebœuf; huit jours après il n'y paraissait plus.

Tandis que la bande se laisse conter ces histoires, le sentier, vrai sentier de parc anglais, même quand il tue les gens, quitte les entrailles du mont pour se venir un moment égayer à l'air libre. Un petit domaine se trouve là, qui donne dans l'œil à notre homme:

Ce sont des trèfles, des sainfoins, et des sureaux, et des églantiers; la maisonnette abrite son rucher devant elle; tout cela secret, riant; une de ces oasis qui convertiraient madame de Belcoster aux thébaïdes!

Notre homme est tout converti :

— Ah! quel domaine! dit-il en se grattant l'oreille. Quel domaine! ça s'est vendu l'autre jour. Dommage! quel domaine!

Après un moment de marche, en silence, pendant que le sentier rentre dans le gouffre : .

— Tout de même, ils disent comme ça : la Dent de Morcles! moi je trouve ça plus beau que la Dent de Morcles!

La bande ne saisit pas trop le rapport entre la Dent de Morcles, une pyramide, et la Covatanne, une gorge; c'est égal, l'homme y tient. La Dent et la Covatanne, l'une en pointe, l'autre en creux, il n'en démord pas. Et tout en dégringolant :

— Ils disent comme ça : La Dent de Morcles! Moi, je trouve ça plus beau!

Le petit domaine et la Dent aidant, voici Vuitebœuf. Halte sur un tas de gravier. La bande se livre à un enthousiasme rétrospectif : la Covatanne, les splendeurs de l'horreur, la grâce, l'épouvante, la fraîcheur, le soir, les rossignols (qui sont des merles), le soleil, les étoiles! la bande plane au troisième ciel pour ne pas tomber au troisième dessous.

Le fait est que la bande est rendue. La bande, voyez-vous, embrasserait le premier malotru qui viendrait lui dire : Manuel! — non, pas même Manuel : — M. l'assesseur est là, avec son char à échelles, son cheval borgne, et son *verre de trop.*

Ni assesseur, ni verre, ni char, ni bête. La bande n'embrasse personne; mange ses dernières oranges, et se remet en marche.

Nuit close.

De Vuitebœuf à Beaulmes, l'abomination de la désolation! Une route ensorcelée; toutes les abréviations allongent. Prenez le grand chemin, coupez sous les ravines, serrez le bois, c'est toujours une heure de plus.

Ainsi la bande s'enfonce dans les obscurités croissantes.

Edgar languit; le guide-chef pâlit.

M. Keuler n'a pas son compte de plantes; en revanche, il a plus que son compte d'enjambées, et déclare net que les glorieuses de la bande (un nom modeste), sont des *glorioles!*

Ceci décèle les orages intimes d'une âme de botaniste extraordinairement vexée.

M. Maurice Nevil, en avant du corps d'armée, grandi par les ombres, sa boîte sur le dos, silhouette plus noire que la nuit, toise le terrain d'un pas de géant et disparaît dans les ténèbres.

Mademoiselle Marthe Châtillon a converti son parapluie en jardinière; elle y a, depuis le matin, empilé la flore entière de la montagne; à chaque pas, le parapluie s'ouvre, les baleines s'épanouissent, un cauchemar !

Mademoiselle du Rouvre marche en rêvant, rêve en marchant, on ne sait trop lequel.

Mademoiselle Berthe tient gaiement sa gerbe; une moisson toute parfumée qui ne fait pas fléchir ses bras.

Mademoiselle Hélène va devant soi. Elle souffre, beaucoup même, on n'est pas de chair et d'os pour rien; n'importe, la volonté vaincra.

Et vous appelez cela des glorioles! Et se dompter, et se mâter, et dire à sa guenille : Tu as soif! tu ne boiras pas. Tu as faim! tu ne mangeras pas. Tu voudrais t'asseoir! tu marcheras : dormir! tu veilleras. Cela, c'est de la gloriole!

Un petit moment. Qu'est-ce, ô botaniste, que la gloriole, sinon le triomphe de l'idée sur la matière? Tout simplement la royauté de l'homme sur l'univers; une puissance qui courbe le fer, qui polit le granit, qui gagne les batailles, qui pétrit les royaumes. — Gloriole! gloriole!... Je voudrais bien savoir où seraient les *diagnoses*, sans la gloriole!

En attendant, M. de Belcoster a fait une découverte. La route de Vuitebœuf à Beaulmes est une route en caoutchouc.

Sitôt qu'ils voient la bande dessus, les municipaux de Vuitebœuf, ceux de Beaulmes s'attelant les uns en amont, les autres en aval, tirent, tirent, tirent! La bande va toujours, le chemin va toujours, et les bourgeois de rire. Sont-ils malins, ceux de par là !

A l'entrée de Beaulmes, nouvelle halte.

Halte? c'est bien trop d'honneur à la bande. Une chute en bloc, par le travers de cinq troncs de sapins, entassés au bord de la route.

Il ne reste plus ni oranges, ni vin, ni eau; mais ces troncs! Trouver juste son point, du premier coup! un rondin sous la tête, un rondin sous le dos, un rondin sous les pieds, avec une troupe de bûches accessoires!

S'étendre de son grand long, les bras abandonnés, le front tourné du côté du ciel, la fraîcheur de la nuit baignant le visage; et le sommeil, qui vient fermer des paupières ouvertes depuis deux heures du matin!

Le crépuscule de la pensée nous enveloppe de ses voiles, les constellations reculent dans les profondeurs éthérées, les reinettes font leur modeste concert : carillon des nuits sereines qu'écoutent en silence les vers luisants cachés dans l'herbe des prés.

Restons là, tels que nous sommes, sans plus bouger, durant la courte nuit.

Pourquoi ne les fait-on pas, ces sages folies? Pourquoi je ne sais quel scrupule de fermer l'œil autre part que dans le domicile légal, vient-il arracher la bande à ce hasard charmant; cinq troncs de sapins sous un ciel des tropiques?

— Allons, allons, levez-vous, les sybarites!

Ici, pour tout de bon, commence la marche du désespoir.

La bande, défuntée, ressemble à un vieux Turc qui vient de recevoir la bastonnade.

Les arbres passent, le pont fuit, les prés se déroulent; on n'entend plus que le bruit inégal des pas traînants. Tout à coup :

— Bonsoir, messieurs; bonsoir, mesdames!

Qui passe là? qui nous hèle dans l'ombre? Eh! c'est l'homme aux abeilles, c'est le beau diseur, le Bourguignon galant.

— Pardon, messieurs; pardon, mesdames. La sœur à M. du Rouvre serait-elle par hasard dans ce *troupeau*?

Le troupeau s'arrête; mademoiselle du Rouvre s'en détache.

— Pardon, mademoiselle, est-ce vous qui êtes la sœur à M. du Rouvre?

— Oui, c'est moi, que me voulez-vous?

— Vos abeilles ont essaimé, mademoiselle. M. votre frère n'a pas osé me vendre l'essaim, parce que, voyez-vous, ce sont vos petites affaires. Lui m'a dit : Je ne m'entends pas.
— Alors j'ai dit : Je vais toujours. — Puis il m'a dit : Ils sont en montagne. — Alors j'ai dit : Possible. — L'essaim est beau! qu'il m'a fait. — Peut-être! que j'ai répondu.

— Bien, bien.

— Mademoiselle, je retourne avec vous! Retournons ensemble, mademoiselle! Allons au rucher, causons de nos petites affaires.

— Au rucher! à minuit!

— Ça vous gêne, mademoiselle? Si ça vous gêne, dites-le; moi, ça ne me gêne point. J'irais volontiers avec vous de nuit, de jour; au contraire!

— Imbécile! murmure mademoiselle du Rouvre; puis, compatissante toujours, gracieuse dans la mauvaise comme dans l'heureuse fortune :

— Vous êtes à mi-chemin de Beaulmes; allez vous coucher, mon ami; demain, revenez demain!

Le Bourguignon galant a quelque peine à lâcher prise. Il le faut bien. Le troupeau file, mademoiselle du Rouvre avec.

Tout en marchant, madame de Belcoster songe à un certain treizième essaim qui menace l'avenir de son rucher. Elle songe, et court plus légère.

Granges, Valpeyres! Les vingt-trois heures y sont.

Le matin, tandis que tout dort, et les botanistes, et le guide, et la bande; qui donc gratte à la porte de mademoiselle du Rouvre? L'homme aux abeilles.

— L'essaim, mademoiselle!

Mademoiselle du Rouvre entr'ouvre un œil et demande l'heure.

— Quatre heures.
— Du matin?
— Du matin.
— La peste soit du Français!

Mademoiselle du Rouvre expédie une toilette sommaire. L'homme regratte. On court au rucher : déception! il n'y a point d'essaim! Les abeilles n'ont pas essaimé, elle se sont promenées, sans plus ni moins! l'exemple de la bande.

Pour se consoler un peu, le Bourguignon raconte à mademoiselle du Rouvre sa vie, là, au soleil levant : son passé, son présent, son avenir, comme en confessionnal! Après, il lui raccommode sa pendule. La pendule de mademoiselle du Rouvre avançait de trois minutes par heure, elle retardera de trois heures par minute! Cela vaut la peine, convenons-en, d'abandonner Morphée et ses pavots.

Et la chronique rapporte que le Bourguignon galant ne s'en est pas tenu là; qu'il a papillonné de Granges à Valpeyres, le volage! de mademoiselle du Rouvre à madame de Belcoster, le perfide!

LE DOG-CART

AOUT

LA TOUR DE LA MOLIÈRE — ESTAVAYER

Après tout, le char à échelles est par trop primitif, un peu dur aussi, et bon pour des goujats. La bande, longtemps carriolée trois par trois sur les planches, n'en veut plus ; elle veut un carrosse qui réponde au rang qu'elle tient dans le monde : quelque chose de rapide, de solide et de vainqueur.

Savez-vous quoi ? un dog-cart ! autrement dit un char à chien, ou un chien de char ; comme il vous plaira.

Il est joli, notre dog-cart : quatre roues rouges qu'un souffle fait tourner. Il a devant, un vaste banc où mettre les hommes de la troupe. Il a derrière, deux banquettes largement rembourrées : on se voit nez à nez, on se parle bec à bec. Et si je vous montrais le travail de la caisse ; des joncs tressés, un je ne sais quoi de champêtre et de fringant ! Et si vous voyiez nos lanternes de cristal aux étoiles de rubis !

Les fées ont passé par là, bien sûr.

Aussi, ce matin, dès l'aube, Manuel s'assied-il triomphant sur son siège ! Pauline et Marquise dressent les oreilles et fouettent de la queue. La bande se case dans son meuble ; le surplus suit en break :

— A grandes guides, Manuel, haut la main!

Qu'il y a de rayons sur l'herbe, qu'il y a de lumière partout!

Où allons-nous? courir le monde. Ces frais matins donnent l'humeur voyageuse. Au travers des campagnes, au travers des villages, l'espace devant nous, le ciel sur nos têtes, en avant, sans nous inquiéter du soir!

Je ne sais quels reflets d'Italie colorent aujourd'hui la route que nous suivons.

Selon que notre fantaisie remonte au nord ou qu'elle descend au sud, le même chemin prend des teintes bien diverses. Est-ce au midi? la mer radieuse lui jette ses clartés d'azur; est-ce au nord? les bouleaux pâles et les grosses villes d'Allemagne assises dans leur silence, laissent tomber sur lui leur morne silhouette.

Tout comme les joies ont leur zone éclairée, les douleurs ont leur pénombre.

Quand les glaciers polaires s'écroulent, que s'approchent les banquises, un vent âpre coupe le visage; on ne les a pas vues, leur haleine a figé le sang. Vous les connaissez, nos printemps couronnés de fleurs. En mai, les lilas; en juin, les roses! Le soleil déplisse les corolles attardées, les lourds tissus tombent à nos pieds, c'est l'été, les fenaisons viennent, voici les moissons! — Tout à coup, un sifflement de bise! l'air s'est congelé, les jeunes feuilles se rident, les boutons se crispent, le soleil a des rayons blêmes, la nature entière frissonne. Que s'est-il passé? là-bas, sur l'Océan, une flotte paraît; elle couvre l'étendue, elle est blanche, la mort va devant elle. Ce sont les glaces, les glaces du pôle; elles n'ont pas encore frôlé nos rivages, leur souffle a flétri nos prairies, l'air qu'elles ont touché nous refroidit le cœur.

Ce matin, la campagne baigne dans la rosée; les jardinets

foisonnent de clématites, de liserons, de géraniums et de jasmins. Par-ci par-là, un bout du lac se montre; sur l'autre bord, le château de Grandson assied dans la verdure ses quatre tours. Le souvenir du Bourguignon leur jette une lueur sanglante; derrière monte le Jura, paisible, taché de pacages et de forêts.

On songe plus qu'on ne cause dans le dog-cart; dans le break, on discute à mort. Ils sont là trois étudiants et un pasteur qui remanient le monde. Le geste décisif, l'interjection écrasante, l'adversaire cloué, qui se décloue, qu'on recloue! Ce que c'est que d'avoir vingt ans, et sa rhétorique au bout du doigt.

Cependant, voici une pauvre hutte penchée vers l'eau, elle s'y mire avec ses petites vitres, son toit rabattu et son rosier.

Qui es-tu, toi qui vis là-dedans? Comprends-tu la magie de cette nappe limpide? As-tu contemplé ces bleus abîmes au travers des branches de ton arbre? Respires-tu le parfum de tes roses? T'assieds-tu le soir, devant ta fenêtre, sous tes œillets qui pendent en nappe écarlate? Regardes-tu la montagne, et ta pensée suit-elle longtemps la lumière qui va décroissant derrière les crêtes du Jura?

Le dog-cart s'est arrêté. Nous voici à Chair, gros village fribourgeois. Gente hôtesse et bon accueil.

— Qu'y a-t-il pour votre service?
— *Dès ofz dé la dzeneyetta* [1]! *Do buro dé la vatzetta* [2]!
— Oui, oui! fait-elle en souriant.
— Et puis, la tour de la Molière, et un brave homme pour nous y mener.
— Je vous donnerai mon frère.

1. Des œufs de la poulette.
2. Du beurre de la vachette.

Le frère de la cave petit homme naïf.
— Y a-t-il loin d'ici à la tour?
— Oh! là, pas tant.
— Et de la tour à Estavayer?
— Oh! là, tout de même.
— Voulez-vous nous y conduire?
— Oh! là, pourquoi pas...

On dresse la table dans la plus belle chambre, par-devant un petit Saint-Jean de cire qui garde trois moutons de sucre; les moutons paissent des brins de laine jaune, chacun sa queue de fil d'archal plantée roide dans le corps.

Un plat d'œufs, deux plats d'œufs, trois plats d'œufs! la *dzeneyetta* a fait son devoir.

En route, bande; et toi dog-cart, à Estavayer, ce soir.

Charles Bize, notre guide, un homme sage, s'avance un corbillon d'abricots au bras; il les enfouit prudemment sous une couche de prunes reine-Claude. Cela fait rire la petite Églantine, de voir les joues rosées des prunes, couvertes d'une fine poussière blanche, et les mines toute rondes des abricots, jaune vif, avec une teinte purpurine.

On monte les ravins de molasse. Il ne fait pas froid.
— Un chaud caché! dit Charles Bize.
— Caché? pas tant. — Les étudiants se sentent fondre. Adieu politique, l'univers s'arrangera comme il pourra.

Tantôt à l'ombre, tantôt au soleil! Le ruisseau jase sous les menthes, chaque méandre du sentier nous ramène en face du lac. Le lac, à mesure que nous nous élevons, s'abaisse dans son cadre paisible; tout d'abord, les grands noyers le festonnent de leurs têtes arrondies, puis ils rentrent par degrés dans un plan égal; le clocher qui partageait les eaux se rabat près du bord; au lieu du miroir profond enfermé dans le taillis, la nappe élargie s'étend par les deux bouts; au nord, on voit le Vully; au sud, les marais d'Yverdon : les horizons se sont ouverts, la grâce des détails s'en est allée.

— Vous marchez bon pas, Charles Bize.
— On va comme ça.
— Qui donc l'a bâtie, cette tour de la Molière.
— Oh! là, madame Berthe [1].
— La femme de Conrad?
— Peut-être bien.
— En sait-on quelque chose, dans le pays?
— C'était une brave dame.
— Oui?
— Elle a fait beaucoup de bien, cette dame!
— L'avez-vous connue?
— Oh! pour quant à ça!... — Charles Bize sourit avec bonhomie.
— Vous êtes peut-être trop jeune?
— Un peu.

Le canton de Fribourg ne ressemble pas au canton de Vaud, il a plus de mélancolie et plus de grandeur. Le sol, velouté d'herbe, se soulève en ondulations faiblement accusées, des bois de sapins en marquent la déclivité. Dans les abris secrets, quelque maison solitaire appuie des deux côtés son grand toit sur le verger; l'eau vive court devant; elle a son courtil sous les fenêtres, sa chenevière tout proche; personne, ni chien, ni enfants. Les vallées sont larges, les villages rares; un silence absolu règne sur ces vastitudes uniformément peintes de vert. On avance, un peu rêveur, au milieu des perspectives désertes; cela serait triste si l'exubérance des récoltes, si les sainfoins rouges, et les épis froissés avec un bruissement joyeux, et la suavité des lignes, et le ciel immense qui étend sur les campagnes ses courtines d'azur, ne parlaient à l'âme d'infini, d'abondance, d'un

---

1. Nos villageois appellent ainsi la reine Berthe.

bonheur tranquille comme ces espaces baignés de clartés sereines, où ne remue pas un être vivant.

Parfois une faux jette son éclair. Parfois quelque corbeau s'enlève, muet, lui aussi; il plane, et d'un bout à l'autre de la vallée, on ne découvre que ces ailes noires qui battent l'air d'un mouvement égal.

Après deux heures de marche, la tour de la Molière apparaît derrière les sapins; c'est une masse carrée, surmontée d'un toit pointu; les Alpes qui tranchent l'horizon de leurs vives arêtes, lui forment un fond éblouissant de pics, de dents et de pyramides diamantées.

— Comme ça, ces demoiselles *prétendent* [1] monter dans la tour?

— Je crois bien.

— C'est que, il va falloir une échelle?

— Madame Berthe n'a donc pas mis d'escalier dans sa tour?

— Que si fait! il y en a bien un dedans, mais c'est pour y arriver.

— Alors?

— Alors il va falloir donner le contour, par Muriste la Molière.

— Donnons le contour! Il serait beau, vraiment, de venir tout exprès de Granges, Valpeyres et Montvéran, pour se casser le nez contre la porte de madame Berthe.

— Oh! là, il n'y a pas de porte.

— Pas de porte?

— Il y a comme cela, une fenêtre, à mi-hauteur.

— Est-ce haut, cette mi-hauteur?

— Oh! là, ceux-là qui veulent, *y peuvent*.

L'heure est brûlante, midi. On marche bien; tout de même, comme dit Charles Bize, les abricots feront plaisir là-haut!

---

1. *Prétendre*, pour désirer.

Muriste la Molière s'éparpille sur sa prairie ; en ce moment, le moment des récoltes, le village est muet. A peine une vieille femme nous regarde-t-elle derrière son volet entrebâillé ; les maisons bien closes, plantées au milieu de leurs jardins, semblent dormir tout debout ; çà et là quelque gros pied de rose trémière dresse fièrement sa quenouille, chargée de pompons rouges, orangés ou blancs d'argent.

— Eh ! mais, cette échelle ! elle est plus longue que courte ! Vous voulez donc escalader le ciel, Charles Bize ?

— Oh ! ma fi, non.

— Une autre, encore ?

— Pour quant à la petite, c'est pour dedans.

La bande s'achemine entre ses deux échelles, comme un homme qu'on va pendre. Nos étudiants, carbonisés, sauf le cœur, ne peuvent supporter de voir ce brave petit individu, Charles Bize, écrasé sous son instrument ; ils s'en viennent, par derrière, passer la tête entre les échelons ; Charles Bize sent son échelle qui monte ; elle a bonne volonté cette échelle ! il se retourne, nos géants sont à la cangue, imperturbables : un convoi de Chinois en route pour les cachots de Pékin.

Églantine a déchargé Charles Bize du panier d'abricots ; elle a bonne volonté la petite Églantine !

M. le pasteur Nérins a pris le tonnelet d'eau fraîche, les dames ne portent rien, tout comme au convoi de Marlborough. Quand on a traversé le bois de sapin, on arrive, bande, échelles, abricots et Marlborough, en face d'une grosse coquine de tour, démolie aux trois quarts par le bas, plantée sur un rocher de molasse, plus ou moins accessible aux Chinois emmanchés de la cangue.

Une porte s'ouvre à quelque trente pieds du sol.

Charles Bize dresse son échelle. L'échelle flageole un peu, glisse un peu, revient, balance, elle y est !

— Savez-vous qu'il y a un grand vide, par là-dessous ?

— Bah ! qui grimpe ?
— Moi ! moi ! — Les étudiants, le porteur, le chef de bande, tous.
— Et vous, mesdames ?
Les dames regardent l'échelle.
— Il faut que les messieurs soient montés !
Ils montent.
— Entrés dans la tour !
Les y voilà.
— Que Charles Bize tienne bien le pied de l'échelle !
Il le tient.
— Qu'il tourne le dos.
Il l'a tourné.
Alors les dames se regardent, et puis l'échelle, et se vont tranquillement asseoir sur la mousse.
Qu'on y est bien. Le bois a gardé sa fraîcheur matinale. Un vent léger émeut les branches. Par les meurtrières, d'étage en étage, quelque tête passe, des barbes, des moustaches, avec des paires de lunettes et des yeux écarquillés.
— Est-ce beau, là-haut ?
— Splendide.
— Que voyez-vous ?
— Le lac !
— Nous aussi.
— Le Jura !
— Nous aussi.
— La plaine !
— Nous aussi.
— Estavayer !
— Nous au... — Chut ! assez de vanteries comme cela.
Un instant après, la bande entière gît sur le gazon, les abricots au milieu, avec les prunes.
Voyez-vous, ces causeries-là, loin de tout, et ces silences ;

le rire des enfants, plus de soucis, les regards perdus en l'air à suivre un oiseau voyageur, les nues, ou rien ; ces moments de liberté plénière ont une saveur que rien ne rendra. L'âme retrouve sa respiration ; les saines énergies lui viennent avec les souffles bocagers.

Il est bon de se rencontrer seul à seul avec le grand Dieu créateur. Je crois que nous avons trop oublié cela.

Après un long repos, la bande reprend du côté d'Estavayer. Le soleil incendie la terre. Plus rien ne bouge ; le papillon s'est dérobé parmi les feuilles de l'aulne, le cri-cri sommeille sous les andains ; le sable des routes miroite. Bien venues ces ardeurs de l'été ! Les haies planturcuses ont gardé dans leurs profondeurs quelques gouttes de rosée. De moites effluves montent de la terre. Je l'aime, cet ineffable repos de midi. Tout fait silence ; les faucheurs et les faneuses sont étendus sous les chênes, le visage dans l'herbe ; pas un oiseau ne traverse l'espace étincelant de lumière, le ruisseau seul hasarde quelque murmure ; les roseaux restent immobiles ; immobile la demoiselle bleue suspendue à leur aigrette. Alors, quand on a le cœur vaillant, cela fait du bien de marcher. Le pied tantôt froisse les menthes, tantôt s'attarde à ce coin d'ombre. De folles haleines, soulevées, perdues, effleurent le visage. Saison des grands jours, des nuits tièdes, saison où l'on entasse les javelles, où l'on cueille les cerises, où les fraises mûrissent au bois, saison où l'homme ne bataille plus pour vivre, où la sérénité des cieux rit à la terre fleurie, tu es le paradis retrouvé. Les portes d'Éden se sont ouvertes, notre bonheur perdu nous fait signe ; l'éternité, la lumière, le Dieu clément, notre innocence, il semble que tout est ressaisi !

En attendant, le bon pays de Fribourg étend ses prés à perte de vue. Il y en a long. Ici des bois, là des champs. Nous cheminons deux heures, nous cheminons trois heures ;

il en est qui trouvent que nous cheminons longtemps. Mais les prunes ne manquent pas, ni l'eau des ruisseaux.

Juste comme nous le passons, ce ruisseau qui s'élargit au milieu de la route, une petite fille le franchit. Une blondine, entre l'enfance et la jeunesse ; chétive, svelte, de bonne grâce ; des yeux vert de mer sous des sourcils bruns, une figure pâle, un sourire farouche et charmant, des tresses moitié nattées moitié bouclées, avec un reflet d'or. Elle conduit deux chevaux de charrue, grosses bêtes aux larges paturons, hérissées et poilues. Sur l'un des chevaux son frère se prélasse, plus jeune qu'elle, joufflu, fier, et qui commande ; déjà maître et rustre.

Courage ! on pressent les rives du lac. Estavayer doit être là, derrière ces renflements de verdure ! Allez, allez toujours ! On va.

Montez les coteaux, descendez les pentes, encore celle-ci, encore cet autre !

Pour le coup, nous y sommes.

Le couvent de mesdames les dominicaines, flanqué de ses tourelles, borde le rempart ; des charmilles centenaires s'allongent en mornes perspectives, de petits carrés de buis enferment de petits parterres, et contre leurs murailles, ces dames ont mis force abricotiers pour se distraire un peu.

Dans le fossé de la ville, mainte grenouille nous chante la bienvenue ; la grand'porte a gardé ses lourds battants piqués de clous ; la rue verdit sous l'herbe ; je ne sais quelle odeur de vieux bahut s'exhale de partout.

Voici une ville, et une auberge, échouées, momifiées, et qui n'en reviendront pas. Les chemins de fer passent à droite, passent à gauche, les diligences aussi, les voyageurs aussi [1]. Notre hôtel date du roi Dagobert ; madame Berthe y

---

1. 1859.

aura déjeuné. Arches¹ reluisantes, profondes, avec des **gonds d'airain ciselé**; mesures d'étain, du temps jadis, échelonnées sur le dressoir sculpté; un escalier tournant avec des marches qu'ont polies les sandales des défunts moines; une cuisine plus vaste qu'une nef, où les bons pères embrochaient les hures de sanglier : il n'a guère que cela, et notre grand appétit.

Hélas ! le dîner n'y change pas grand chose.

Que faire ? aller au couvent. Les jeunes en brûlent d'envie, les autres se font un peu presser. Bref, on y va, c'est-à-dire les dames; le parloir ne s'ouvre que pour elles.

— Sonnez !

Madame de Belcoster touche la cordelette d'un doigt timide. Se sentir mariée, en si sainte maison ! cela donne à réfléchir, cela !

— Voyons un peu ce cordon ?

Mademoiselle du Rouvre tire, ferme, comme on fait quand on a la conscience nette.

Cette fois, des pas s'avoisinent, une clef grince, quelque chose de blanc paraît derrière le judas.

— Que voulez-vous ?

— Nous désirons faire quelques emplettes.

— Montez.

Second palier : un banc à droite, un banc à gauche; au fond, la grille pose sur un mur d'appui; à peine si les doigts passeraient entre les barreaux. Derrière la grille, on soupçonne une salle immense et noire.

Églantine frissonne. Après un moment d'attente, on entend crier les verrous; une porte doit s'ouvrir à l'extrémité de la salle; on ne la voit pas, tout est plein de ténèbres; seulement, un souffle glacé frappe nos visages, et deux formes blanches s'approchent à pas lents. Ce sont des reli-

---

1. Grand coffre.

gieuses. Elles portent un voile à plis flottants qui descend le long des tempes et vient encadrer le visage; la guimpe emprisonne les épaules et le cou; la robe tombe droite jusqu'aux sandales. Cela est sobre, cela est d'une sévère beauté. Les pâles figures passent et repassent derrière les barreaux. L'une, la plus jeune, semble se dérober à l'arrière-plan; elle a le geste furtif, la démarche hésitante; elle glisse, et se perd à chaque instant dans les ombres froides qui emplissent le fond. L'autre, simple et grave, s'avoisine tout à fait; il ne reste pas, on le dirait, une parcelle de sang dans les fibres de sa peau mate : amortis par le verre des lunettes, ses grands yeux s'arrêtent sur nous; ses manches, larges et pendantes, couvrent presque entièrement la main; elle parle d'une voix égale, tout en nous montrant, l'un après l'autre, par les trous de la grille, les souris en pelotes, les porte-montre brodés de perles, les coques d'œuf remplies de fleurs microscopiques, les coquilles d'escargots avec des saintes dedans, ces mille prodiges d'adresse et de laideur par quoi de pauvres recluses trompent leur ennui. Lorsque les lèvres de la religieuse s'entr'ouvrent, elles laissent passer un mot court, une sorte de note monotone, comme le bruit d'une goutte d'eau qui tomberait à intervalles réguliers des parois de quelque grotte humide dans cette flaque qui jamais n'a réfléchi la lumière.

Que faire d'escargots et de saintes? Prenons les souris! L'une glisse et fuit sous la main.

— Oh! dit la religieuse avec un faible sourire : celle-ci veut s'échapper!

Nous en irons-nous comme cela, sans un mot du cœur?
— Mesdames, nous prions Dieu de vous bénir!
Et comme la religieuse nous regarde, un peu surprise :
— Nous croyons en Christ, le Sauveur; nous espérons en lui de toutes nos forces.

La religieuse fait un signe de croix.
— Ah! bien! dit-elle gravement.
Puis d'un ton plus doux :
— Abandonnez-vous à Dieu. Les volontés de Dieu ne sont pas les nôtres. Souvent Dieu nous contrarie! La religieuse secoue la tête : — Abandonnez-vous à Dieu.

Cette fois, nos mains ont passé au travers des barreaux, elles vont chercher, elles vont presser les mains des dominicaines. — Gloire à toi, Seigneur! tu as des âmes d'élite derrière ces murs; tu fais rayonner ton amour, tu fais resplendir ton salut en dépit des tromperies de l'erreur. La foi qui sauve ne renverse pas toujours la grille des monastères; elle pénètre en dépit des verrous, et va sous la guimpe réjouir de pauvres cœurs défaillants.

Plus tard, nous avons vu les rues. Nous avons vu les mères-grands enfiler des haricots sur le seuil de leurs portes; nous avons vu les braves femmes tricoter sur leurs bancs verts les bas de leurs maris; nous sommes montés au clocher, de loin nous avons reconnu la tour de madame Berthe; nous avons contemplé le canton plantureux, moucheté de bois, avec ses villages clairsemés, les replis mous de ses vallons et ses grandes solitudes. Le lac, un peu jaune vers les bords, bleu dans les profondeurs, venait d'un flot paresseux caresser les deux tours du château. Leurs créneaux d'où partent, où reviennent les hirondelles, découpent sur le ciel une dentelure à l'emporte-pièce; leurs flancs rougeâtres enfoncent une base puissante dans l'onde qui sommeille. Vis-à-vis, brille Neuchâtel; on en compterait les maisons jaunes; une ligne de fumée court sur la rive, c'est le chemin de fer. Pareille fortune ne t'est pas réservée, ô notre antique ville d'Estavayer! Tu peux, sans que la vapeur s'en mêle, enfiler tes haricots, clôturer tes couvents, rentrer paisiblement tes chars de foin, et les bœufs de l'attelage tondre à leur aise l'herbe de tes rues, et monsieur l'aubergiste rêver sous l'auvent de son porche, tout un grand jour.

Honnêtes confédérés, bonsoir! Regardez bien le dog-cart, et le break, et la bande, votre unique visiteur, il ne reviendra pas de si tôt.

Manuel et André se redressent, ils ont pris rang d'événement. Le moins qu'ils doivent aux bourgeois d'Estavayer, c'est de partir ventre à terre. Les toiles d'araignées des vieilles vitres s'en décrochent, les mères-grands ressautent sur leurs *banchettes*, la grille du monastère en a tremblé!

Le village de Founts, séparé de la route par un ravin, s'avance dans le lac, porté sur sa falaise. Les filets du pêcheur de l'endroit jettent d'un arbre à l'autre le réseau de leurs mailles; les noyers versent leur chaud feuillage parmi les toits; un gros char de moisson monte lentement; le tout s'enlève en pleine transparence d'air et d'eau.

Si nous avions dîné là, sous les dômes ruisselants du soleil, devant ces abîmes limpides! — Courons, les regrets sont boiteux, courons entre les vergers, courons dans la fraîcheur du soir.

Qu'est ceci? Une sorte de plain-chant? Une espèce de messe basse, quelque chose comme les ronflements d'un serpent de cathédrale!

Cela, mesdames, c'est la roue du dog-cart qui prend part à la fête et célèbre sa joie sur le mode ambroisien! Ron, ron, ron! ouh, ouh, ouh!

— Manuel! arrêtez! Hélez le break! — André! stop! ici; voyez votre dog-cart!

André pose les rênes, descend, arrive, regarde sa roue, hausse la tête et lève les épaules :

— Elle grippe!

— Elle grippe? allons, bon! Qu'y faire maintenant?

André se baisse, examine de nouveau, secoue la tête, hausse les épaules, et soupire :

— Rien.

— En route alors.

Ron, ron, ron ! Hôôôoù, hôôôoù !

C'est vexant et c'est fastidieux ; les faucheurs qui reviennent aux villages, dès qu'ils nous aperçoivent pressent le pas, puis écoutent, puis restent sur le coup.

André et Manuel détournent les yeux.

Bon, la note a changé, ce n'est plus le faux-bourdon, ni la contrebasse, c'est un cri strident, un mugissement de taureau furieux ; cela glapit dans les notes aiguës, cela exécute des chromatiques à faire grincer les dents.

Dog-cart, dog-cart, serais-tu un chien de char ?

Mais voici bien autre chose ! une odeur étouffante enveloppe la bande ; on dirait les émanations d'un steamer lancé à toute vapeur ; la bande, un peu assotée, ne s'en étonne pas trop. Le dog-cart va très vite, les bateaux à vapeur vont très vite, la bande saisit une connexion vague, et en reste là.

L'odeur s'accroît, elle se dégage, c'est de l'huile, c'est du feu :

— Manuel ! ne sentez-vous rien ?

— Pardon, je sens, oui, on dirait... — Manuel hume l'air — comme qui dirait du beurre sur du charbon !

— La roue ! — André, là-bas, André, arrêtez !

André jette les guides, saute à terre, accourt, se baisse, considère, tire sa clef anglaise, et dévisse la patente ; des tourbillons de fumée en jaillissent ! Nous brûlons, rien que cela ! nous nous carbonisons, c'est-à-dire, nous nous carboniserions si nous étions de bois. Heureusement, nous sommes de fer : essieu, moyeu, écrous, broche, tout ; du fer incandescent, et point d'eau !

— Apportez de l'herbe, à poignées ! Attention, c'est cramoisi ! à l'air, mettez à l'air !

— Peut-on marcher?
— Oui.

Les cochers iront au pas, la bande suivra sur ses pieds.

Que voulez-vous! triomphants le matin, dégommés le soir.

André, d'un geste tragique, lève les bras au ciel. Le doux Manuel s'exaspère en dedans :

— Rentrer à Yverdon, la voiture vide, un pareil affront! Allons, dévouons-nous, mes sœurs! — Les dames remontent, les dames sont de poids léger; elles de plus, elles de moins, cela ne changera pas grand'chose à la symphonie, et nous n'aurons pas navré de braves garçons.

Manuel jette un regard du côté des messieurs.

— Consolez-vous, Manuel! vous avez avec vous la plus belle moitié du genre humain.

Hélas! hélas! Manuel prend ce qu'on lui donne. C'est égal, ces messieurs auraient bien pu rester!

A chaque fontaine, on inonde l'essieu.

— Yverdon! tenons-nous bien! — Manuel lance son attelage, en vainqueur; incendie ou non, l'honneur est sauf. On arrête devant l'hôtel de la Ville de Londres : Graissez-moi cette roue!

Ils sont mornes, nos cochers, et silencieux. Les voituriers qui passent, s'arrêtent, considèrent le tout, puis, d'un air de commisération quelque peu dédaigneuse :

— Auchourt'hui, on afre peine afecque les foatires!

— Cosa c'è con questo legno? Lé ssaleur, il fait enrazer! non e vero?

Peine perdue, André et Manuel, le nez dans leur huile, n'accordent aux questionneurs ni un mot ni un regard.

L'opération faite, ils allument leurs lanternes (par le plus beau clair de lune), claquent du fouet, et partent comme la foudre.

Décidément, le dog-cart est un chien de char.

SUR LA MONTAGNE

Où était-ce? au Suchet. Quand? quelque part dans l'été. Nous avions besoin de nous retrouver sur un sommet, en une de ces prairies qui nous connurent heureux.

L'orage nous a visités, l'éclair nous a brûlés [1].

Pauvre bande! quelques mois t'ont bien changée. Te voilà, un sourire pâle aux lèvres, une larme furtive dans les yeux; tu marches languissamment le long des sentiers où naguère tes chansons marquaient le rythme de tes pas; tu te voudrais alerte, tu te voudrais heureuse! Heureuse, tu l'es; tu aimes, et les cieux étendent sur toi leurs bleus tabernacles. Mais, tu es fatiguée; tu as fait un grand pas dans la vie; il te faut un effort pour te sentir du bonheur; avant, tu n'en avais pas besoin.

Qui nous rendra nos bons rires, et ces vertes repousses du cœur, et ces félicités débordantes, rien qu'à cheminer à la file, sous les bois de montagne, par un matin de juillet.

L'âpreté des premières douleurs a passé, elle ne laisse pas

---

1. Un deuil de famille, profond, s'était, l'année précédente, abattu sur le Manoir. M. B., père de l'auteur, avait été enlevé aux siens.

l'âme comme elle l'a trouvée. Quelque chose s'est affaissé, un ressort s'est détendu; elle s'est enfuie, la belle ignorance printanière. A la place des ombres moelleuses il y a des lumières blessantes; il y a des clartés sans chaleur à la place des rayons du soleil.

Puis nous l'avons goûtée, et c'est une des pires souffrances, nous avons goûté cette amertume suprême : le découragement de soi.

Nous nous sommes promenés, las avant le travail, l'esprit éteint, l'intelligence engourdie, au milieu des jardins enchantés où nous errions naguère le cœur gonflé d'espoir. Là s'entr'ouvrait le sein odorant des roses, là montait le lis immaculé, là s'entrelaçaient les lierres, là s'étendaient des profondeurs de feuillée. Tout a passé, tout est fini, plus rien ne refleurira; il n'y a plus qu'une lande, froide, sèche, où nos pas appesantis mesurent la monotonie de nos jours.

Ce sont de mauvaises pensées, et nous les avons eues; nous avons oublié qu'il en est Un au ciel, dont les compassions ne dorment pas. S'il nous veut chétifs, que dirons-nous? Ne savons-nous pas que le plus dénué, c'est celui que Jésus tient le plus près de son cœur?

Oh! venez, mes amis; vous, battus de la grêle, vous, fouettés de la tempête; viens, pauvre bande, l'aile mouillée encore des pleurs que tu as versés.

Viens sous cette ombre, parmi ces mousses, dans cet air moite, dans cette lumière discrète. Monte lentement. Vois-tu, le soleil tantôt brillant s'est voilé; trop d'éclat t'éblouirait. Quelques vapeurs s'étendent sur le ciel; un si vif azur n'est pas fait pour toi. Ainsi tu t'avances, ainsi tu renais.

Nous avons avec nous nos enfants, pas tous petits au moins! Il en est bien près de l'automne, oiseaux chanteurs qui battent de l'aile en des branches fleuries; fleuries sous les autans, fleuries sous les hivers.

En haut, vers le chalet, près du vieux hêtre, on s'est assis. On s'aimait tristement, on s'aimait d'une amitié plus tendre.

Marcher! oh non! Pour s'élancer à la conquête des sommets, il faut avoir le cœur content; aux belles prouesses il faut les gaies vaillances.

Un sapin était là, impénétrable abri que parfois visitaient les chèvres; nous nous sommes blottis sous la ramée. A distance, les enfants allumaient des feux; leurs rires joyeux nous arrivaient par bouffées.

La pluie tombait, menue, sobre; les feux pétillaient; parfois un rayon de soleil s'échappait en nappe de lumière, parfois les sonnailles des troupeaux éclataient en accords, puis les irruptions des enfants, puis les fagots qu'on allait querir, les grandes tirées à quelque vieux tronc, et plein les bras, plein les robes de bois mort. Une saine odeur de résine pénétrait l'atmosphère un peu lourde, toute chargée d'averses.

Çà et là passe et repasse la fille du fruitier; vingt ans, jolie, mobile, l'esprit aux aguets, la physionomie transparente comme ces flaques d'eau profondes qu'on trouve au sommet des cols alpins. Chez elle nul usage, la nature y fait des jets à son gré. Point de gêne, encore moins de hardiesse. Elle ressemble à ces fleurs d'un port sauvage qui, rien qu'à les voir, font rêver des bois.

Sa mère, la fruitière, sort du chalet et la *crie*. Elle a bonne grâce, la fruitière, toute ronde, les joues peintes de belles couleurs, trente-deux dents blanches comme perles dans la bouche. Elle a plaisir à la vie, aisance à l'ouvrage. C'est elle qui fait les *tommes*, les tommes de chèvre. Le fromager de Jougne, tout Bourguignon qu'il est, n'y monte à rien. Qu'y met-elle? Elle les regarde de ses yeux avenants, elle leur rit de ses dents éblouissantes; aussi faut-il voir! Lundi dernier, au marché d'Orbe, *elle en avait bien descendu huit dou-*

zaines! — sept heures sonnantes, vous auriez payé l'une son pesant d'or, bonsoir! ni trois, ni deux, plus rien.

Cependant le ciel s'est obscurci, les ondées s'épaississent. Savez-vous qu'il pleut, là-dessous! Au chalet! Quand viendra l'éclaircie, nous redescendrons.

Dans la chambrette, devant la fenêtre où pend un morceau de miroir, le fruitier se fait la barbe. Il se la fait d'un air morne. L'herbe croît rare, le troupeau donne peu. Le fruitier, d'une main découragée, se tient le fin bout du nez; de l'autre il racle et racle, tandis que sa femme le contemple rayonnante, et que la bande ébahie reste sur le seuil.

— Venez, venez seulement! n'ayez crainte! Il va comme ça rendre une génisse à la plaine. La fille retourne avec.

La barbe faite, la génisse partie avec la fille et le mari, tous trois sous un parapluie, l'orage éclate dans sa fureur.

Laissons pleuvoir.

L'ouragan se déchaîne de plus belle; la nuit vient.

On considère la chambrette : quelques pieds en long, quelques pieds en large. On considère le dehors : ténèbres sur ténèbres. Les rafales jettent la pluie à tous les vents, des linceuls d'un blanc pâle traînent sur la montagne, traînent dans la vallée, parmi les obscurités croissantes de la tempête et de la nuit.

A demi rieurs, à demi effrayés, les enfants interrogent de l'œil tantôt le ciel, tantôt la bande.

Que dit la bande? — Coucher sur le foin! Il en est jusqu'à trois que l'idée fait tressaillir de joie. D'autres la voient arriver d'un grand calme. D'autres, un peu douillets, la regardent de travers.

Allons! du foin, le *crozet*! Églantine avec Marguerite sur le lit, le reste par terre, sur des jonchées, et voilà que la bande, bien en bande, se sent une aise intime au cœur.

Doux soir. Dehors les éclairs sillonnent l'étendue, la pluie ruisselle le long des vitres, les hurlements de la tourmente promènent leurs accents désolés. Dedans vacille la lueur tranquille du crozet; la fruitière nous vient montrer sa figure épanouie; le chant de nos cantiques, ce beau chant plein d'espoir, s'exale en accords harmonieux pendant qu'éclate la foudre et que tremble le chalet.

Puis il y a des bruits paisibles d'intérieur : les chèvres qui rôdent à l'étable et font tinter leurs clochettes, les fruitiers qui *réduisent* la traite du soir, les branches résineuses qui pétillent au foyer, toutes ces rumeurs joviales des portes qui crient sur leurs gonds, des ais qui craquent sous le pied, comme si le chalet, se sentant fort, se riait de la bourrasque et des malices de l'air.

— Du foin, à grandes brassées!

La fruitière nous a cédé sa chambrette. Si d'aventure le fruitier revenait!... Va-t-il geindre, le pauvre homme!

Les vaches se pressent sous les sapins. Dans la vaste écurie où s'abritent les chèvres, nos jeunes, nos gaies soutiennent une lutte à outrance contre le bouc. Il est malin, ce bouc, il en sait long; il a les yeux étincelants, la barbe argentée; il suit pas à pas nos jouvencelles, fourre son museau dans leurs mains blanches et leur barre la porte, tout résolu de ne pas, cette nuit, les laisser sortir.

Enfin, enfin, on remonte, on se case; les hommes au fin fond du fenil, en un trou de sainfoin.

Une fois remisée, de l'herbe jusqu'aux yeux, la bande est contente. La voilà comme il la faut. Aussi, de s'extasier : la pluie, les quatre temps, et se sentir en si mignon réduit, avec le carillon des clochettes, et le coucou, et le crozet, et cette chambre lambrissée.

— Lambrissée! pour le coup, on part d'un fou rire.

Les lambris y sont, pourtant, du sapin, que voulez-vous de mieux? Mais quoi, le monde est difficile au jour d'aujourd'hui.

On étouffe.

— Enfants! ouvrez la fenêtre!

Bon, la pluie entre à seaux.

— Enfants! fermez la fenêtre!

Le crozet s'éteint.

— Enfants! rallumez le crozet!

Mademoiselle Berthe se dresse sur son séant, les yeux brillants comme des étoiles.

— Enfants! tenez-vous tranquilles!

Au-dessous, les chevrettes courent, cornent, grimpent, grattent, et sonnailles de sonnailler.

— Il y a comme ça des soirs qu'elles n'ont pas d'*arrête*! — crie d'en bas la fruitière.

Le coucou ne va plus; les poids en sont mastiqués dans le foin. Qui a commis le délit? Mademoiselle du Rouvre. Histoire du Français perfide! Depuis ce matin-là, entre mademoiselle du Rouvre et les coucous, c'est guerre à mort. Bah! remettons-le en branle! Une heure de plus, une heure de moins, le monde tournera toujours.

Fracas de tonnerre! La fenêtre, quasi brisée, frappe le mur de ses deux battants; le vent s'engouffre, les averses ruissellent, le joran[1] fait rage! Cette fois-ci, ce sont les grands qui y courent.

Comme cela vient le matin. L'aube et ses pâleurs se glissent dans le réduit.

— Debout! alerte! On arrive du manoir! Voici le vieux vigneron, sa hotte pleine de *pare-pluies* sur le dos. Voici le jardinier chargé de manteaux et de couvertures : — Un peu tard, l'ami! — Le soleil, qui les a vus, sort tout mouillé du lac d'Yverdon; nos hommes sortent tout ensommeillés de leur foin. Qui a dormi? Personne. Pas eux surtout; ils n'ont pas clos les paupières, mais ce qui s'appelle *pas fermé l'œil*!

1. Vent de la montagne.

— Avez-vous entendu le coup de tonnerre?
— Le tonnerre!... mais non.
— Avez-vous entendu l'éclat de la fenêtre?
— De la fenêtre!... mais non.
— Avez-vous vu Jules se lever, épouvanté, et sa sœur Hélène le suivre dans la nuit, sur les *égralets*, au travers des ondées?
— Ondées, égralets!... mais non.
— Avez-vous vu, de moment en moment, mademoiselle du Rouvre, l'âme pénétrée de rancune, venir en tapinois arrêter le coucou? Avez-vous vu mademoiselle Lucy, avez-vous vu madame votre femme tirer les cordes et pousser le balancier?
— Mais non.
— Avez-vous entendu le mari de notre hôtesse rentrer sur le tard, et frémir la bande, et son épouse se mettre en travers, et se lamenter le brave homme?
— Mais non, mais non!
— Avez-vous entendu les fruitiers ronfler comme des boulets de vingt-quatre?
— Ah! pour cela, OUI!
Ce que c'est que de nous.
A grands coups de fouet les chèvres chassées de l'étable sont invitées à saluer l'aurore.
Les vaches ont quitté les sapins, elles arrivent ruisselantes.

Venide, tote,
Biantze, neve,
Rodze, motêlè
Pètitè, autrè [1]!

Alors les yolées vont se répondant de pacage en pacage;

1. Ranz des vaches.

alors le lait jaillit sous les doigts des vachers ; alors l'une après l'autre, les Alpes percent les nues ; alors les splendeurs du jour pénètrent l'âme.

Les frissons de la nuit ont passé. Dieu de la lumière, tu es le Dieu de l'espoir!

AU PAYS DU SOLEIL

SEPTEMBRE

1857

AU PAYS DU SOLEIL

I

Dans le canton de Vaud il y a un vieux manoir aux claires fontaines; dans le vieux manoir il y a un vieux jardin aux larges allées. Les plates-bandes, combles de fleurs, y entourent des carreaux bien plantés; les poiriers en pyramide y dressent leurs quenouilles chargées de fruits.

Ce soir-là, un dimanche du mois d'août, le soleil se couchait derrière le Suchet; le vent de montagne qui descendait, faisait balancer les papillons sur les roses; les abeilles bourdonnaient devant les ruches; le Jura se dessinait sur un fond de lumière sereine; le réséda laissait doucement monter son parfum; il y avait du bonheur partout, et qui eût passé la tête entre les feuilles eût vu là, juste sous le cormier, un tableau qui ne gâtait rien à la magie de ce beau soir.

C'étaient des figures si rayonnantes, des yeux nageant si librement dans la joie, qu'on eût dit une scène de quelque monde idéal, vous savez, de celui-là dont bien des braves gens, toute leur vie, cherchent en vain la clé.

— Où nous allons? disait une voix : dans le bleu! Passez les monts, passez les plaines vous trouverez :

— Du bleu! la Covatanne?

— Non.
— A Soleure, par le Jura?
— Vous n'y êtes point.
— Berne? Bâle?
— Oh! que nenni.
— Mais c'est donc plus loin?
— Oui.
— Il y faut plus d'un jour?
— Il en faut plus de cinq, plus de six, plus de douze, il en faut...
— Quoi?
— Les lacs! nous allons aux lacs d'Italie! Des passeports, comprenez-vous : DES PASSEPORTS!

La bande est debout, elle palpite.

— Nous partons jeudi, nous passons le Saint-Gothard, à pied; nous traversons le Monte-Cenere, à pied; nous montons le Generoso, à pied; nous touchons Côme, Bellagio, peut-être Milan?
— Milan!
— Puis les îles Borromées, puis le Monte-Moro, puis le Valais, puis chez nous.

Ah! qui n'a pas vu ces yeux humides, qui n'a pas entendu ce rire à plein cœur, celui-là ne sait pas ce que c'est que d'être porté, d'un grand coup d'aile, dans la belle région des plaisirs honnêtes et charmants.

Le ciel était éclatant, ce soir-là, et la nuit étoilée. Les portes d'or s'ouvraient sur le pays des songes. La bande y marchait. Après qu'on y avait longtemps erré, venaient les retours à mille détails, afin de mieux constater le bonheur. C'étaient les préparatifs : fraîches toilettes pour les villes, chaussures ferrées pour les Alpes, petits chapeaux avec la plume ou la dentelle, et ces bienheureux passeports! et dans trois jours nous partons!

Il y eut de longs adieux, le rire vibra longtemps. Tout se tut.

Plus rien dans le jardin que l'arc de la lune qui montait, le jet d'eau qui chantait, les abeilles qui s'amassaient en grappes blondes.

La bande, quand elle aura cent ans, lorsqu'elle ira, toute courbée, réchauffer ses membres affaiblis au soleil de juillet, la bande se souviendra de ce soir-là, et son cœur bénira Dieu.

II

Dans le canton de Vaud il y a un vieux manoir, devant le vieux manoir il y a une terrasse, sur la terrasse une tonnelle, sous la tonnelle quatre figures qui n'ont pas l'air gai.

C'est le matin, cinq heures, six heures; beau temps, un peu cru. Pourtant le soleil se dégage des vapeurs; mais nos gens n'y regardent pas. Ils se regardent, eux, d'un œil plus voisin des pleurs que de la joie. Ils sont assis, les uns vis-à-vis des autres, bras pendants, mine attrapée. De temps à autre, le chef de bande, c'est bien lui, essaye un sourire, de pâles rayons passent sur les visages; froide clarté, bientôt éteinte.

— Votre père ne veut pas?

— Mon père ne veut pas!

— Il a ses raisons, mais quelles?

— Il a ses raisons, et de plus, il a raison.

— Si je tentais?

— Ne tentez rien.

— Pourquoi?

— Nous rêvions, nous ne rêvons plus.

— Hier au soir?

— Hier au soir nous divaguions. Ce matin nous parlons de bon sens. Dans un autre monde, ces escapades se feront, peut-être; dans celui-ci, non.

— Comment : aller aux Alpes, descendre à droite plutôt qu'à gauche, une course de bande, ni plus, ni moins, c'est impossible et c'est absurde?

— Ah! tenez, ne recommençons pas. Je souffre, nous avons souffert, nous voilà revenus au vrai, je comprends mon père, je comprends la vie; il n'y a qu'une chose que je ne comprends point, c'est que hier, nous ayons pu croire... — Ici, un gros soupir, et de nouveau les yeux humides.

On s'en souviendra, de ce matin-là ! — Granges, Valpeyres et Montvéran venaient de faire, au plus bas-fond du plus positif de la vie, un de ces sauts à pieds joints qui nous laissent quasi morts sur le pavé.

Le soir, car il y eut un soir; on essaya de se rattacher à quelque chose : une course, un pic, un col, je ne sais quoi: Au lieu des lacs embaumés, les sévérités alpestres; au lieu des grenadiers en fleur, la neige! Comme si elle ne venait pas assez tôt.

— Allons, égayons-nous un peu, voulez-vous? Plus de larmes dans le sourire; ne querellons pas Dieu de ses dons.

Et tandis qu'on en est là, que madame de Belcoster hasarde, sans confiance, un dernier effort épistolaire auprès des autorités paternelles, arrive une grosse enveloppe grise à gros cachet rouge, un de ces télégrammes porteurs de mauvaises nouvelles. Hélas, de vrais pleurs coulent alors : la maladie, les sollicitudes; il se faut quitter, partir à l'instant ; quand se reverra-t-on, comment? Dieu le sait.

On se serra les mains. On échangea du regard une muette prière. Vite les malles, et le cœur hébété d'angoisse, la soumission d'automate, avec une silencieuse supplication à celui qui se nomme le Miséricordieux !

Si jamais la bande, un peu blasée, fait fi des modestes conquêtes, elle s'en souviendra, de ce soir-là, du froid qui lui passa sur le cœur, et rentrera dans le chemin du devoir, dût-il mener à *Plancemont!*

PREMIÈRE JOURNÉE

Que voit-on, là-bas, sur le vapeur d'Yverdon. Une famille? non, c'est trop nombreux. Une troupe? non, ce n'est pas poli. Des visages radieux, un panier bourré de pêches, sans compter des explosions mal contenues : ce mot, ITALIE! qui, à tout propos, prend sa volée.

Eh! c'est la bande! la fameuse, la superbe, l'invincible, l'*à jamais* triomphante, séduisante et mirobolante bande du Jura!

Comment, ici?

Oui.

Et les inquiétudes mortelles?

Dissipées, par la bonté de Dieu.

Et les pères féroces?

Attendris, touchés, gagnés!

Tenez, regardez cette dame... et méfiez-vous-en. Elle n'a qu'un tour dans sa gibecière, mais il est bon.

Les pères, ces despotes que vous savez, la voyant accourir, baissent la herse et lèvent le pont. Refus, l'arme au bras, le ran tan plan partout! — La place est gardée, bien gardée! viennent les bataillons : nez de bois!

Il ne vient rien du tout, qu'une pauvre petite bête au bon Dieu. D'un regard vous l'avez foudroyée; elle est morte. La pitié vous prend, vous la ramassez ; elle se tient là, sans bouger, sans souffler, mais d'un air si doux, si abandonné, si misérable, que vous envoyez promener vos colères et que, délicatement, vous la placez sur une feuille verte, au cœur du château fort.

Mon général, vous êtes perdu. L'ennemi était dehors, il est dedans : C'est cela qu'il voulait. Tout est dit. Vous n'avez plus qu'à vous rendre, et vous vous rendez.

Voilà, monsieur, pourquoi votre fille est muette, et la bande sur le chemin d'Italie.

Par ce beau matin de septembre, le ciel resplendit. Nos cœurs rayonnent. Les grands plaisirs, tout de même que les grandes peines, transfigurent l'âme. — La bande est sage comme un enfant qui mord dans du gâteau.

Et puis, voyez-vous, la joie plaît à Dieu. Pourquoi les parfums se rabattraient-ils sur le sol ? Pourquoi les oiseaux chanteurs s'iraient-ils cacher au fond des cavernes ? Nos sanglots montent vers l'Éternel, que nos éclats de bonheur y montent aussi.

Aujourd'hui, Neuchâtel ne révolutionne rien. Sur le port, trois grosses berlines attendent les voyageurs ; il s'agit de rejoindre, à Bienne, le tronçon du chemin de fer.

Des berlines ! quoi ! s'encaisser là-dedans ? Et que fait donc cette voiture impossible, moitié vaisseau, moitié corbeille, haut perchée, douze bancs en travers, une tente dessus, la croix fédérale partout, postillons et fanfreluches, avec une échelle pour y monter !

Cette voiture ? c'est la voiture de la bande. Que serait-ce ?

La bande s'élance, gravit, envahit, les uns face à face, les autres dos à dos, des fragments de public parmi, grand train, grands éclats de rire, et Tom à l'autre bout.

— Tom, Tom, Tom ! les pêches !

— Tom, Tom, Tom ! le pain !
— Tom, Tom, Tom ! les noisettes !
— Tom, Tom, Tom ! le panier !

La *Fédérale* brûle le pavé, soulève la poussière, court par les prés, court par les villages. Ce sont les regains qu'on fauche, ce sont les maisonnettes du lac de Bienne, et les courants d'eau vive, et les jardinets, et, juste à point, comme la Fédérale nous jette au chemin de fer, une bonne averse helvétique.

Ici, la bande, d'un coup de sifflet, se voit pulvérisée dans un wagon à l'américaine. Cinq heures comme cela, en tronçons, c'est bien long; notez que M. de Belcoster n'a pas de place.

M. de Belcoster n'a pas de place? la bande est sauvée : un wagon pour M. de Belcoster, pour lui, tout seul! M. de Belcoster, magnanime, prononce le mot magique : *Jura!* La bande se dresse, se groupe, sort en bon ordre aux yeux ébahis des voyageurs, entre tout entière, indivisible, dans le wagon de son chef :

> Et vogue la galère
> Tant qu'elle, tant qu'elle,
> Et vogue la galère
> Tant qu'elle pourra voguer [1].

L'eau ne lui manque point. Il pleut à torrents, les ténèbres épaississent la nuit. Mademoiselle du Rouvre les perce du regard; elle voit tout d'abord qu'elle n'y voit pas; puis maintes belles choses : Soleure, qui glisse comme un verre de lanterne magique, avec ses fortifications, ses vieilles guérites, ses vieilles portes et ses vieux fossés; Aarberg, avec ses tourelles minces comme des aiguilles et sa physionomie de l'an 1300; Olten, oh! celui-là, si mademoiselle du Rouvre ne l'a

---

1. Vieille chanson.

pas aperçu, ce n'est pas la faute d'Olten! Le train y touche, y retouche, s'y cogne et s'y recogne. Pour aller de Bienne à Berne, passez à Olten! pour aller de Bienne à Zurich, passez à Olten! pour aller de Villeneuve à Bex, passez à Olten! et Aarburg, et Olten, et Aarburg et quand cela a duré deux heures, que les trombes noient la terre, que le ciel est noir comme un sac de poix, mademoiselle du Rouvre, qui le guette depuis Yverdon, voit, mais de ses yeux voit, le lac de Sempach, et même la bataille.

DEUXIÈME JOURNÉE

Froidure, pluie. N'importe! la bande a du soleil plein le cœur.

Mademoiselle du Rouvre se lève à trois heures du matin pour visiter le lion de Lucerne. Le lion, qui dort encore, ne reçoit pas; du dépit qu'elle en a, mademoiselle du Rouvre se rabat sur les capucins.

Est-ce le prestige des tours antiques semées sur les coteaux qui dominent Lucerne; sont-ce les vieux ponts couverts, avec leur danse des morts que mène joyeusement un squelette, grand joueur de violon; sont-ce les poules d'eau grises à bec d'ivoire; est-ce l'enchantement de ce beau lac glauque emprisonné dans de si vertes rives; mademoiselle du Rouvre, tout doucement, tourne aux capucins. Et voilà les hérétiques de la bande fort en peine.

Un beau capucin, c'est bien beau! robe brune, longue barbe, désabusé, solitaire! Décidément, mademoiselle du Rouvre n'épousera ni M. le pasteur des Planchettes, ni M. le ministre de l'Abbaye; mademoiselle du Rouvre épousera, non, elle n'épousera rien, et se fera capucine.

Cependant, la bande vogue. Le lac tranquille a ces limpidités ardoisées qui plaisent aux rêveurs; les hauts sommets se cachent sous les nuées, de petits caps dégagés de la brume s'avancent en pleine eau, coiffés de quelque blanche chapelle. Les prés, d'un vert profond, grimpent jusqu'aux forêts. Deçà, delà, une cime qui perce le brouillard apparaît dans les cieux, tandis que les bateaux chargés de fourrage glissent sur le miroir que pas un souffle n'effleure. Rien ne rendra cette paix absolue; si je l'osais, je dirais cette tyrannie du vert; elle éteint tout, elle calme tout, elle laisse tomber ses effluves sur l'âme et l'ensevelit dans la monotonie d'une teinte unique, douce avec puissance, qui la charme et qui l'endort.

— Mesdames, tenez-vous, positivement, à monter le Saint-Gothard à pied, sous des parapluies?

— Non! la bande, monsieur, ne donne pas dans la gloriole. La bande ne sent point les inquiètes ardeurs d'un voyageur novice; la bande, qui a fait ses preuves, est assez sûre d'elle-même pour savoir, au besoin, ne pas marcher. La bande grimpera, soit; en voiture, s'il vous plaît.

Accord avec deux voituriers. Sitôt fait, le ciel se dégage.

Les Mythen, puis le Rothstock, puis tous les colosses, sortent l'un après l'autre de l'océan brumeux. Avez-vous vu ces résurrections des grands aspects? Avez-vous suivi les mollesses de la nuée, lorsqu'elle va flottant le long des parois de granit? Vous savez alors comment passent les heures et comme la pensée se balance, accrochée à tous les buissons, perdue, retrouvée, et c'est le charme suprême.

Pourtant le Ghiotto, au beau milieu d'une discussion sur l'art, nous envoie un de ses capucins, détaché, tout exprès pour la bande, de quelque toile suspendue aux piliers d'un vieux cloître.

Il est pâle, il est blond, il a des mains blanches, une barbe d'or, des traits effilés, un regard recueilli; il marche de conserve avec une religieuse d'Uri, petite et ramassée, l'œil invariablement baissé, mais qui voit tout. Mademoiselle du Rouvre se rapproche de la proue, où s'est retranché le capucin; les dames de la bande, sans trop y songer, se rapprochent de mademoiselle du Rouvre. M. de Belcoster fronce un peu le sourcil, M. le pasteur Nérins regarde ailleurs, la sœur tourne son chapelet, le capucin replié sur soi-même s'appuye au gouvernail. Mademoiselle du Rouvre trouve le procédé d'une suprême modestie, la bande le trouve d'un superbe dédain.

A ce moment, la branche de Fluelen ouvre son canal couleur d'émeraude : le Grütli nous apparaît.

Vous vivrez toujours, héroïques souvenirs! nous te saluons avec une silencieuse émotion, prairie du Grütli où Stauffacher, Melchthal, Walter Fürst jurèrent de délivrer le pays! rocher de Guillaume Tell, nous te contemplons avec des larmes dans les yeux!

Il y a de ces instants où la plénitude du bonheur éclaire la nature entière, où la vibration d'une corde généreuse ébranle toutes les cordes du cœur, où l'on perçoit dans leur intensité toutes les tendresses, où les bontés de Dieu nous submergent. La bande est dans une de ces heures-là. Le ciel resplendit, sa patrie lui parle, les belles montagnes trempent leur pied dans les transparences de l'eau, nous marchons vers l'Italie; une sorte de rayonnement intérieur illumine l'univers.

A Fluelen, car il faut débarquer, on met pied à terre au milieu des voitures, des cochers, des poires et des pommes.

— Tom, Tom, Tom! le panier! Emmagasinez-moi toute cette poésie croquante! Vite, deux calèches, les uns devant, les autres derrière; filons!

Que voit-on passer? Altorf avec ses maisons de pierre, les hameaux avec leurs maisons de bois, derrière les vitres, de jolis minois roses et blonds.

Le chemin se fait rapide, les chevaux tirent dru.

— Quoi, mesdames, la montée ne vous dit rien! Et nos prouesses?

— Nous avons des voitures, nous y sommes bien, nous y restons.

Rochers, sapins, causerie se déroulent à loisir.

Que faut-il pour faire une belle vue? un peu de cailloux, un peu d'arbres, un peu de ciel.

Que faut-il pour faire un beau visage? un peu de nez, un peu de bouche, un peu d'œil. Le tout, c'est l'agencement.

Les uns de raisonner, les autres de chanter.

Au saut du Moine, élégie sur les capucins. Au pont du Diable, tout le monde par terre.

Mademoiselle Berthe ramasse des cailloux, mademoiselle Marthe arrache des plantes; le Saint-Gothard y passe, les poches en sautent, et comme cela on traverse Andermatt, un village un peu triste; comme cela on atteint Hospital, un village un peu cru.

L'hôte voudrait bien nous garder, le prince russe aussi. Un prince quelconque, échoué là. Il n'a pas osé franchir le Saint-Gothard, de peur d'avoir froid; il se renferme à Hospital, afin d'avoir chaud!

A la barbe du prince et de l'hôte, la bande se transvase en de plus modestes carrioles.

La voilà dans les altitudes; la voilà dans la région des saxifrages, des cimes blanches et de l'air vif. Le soleil s'est couché; un dôme gris s'étend sur la Suisse; sur l'Italie bleuit un ciel d'azur. Les cochers, mis en belle humeur par cette bande rieuse et bien disante, entonnent, dans une langue incroyable, des cantilènes à cinquante couplets.

— Italiano, lui?

— Italiano, no! répond fièrement le jeune homme. Svizzero! Luganèse!

C'est du luganais, c'est du milanais, c'est de la verve et de la couleur, comme il ne s'en épanouit que sur le versant lumineux de nos Alpes. Ils se mettent deux, ils se mettent trois sur les sièges, et la *morra* avec ses cris saccadés:

« Uno, quattro, sei, dieci ! » et les complaintes délicieusement monotones avec les refrains à deux voix, et les *biri biribi* précédés de la marche pompeuse.

A mesure que la nature devient plus âpre, le souffle des géants plus glacé, la chanson s'égaye et se réchauffe. Une fois les derniers sommets atteints, nous entrons pour tout de bon dans la nue.

M. de Belcoster, M. le pasteur Nérins ont pris à pied les devants.

Soudain, au fort du désert, la première voiture s'aperçoit que la seconde ne suit plus. On attend, rien ne paraît ; on appelle, rien ne répond; on s'efforce de percer du regard les opacités de l'air, on n'aperçoit que les ondes fauves du brouillard.

Au fait, s'il leur arrivait malheur, ces dames crieraient!
— Oui, si elles pouvaient crier.
— Tom! retournez en arrière, à la course!

Tom part, Tom se perd dans le nuage; les vapeurs s'épaississent, le temps s'envole, la nuit vient. Et le col qui reste à franchir, et la descente à faire, sans compter un cheval rétif! Je vous assure que les chants ont cessé. Enfin, dans la fumée rousse des brumes, on voit poindre la seconde voiture; le siège est veuf de ses trois cochers, Tom conduit. Plus de Luganèse, plus de *biri biribi*; nos drôles ont décampé, sauté par-dessus la Reuss, pour aller, dans quelque pacage, traire les vaches et boire du lait. Le cheval rétif se cabre à cœur joie. Bon! nos trois hommes accourent en gambadant! Les dames, qui se voient abandonnées dans cette grande solitude, avec ces attelages biscornus, ces cochers à moitié timbrés, et ces ténèbres, et ces frimas, trouvent que c'est un peu sérieux par là-haut.

Tout à point, M. de Belcoster, surpris, lui aussi, de son isolement, revient sur ses pas. *Furia francese* en italien, en allemand, en n'importe quoi. Les cochers essayent de maintenir leur bête insolite, M. de Belcoster la détache, la jette hors du chemin; on part au galop, les lacs du col disparaissent dans l'obscurité, à peine si l'on voit l'hospice; le tout est funèbre.

Nuit noire! Les voitures se dévalent grand train le long du val Tremola; les chevaux cambrés se dérobent à chaque tournant; les roues font feu : abîme à droite, abîme à gauche, ténèbres partout, et, dans le fond, à une incommensurable distance, quelques petites lumières indiquent l'emplacement d'Aïrolo!

Ainsi l'on va, en enragés. M. de Belcoster debout, appuyé

sur l'avant, suit d'un œil prompt au danger la course effrénée des chevaux, les méandres extravagants de la route. Pas un mot ne sort des lèvres; des prières muettes s'élèvent du cœur.

Mais une étoile a brillé; les brouillards se sont amincis, le ciel paraît, on respire. Après trois quarts d'heure de cette oppression, les voitures ébranlent le pavé d'Aïrolo.

Que la petite auberge qui nous abrita parut hospitalière. Que cette modeste salle à manger, sa température clémente, ses chandelles aux quatre coins de la table; que ce rôti au miel, ces pruneaux au vinaigre, ce gigot aux confitures, que tout ce souper hétéroclite nous pénétra d'un bien-être délicieux!

TROISIÈME JOURNÉE

Messire historiographe, j'en suis fâché pour vous; vous avez manqué, mais ce qui s'appelle, raté, votre journée d'hier.

Du caractère sauvage à la fois et riant des bases du Saint-Gothard, pas un mot; des scènes grandioses du passage, de ces parois verticales, de ces courroux de la Reuss, de cette austère nature suisse, si restaurante au cœur; de ces dernières prairies si gracieuses dans une atmosphère si bien faite pour la liberté, pas une syllabe! Et cette grande gifle, donnée de main de maître, au cheval rétif, par le chef de bande; et la stupeur du Luganèse, et vingt détails piquants, vous avez tout laissé au fond de l'écritoire. Il en résulte, mon bon ami, la plus insipide course au clocher. C'est sec et c'est pâteux, c'est trop court et c'est trop long. Prenez-le comme je vous le dis, mon frère, et Dieu vous soit en aide!

— Monsieur, j'écris en plein novembre. Il vente, il pleut, le ciel grisaille, la pluie moulloye, l'historiographe est noyé, prenez-le comme vous voudrez.

Ah! qu'il n'en allait pas ainsi, ce matin-là, ce radieux matin de septembre! Le soleil brillait dans le ciel d'Italie; les portes d'Annibal, deux tours de granit, se dressaient au bout du chemin ; les cimes glacées nous regardaient fuir ; des cascades épanchaient partout leur écume ; le Saint-Gothard, ce vieux père de l'Inn, du Rhin, du Rhône et du Tessin, fermait l'horizon du côté suisse, tandis que sur toutes les pentes s'étageaient des clochers blancs.

Les femmes, restées au pays, seules, pendant que leurs maris exercent au loin quelque industrie, fauchent l'herbe étincelante de rosée ; elles suspendent les gerbes de lin à de hautes claies, ou battent le grain dans les aires. Tout à l'heure il n'y avait que des sapins sur les flancs de la montagne ; voici qu'à leurs branches d'un vert métallique s'ajoute la vigoureuse ramée des châtaigniers, troncs tourmentés, percés à jour, feuillage épais que traverse la lumière blonde ; tout cela parsemé de rochers abrupts, avec l'eau folle qui tantôt pleure goutte à goutte, tantôt se presse ondée sur ondée.

Que nous nageons d'un libre élan dans les doux loisirs ; que Dieu est bon de nous ouvrir les oasis aux sources pures ; que nous nous aimons, et qu'il y a quelque chose d'idéal à s'en aller ainsi chercher le parfum des citronniers, le sourire des lacs, les baisers du chaud soleil, l'oubli des soucis dévorants !

Et si la bande savait ce que savent les rusés matois qui l'ont mise en branle !

— Les Alpes ! Milan ! — ont-ils dit.

Regardez un peu ces deux mines d'honnêtes gens fourrés en malice ; ils n'ont pas l'air d'y toucher ; or, à l'heure même, ils entortillent la bande, ni plus ni moins.

La bande croit aller à Milan, de Milan revenir chez elle, tout droit ; la bande, je vous le dis à l'oreille, marche sur Venise, rien que cela !

La bande, au fin bout de sa lunette, a les gondoles, Saint-Marc, les lagunes et l'Adriatique !

Jugez si nos compères rient sous cape.

Avant tout, le secret! Oh! là-dessus, madame la bête au bon Dieu n'entend pas raillerie :

— Ne parlez ni de chemin de fer, ni de bateaux, ni de mer, ni de terre! — Et les gros yeux, quand, d'aventure, le chef de bande risque un regard en dessous.

La bande ne s'explique pas trop comment, de Belaggio où l'on arrive demain; de Milan, où l'on sera dans deux jours, on en met six, on en met douze pour retourner au canton de Vaud. Bah! la bande se dit qu'elle ne sait pas sa géographie. Elle a d'ailleurs fait, entre les mains de son chef, abdication de volonté, voire d'intelligence; elle se laisse mener, et fait bien.

A propos! Vous ne savez peut-être pas pourquoi voyage M. de Belcoster.

M. de Belcoster voyage pour les aubergines

M. de Belcoster nourrit, à l'endroit des aubergines, une passion qui ne le nourrit pas du tout. Il les voit en songe, il les voit éveillé; c'est-à-dire, non, éveillé, il ne les voit plus. Elles sont veloutées, elles sont lustrées, elles sont satinées, elles sont pourprées! Chez lui, M. de Belcoster en a mangé. Pouah! Sa femme, pas plus que sa cuisinière, ne se doute de ce que c'est qu'une aubergine. On lui a servi du poison, tout simplement! Mais en Italie! *Italiam, Italiam!* Connais-tu le pays où les aubergines mûrissent? — Il en aura le matin, il en aura le soir, il en donnera à sa bande, un peu. Quant aux raisins, aux figues et aux pêches, *broutille*, comparés à l'aubergine.

En attendant, les treilles jettent leurs guirlandes aux piliers de granit; sous ce dôme léger croît double et triple récolte.

Tout est d'un grand air ici; les grappes elles-mêmes ont un port classique : longues hampes vertes, raisins ambrés, suspendus à foison parmi les feuilles largement découpées.

Pour vous mettre l'âme en fête, parlez-moi du pays où vont les hirondelles, quand elles quittent chez nous.

A Bodio, la bande s'éparpille ; les uns aux noix, les autres aux poires. Mademoiselle du Rouvre et madame de Belcoster cherchent leur pauvre existence. Elles avisent un petit pré bien encaissé parmi les maisonnettes. Sur le pré vert un réseau de vigne s'entrelace. Perchés deci, perchés delà, un brave homme, sa brave femme, sur le retour de la vie, pas trop avancés pourtant, et contents, et bons enfants, font la cueillette à qui mieux mieux. Nos dames, discrètes par nature, aussi par éducation, s'allaient retirer. Point :

— Venga, venga quà ! — Et les politesses, eux sur l'échelle, elles sur le pré : tant, qu'il s'ensuit des grappes, et de belles, avec cette fleur de bienveillance qui ne gâte rien, même aux raisins.

On déjeune en voiture : du fruit, du pain, des figues ; les figues font litière. M. de Belcoster en porte plein ses bras à la seconde voiture.

— Non, non ! — Ce sont les discrétions de mademoiselle du Rouvre qui protestent : — Nous ne les aimons pas !

— C'est-à-dire ! interrompt mademoiselle Hélène Châtillon d'un seul cri : que nous les aimons AVEC RAGE ! — On les sauve en les dévorant.

On a trop chaud ; délices ! On se trouve déraisonnable de courir ainsi le monde en bohémiens, et l'on découvre que cette déraison est le comble de la raison, que la raison des gens sensés consiste à se priver d'une foule de choses raisonnables, que les fous sont les sages, et que les sages sont les fous.

Tantôt le Bernardin, tantôt quelque autre cime neigeuse vient passer la tête au-dessus des Alpes qui bleuissent ; un premier plan de mûriers et de pampres court sur ce fond austère. Bellinzona trône en face de nous. Elle s'assied au cœur du vallon, au nœud des routes. Sa couronne crénelée, ses vieux châteaux campés sur les rochers lui donnent un fier aspect. Elle commande le nord, le midi, l'orient, l'occident. Elle a vu passer bien des armées, se croiser bien des fers. Les ducs de Milan, les montagnards suisses se sont plus d'une fois cognés sous ses murailles. Elle a reçu bien des monarques, elle a signé plus d'un traité de paix, bien des évêques guerroyants ont frôlé, de la flamme de leurs pennons, ses puissants remparts. A cette heure, tranquille et commerçante, il ne lui reste de poésie que son profil sévère, ses fruits d'Italie et ses jeunes filles aux grands yeux.

Là, nous avons retrouvé le type des figures d'Hébert, visages souffreteux, regard d'azur, pâleur mate, je ne sais quoi de languissant et de triste qui prend le cœur.

Nous voilà sous les châtaigniers du Monte-Cenere!
La lumière qui baigne les toiles de Claude Lorrain s'épand sur ces croupes moelleuses; le feuillage est imprégné de feux d'or; les troncs rugueux, fûts séculaires, portent fièrement leur pesante ramée; au travers de la colonnade, le regard plonge sur le bas pays. On dirait que des ondes toutes gonflées de poésie vont montant dans l'âme. C'est l'exubérance d'une impérissable jeunesse, c'est la grâce antique des lignes, Nous irions mille ans comme cela, dans l'air attiédi, passant du clair au sombre, des embrasements du couchant à la fraîcheur du soir, foulant le chemin jonché de feuilles jaunies, l'œil glissant sur les pentes aux plis veloutés, le cœur enivré par les effluves de cette nature si puissante et si douce.

Autre versant, autre aspect. De ce côté-là, plus de forêt; ce sont des prairies bernoises avec des détails italiens. Des abbés en gros mollets chevauchent sur quelque mule capricieuse. Les vallons se resserrent, plantés de noyers, les villages grimpent à l'assaut du sol. Et comme les dernières flammes empourprent l'horizon, le lac apparaît, le lac de

Lugano, d'un azur intense dans sa coupe aux bords dentelés!
Oliviers, villas, montagnes aux crêtes désolées, vêtues d'admirables couleurs, on voit tout à la fois, et les palais semés sur le flanc des coteaux, et les maisonnettes qui se pressent en bas, et Lugano, entremêlé de jardins, de portiques, avec sa vieille tour rougeâtre, avec sa pompeuse villa Ciani, avec la magie de ses teintes et les merveilles d'un beau soir italien!

Alors, planant dans cet éther, nous avons remercié le Seigneur; alors nous avons compris l'éternelle royauté de ce mot : *lumière!*

Pour cette fois, la bande est en Italie, elle y est aujourd'hui, elle y sera demain, après, longtemps!

Ce lac, cet incarnat, ces gloires de rayons, ces enchantements de la terre, cette poésie des cieux, les mélodies de cette langue harmonieuse, ces figures italiennes de vrais Italiens, tout cela est Suisse, tout cela est à nous!

O notre beau Tessin, escarboucle aux mille feux; ô notre coin fantasque et charmant! qui pourrait t'en vouloir de tes fredaines? Oui, tu remues; oui, tu es un peu fanfaron; oui, tu es un peu criard, tu tempêtes, tu agaces les nerfs de l'Autriche; enfant terrible, tu donnes du fil à retordre à ta prudente nourrice, la Confédération; oui, les *grosses ourses* de Berne ont des allures plus sages; nous tous, de l'autre côté des Alpes, nous tenons mieux notre épée au fourreau, notre langue en bride, notre humeur en tristesse; nous parlons plus bas, nous gesticulons moins, nous pesons plus lourd, au besoin nous taperions plus ferme, cela se peut; mais tu es notre parure, toi; tu es notre plaisir. Tu es le balcon par où notre œil plonge sur les orangers; tu es l'escalier de marbre par où, de nos palais de glace, sous notre ciel du nord, nous allons baigner nos pieds aux ondes tièdes, tremper nos cheveux aux vagues toutes ruisselantes des ardeurs du midi, qui se balancent entre les oliviers de tes rives. Non, nous ne te donnerons pas! non, nous ne te laisserons pas prendre! Dieu te garde! toi, notre belle Suisse italienne! Nos cœurs, en te voyant, se gonflent d'orgueil et palpitent d'amour.

Nuit close, nous avons erré le long de la plage.
Le mont Salvator semblait porter une chape violette. Le lac et le rivage s'assoupissaient dans l'ombre. Au fond d'une anse, des hommes aux gestes classiques, aux nobles visages, lavaient et tordaient les écheveaux de soie. Une ou deux étoiles jetaient leurs reflets sur l'eau qui frissonnait un peu, tandis qu'une barque, recouverte du berceau de toile blanche, se dirigeait sans bruit vers le port.

C'est par les petites rues où jase et se presse une foule joyeuse que revient la bande; c'est par les aubergines qu'elle rentre dans la prose. M. de Belcoster les a réclamées, l'hôte les a promises, et oubliées.
Notre hôtel était un couvent de capucins, ces coquins de Tessinois en ont fait une auberge. Des salons princiers, un assez sot menu, des perdrix qui se trouvent être du lapin, un melon qui se trouve être de la courge, un réfectoire qui ressemble à une église, quatre ou cinq couples d'Anglais qui, devant l'immensité d'une table déserte, se bâillent au nez les uns des autres : tel est notre souper.

QUATRIÈME JOURNÉE

Nous devions escalader le *Generoso*. La bande, devenue lazzarone, se met en bateau.

Le soleil n'a pas encore dépassé le rempart des montagnes. Le lac dort entre les cimes escarpées. La bande glisse sur l'eau, groupée autour d'une table chargée d'albums, de livres et de fruits. Les livres, elle n'y touche pas; les albums, elle n'y touche guère; les fruits, elle les grignote tout du long :

— Bateliers? relevez à demi les plis de la tente !

Près de nous, quelques barques chargées de légumes passent sans bruit dans l'ombre intense des premières heures, laissant derrière elles un long ruban moiré.

Les crêtes sauvages, le voisinage de la Suisse, la griffe de l'Autriche, la liberté, la contrainte; nos hommes sont graves, fiers avec politesse; il n'y a ni rires, ni chansons, mais un sérieux viril qui n'exclut pas l'urbanité.

A droite, du côté de l'orient, les montagnes descendent abruptes. A gauche, sur le bord que nous rasons, des détails ravissants de fraîcheur. Les villages se groupent dans une tache de lumière tombée de quelque gorge par où regarde le soleil; ils jettent leur image aux profondeurs de l'eau. Des terrasses chargées d'amandiers, de romarins et de lauriers-roses baignent dans les flots. Les maisonnettes découpent sur le ciel leurs arceaux à jour; quelque nacelle amarrée dans un petit port couvert, chambre au parquet humide où les rayons du jour n'entrent que brisés, se balance à mesure que nous passons.

Et les transparences du lac se répètent dans l'âme! tout entière elle plonge dans la paix.

Ne croyez pas toutefois que la bande, ainsi bercée, oublie de qui elle tient son bonheur. Bien des paroles de Jésus reviennent au cœur, durant ce doux silence que fait la vie. On prie au fort de la bataille, je le sais. Mais par ces jours tranquilles, sous les tabernacles lumineux d'un ciel en fête, dans cet apaisement divin, pendant ces quelques heures d'une halte bénigne, l'âme écoute mieux, elle parle plus librement; les pensées s'exhalent une à une; on dirait l'enfant assis aux pieds de sa mère, qui la regarde, et dont le front s'illumine parce qu'elle a souri.

Cependant les vergers se massent en de secrètes retraites; la vigne court follement; des enchevêtrements de pampres, de figuiers et de saules descendent jusqu'à la vague. Sur les caps qui s'enfuient, les cyprès marquent la perspective des lointains.

Tout à coup, le soleil! Il embrase notre rive, le bord opposé reste dans la nuit, nous nageons sur un chemin d'or. Les couleurs se sont éveillées. Le vert gris des oliviers, le vert ambré des treilles, le vert glauque des saules, le vert plantureux des châtaigniers glissent l'un sur l'autre sans se confondre. Il y a des maisons rouges, il y en a de jaunes, il y en a de bleues; c'est extravagant; c'est merveilleux d'harmonie. Au surplus, on ne fait d'harmonie qu'avec les tons francs; dans l'ordre moral, qu'avec les caractères tranchés. Mettez des teintes effacées sur des nuances insaisissables, vous aurez du brouillard; ajoutez à la décision des lignes l'intensité de la couleur, vous aurez le beau.

Il n'est pas jusqu'à la douane, ce paesetto d'Oria, perché sur le flot, avec ses femmes qui filent la soie, ses enfants qui battent l'eau de leurs pieds nus, ses douaniers autrichiens si polis pour les dames, qui n'ait ses enchantements.

A Porlèzza (on y arrive après deux heures de cette paresse ravie), visa des passeports. — Des chaises aux dames ! Bah ! les dames sont si jeunes, si jeunes (ce sont les douaniers qui le disent), qu'elles n'en ont pas besoin. Pour le coup, mademoiselle du Rouvre tourne à l'Autriche.

Et tandis que les lavandières, coiffées de leurs tresses noires à l'auréole d'argent, battent le linge, à genoux sur la plage, mademoiselle Lucy dessine, et les badauds de s'extasier.

Gran' bel cosa d'être admiré ! en bloc surtout. Ce n'est ni vous ni moi, c'est nous.

La bande, partout conquérante, sent vaguement en Italie son pouvoir s'accroître et ses charmes s'idéaliser.

Serait-ce le crédit des yeux bleus au pays des noires prunelles ? seraient-ce les petits chapeaux ?

Bref, ils n'en ont pas vu souvent une pareille, de bande, les Italiens d'Italie; aussi la contemplent-ils ! sans compter les abbés et leurs mollets, les capucins et leur besace, les princes et la plèbe, *tutti, tutti* !

— Bande ! que diriez-vous de traverser l'isthme à pied, pour nous embarquer à Menaggio, sur le lac de Côme ? trois lieues !

La bande pourrait, si elle voulait; elle ne veut pas. La bande veut fainéanter, se faire porter, traîner, charrier, et voici quatre ou cinq carrioles qui s'en chargent.

Mademoiselle Hélène Châtillon et madame de Belcoster se sont résolument établies dans la plus absurde des cinq. Elles ont dans la cervelle, nos deux dames, une fenêtre ouverte sur le grotesque, qui leur donne, quand elles s'y mettent, de la gaieté pour dix.

Les voilà donc toutes deux, toutes seules dans un cabriolet de foire. Attelage de cordes, carcasse disloquée, roues criardes, bête famélique, cocher tout en nez, avec des joues cramoisies, des coins de lèvres fléchissants, des yeux de spectre, et ce brillant équipage de prendre la tête. Rossinante dévore l'espace, le cocher de la Triste-Figure, saisi d'un beau zèle, se retourne à chaque instant pour regarder le cortège; il montre alors un profil si inquiet, des lignes si angoissées, un nez si lugubre, que le fou rire prend aux dames. Coup de fouet à la bête; et de trotter et de se retourner, et de cligner du côté des rieuses! Au plus fort de son élan, un noyer l'arrête court. Il y a là des gens occupés à la cueillette. Il ne dit rien, le pauvre homme; seulement il considère le noyer d'un air mélancolique, puis les dames d'un air incertain. Les dames font signe que oui. Le voilà par terre, les mains pleines de noix : des noix aux signorine, des noix aux signori! On casse, on épluche, notre homme est déridé.

Au travers de la belle humeur passe le plus agreste paysage. Ce sont des vallées étroites et discrètes. Le petit lac de Ciano, tache d'un vert d'aigue-marine, s'étend au milieu des prés. Bientôt la route descend sur le lac de Côme. Des centaines de villages, des centaines de clochers étincellent à fleur d'eau, scintillent à mi-côte, brillent au vif des sommets.

A peine la bande sur le port de Menaggio, bateliers et curieux d'accourir. Tous ces visages ont de la beauté, toutes ces physionomies de la bienveillance.

Tenez, nos rameurs, ceux qui nous attendent sur la plage! cette figure martiale, au front élevé, aux lèvres mélancoliquement souriantes; son compagnon aux fines moustaches, au regard fier; ce sont les premiers venus, ils nous ont pris bien plus que nous ne les avons choisis; où trouverez-vous cette distinction souveraine? où, cette belle diction, digne du

Tasse, qui arrive naturellement aux lèvres? où ce respect sans servilité, cette réserve sans roideur, cette tristesse voilée, ces retraites inviolables, ce saint des saints, apanage des natures d'élite, qui met partout l'homme à sa place de roi !

Le lac de Côme a les sévérités du lac de Lugano, il a des sourires enivrants.

Quelques coups d'aviron nous amènent devant la Sommariva.

Granges, Valpeyres, Monvéran, vous êtes en face d'un palais italien ! Tout à la fois, la bande voit les terrasses, les balustres, les jets d'eau, les plantes exotiques avec leurs feuilles démesurées, épanouies dans les vasques de marbre ! Les tritons pressent leurs urnes, les dauphins lancent leurs fusées, une perspective aérienne monte du lac au Palazzo, les berceaux de citronniers croisent leurs rameaux couverts d'étoiles blanches, et les parfums, et l'idéale suavité des aspects, tout s'unit en une de ces splendeurs comme on en rêve !... Hélas, bande, si tu pouvais ne te pas réveiller !

Venez, cependant! suivons ces larges escaliers faits pour une cour princière, mirons-nous en ces bassins où baignent les papyrus, où flottent les nymphéas; errons sous les arceaux qui laissent pendre le cédrat et l'orange; laissons-nous charmer par ces noms des zones bénies où ne descendent ni la neige ni les autans.

Chacun marche à sa guise, s'attarde à son gré. Et voilà mademoiselle du Rouvre fascinée par une chromatelle !

Si vous l'aviez vu, ce beau rosier, avec ses fleurs d'un jaune pur, à peine entr'ouvertes, et ces branches vigoureuses et ses bras sarmenteux, vous seriez, tout ainsi que mademoiselle du Rouvre, resté sur le coup.

Il y a des natures languissantes; pour celles-là, contempler c'est posséder. Il y a des natures d'action; pour celles-ci, voir c'est conquérir.

Mademoiselle du Rouvre aura des chromatelles ! elle en rapportera, elle en acclimatera, elle en donnera, elle en gardera. Granges, des guirlandes embaumées se mêleront à tes traînes de vigne vierge ; Valpeyres, tes rosiers à cent feuilles, ton géant des batailles, ta gloire de Marengo en pâliront de dépit. Cent argus veilleraient sur le jardin des Hespérides ; ce que mademoiselle du Rouvre veut avoir, elle l'aura. — Voyez plutôt ! Mademoiselle du Rouvre ne demande rien, non ; elle cause bonnement, simplement, avec le jardinier, d'un air candide qui met les gens dedans. Le jardinier, un peu rustre, s'apprivoise ; puis il tire son couteau, puis il taille, coupe à droite, coupe à gauche, à tort, à travers, et charge les bras de mademoiselle du Rouvre d'un fagot de rameaux.

Granges, Valpeyres et Monvéran, vous n'y gagnerez guère.

Quand on a bien respiré ces aromes, on remonte en bateau. Bellaggio couronné par la villa Serbelloni, partage les trois branches du lac.

Le vieil hôtel nous garde une place. Quelles bonnes heures nous allons passer, là, au *primo piano*, sur cette terrasse que baigne le flot.

— Quà ! dit le batelier, en nous montrant le primo piano. *Quà non si puol entrar. Il re dei *** vi tien la sua bella*[1] !

La bande ne répond rien ; seulement, elle fait un triste retour sur les faiblesses des rois et sur la versatilité des *primi piani*.

On la colloque, y compris ses vertus, au troisième étage ; le premier sous le ciel.

La Serbelloni, qui n'éblouit pas comme la Sommariva, reste souverainement belle dans son austère grandeur. Elle a des vues sur les trois lacs, elle a des contrastes de rochers

---

[1]. Ici on n'entre pas. Le roi des *** y tient sa belle !

à pic avec des zones d'eau limpide ; elle a surtout une sorte de majesté farouche qui sent son antique noblesse, et la nature comme Dieu la fit.

Nous autres, de la bande, nous ne nous émerveillons guère de cette percée qui a coûté un million, et qui permet, lorsqu'on s'arrête dans l'angle intérieur, de regarder d'un œil la branche de Côme, de l'autre la branche de Lecco. Ce qui nous charme, le voici ; ce sont les bois aux troncs serrés, à la frissonnante dentelle ; c'est le plan vertical où se plantent à la grâce de Dieu quelques pins hardiment jetés sur l'abîme ; c'est ce mur de rocher qui plonge au vif de l'eau ; c'est cette nacelle, alcyon aux blanches ailes, posée sur l'azur des plaines humides ; ce sont ces trois lacs qui tour à tour viennent révéler leurs secrets de beauté. Ce soir-là, c'était un couchant d'or fondu, sur lequel s'emportait, en fines découpures, la ramée des pins. Les montagnes y appuyaient le trait puissant de leurs lourdes masses ; tout ruisselait de lumière ; le lac semblait un métal en fusion. Quelques pas, et du côté de l'orient, éteint à cette heure, on retrouvait avec les tristesses du crépuscule, un de ces bleus presque verts à force de pâleur.

Maintenant, tout est fini.

Non, tout ne l'est pas. Sur le tard, à peine séparés, une grande lueur se fait, avec une explosion de musique !

Qu'est cela ? une sérénade au roi des *** : à ce *buon' uomo*, comme on l'appelle ici.

Vis-à-vis de nous, une barque s'avance, tout illuminée. La symphonie éclate.

Quelle nuit ! je ne sais pas si l'orchestre était bon ; la scène était idéale. Cette barque, seule éclairée, versait des flots d'harmonie avec des gerbes de lumière. Tantôt loin, tantôt près, un bateau pêcheur errait, projetant sa rouge lueur sur les flots ; un silence absolu régnait dès que se taisait l'orchestre ; alors une mélancolie incomparable s'étendait, avec les obscurités, sur les profondeurs de l'horizon.

Les heures s'envolaient, et tandis que la barque jetait dans les airs une dernière fanfare, le bateau pêcheur, longtemps perdu, revint. Il revint : les jets pourpres de la torche plantée en proue grandirent ; la résine enflammée laissait tomber dans l'eau ses grosses gouttes incarnates ; le flot s'en colorait, puis les éteignait. Entre la barque et la terrasse le bateau glissa ; il glissa muet ; la torche embrasée jetait son reflet dans l'eau tremblante ; couché derrière elle, pensif, le trident levé, sa belle tête frappée de clartés fauves, songeur comme les hommes de Léopold Robert, le pêcheur passait, languissant, immobile, suprême poésie de ce tableau, la poésie même. — La barque aux symphonies démarra lentement, elle s'éloigna, elle se tut ; un instant la torche du pêcheur embrasa le port, je ne sais quels reflets d'incendie frappèrent les murs, puis tout devint noir ; pas un souffle qui ridât le lac ; pas un son qui ébranlât l'air.

Et voici, dans le lointain, voici venir, sur une nef, au sein des ténèbres, une chanson si vive et si légère qu'on eût dit qu'une fée la chantait.

C'était un violon, joué mezzo voce, d'une vigueur sans pareille ; une guitare l'accompagnait de son murmure discret. C'était passionné, c'était fantasque, cela courait sur l'eau, cela se répétait cent et cent fois avec des variations infinies ; mystérieux, cristallin, folâtre, tout à coup énergique, tout à coup défaillant ; puis cela aborda, puis cela fit silence.

Ce soir-là, on n'entendit plus rien.

CINQUIÈME JOURNÉE

Pourquoi ne peut-on planter un clou au beau milieu des heures fortunées, et les arrêter, rien que pour voir si l'on s'en lasserait?

Pas plus que de la pérennité des félicités éternelles. Seulement, c'est cela qui serait le ciel; voilà pourquoi, sur la terre, ce n'est pas cela.

Au déjeuner, les curieux de la bande demandent en l'honneur de qui la musique d'hier soir?

Le *servo* sourit d'un air plus dédaigneux que moqueur :
— La mùsica, èra per la bella del rè dei...

On se regarde et l'on se tait. On ne veut jeter la pierre à personne; mais la *bella* d'un roi ou d'un autre homme, c'est, aux yeux des honnêtes femmes, quelque chose de quasi monstrueux.

Hier soir, penchées à notre troisième étage, si nous avions des oreilles pour la sérénade et des yeux pour l'ineffable beauté de cette nuit, nous en avions aussi, un peu, pour les murmures du *primo piano*.

La *bella* promenait sur la terrasse trois étages de volants aux soyeux frissons, comme nos volants; sa voix qui montait jusqu'à nous avait des inflexions modestes, comme nos voix;

de ses lèvres sortaient des paroles bienséantes, comme nos paroles ; elle reprenait doucement son fils boudeur, comme nous eussions fait du nôtre. Rien qui indiquât la moindre perturbation dans l'ordre moral : un intérieur de famille, honnête, rangé, voilà tout !

Les braves femmes du terzo piano en restent épouvantées.

Ah ! c'est que du terzo piano à la terrasse de la *bella*, il n'y a pas, mesdames, un saut de vingt pieds en manière de casse-cou. Il y a tout simplement un plan incliné, une montagne russe, pas autre chose. Hélas ! c'est par là que glissent les *belle*. Les braves femmes ne s'y risquent point, oh non ! mais à qui l'honneur ?

La bande vogue sur l'eau, pensive, dans le nid flottant. Si l'on ne pouvait porter aux pieds de Dieu les mystères effrayants de la vie, si de ce bateau que n'a pas vu la *bella*, ne pouvaient s'élancer des prières pour elle ; comment le regard s'attarderait-il avec la rame dans l'eau verte, comment s'amuserait-il aux millions de diamants qu'elle allume en sortant du flot ?

Des fourrés de verdure se reflètent ici, dans le lac, comme ils s'étalent sur le penchant de la montagne ; dans le miroir des eaux, les bois de châtaigniers plongent, tête en bas, avec des clartés adoucies, et des profondeurs émues, et des perspectives à l'infini, suivant le caprice de la nymphe ou les souffles irréguliers.

Sur le ciel, quelques flocons de brouillard, « roba di bel tempo », vont à l'aventure.

Nos bateliers, debout, l'un à l'arrière, l'autre à l'avant, donnent à la nef une impulsion égale. Nous chantons la barcarolle italienne, le vieux cantique de Luther, l'air magnifiquement désespéré de Stradella.

Que j'aurais voulu la voir passer, cette barque, avec sa traînée d'accords, sa compagnie nonchalante, ses beaux rameurs projetés sur le cristal sombre, et ses sourires, et ses bons rires aussi ; fiez-vous à M. de Belcoster pour cela.

Si vous croyez que la bande se noie dans un rayon de lune, vous vous trompez. Et justement, la voilà qui se pâme à l'histoire de ce Valaisan fidèle, la perle des maris ! Le bonhomme aimait si solidement sa femme, qu'une fois morte, il l'enfuma dans sa cheminée, à côté de ses jambons, pour la conserver.

Après la femme enfumée, les poches ! Celles de mademoiselle Berthe : jardins suspendus de Babylone ! il y croît des saxifrages, des mousses, des sapins ; le tout arrosé chaque soir, sur place.

Les poches de mademoiselle Lucy ! un gouffre : des cristaux, des métaux, des amandes, des noisettes, un système de pastels, trois couteaux, deux albums, de l'encre, un parasol !

Quant à mademoiselle Marthe, elle s'absorbe dans la contemplation de son bracelet, un fil de perles en bois d'olivier, acheté hier au pied de la Serbelloni. Elle n'aurait fait le voyage, mademoiselle Marthe, que pour ce bracelet, le bracelet ne serait pas trop payé. Est-elle heureuse de l'avoir rencontré par le monde, d'écouter ses deux propos ! Allez, il lui en dira bien d'autres, les soirs d'hiver, alors que le Joran du Suchet sifflera, que les bois se tairont, que la neige étendra partout son linceul.

Or, prêtez l'oreille ! M. de Belcoster va vous exposer ses théories sur la propriété. M. de Belcoster admet le tien et le mien ; à cette condition, de les arranger à sa guise : Un à moi, un à toi, un à moi ! telle est la base des transactions sociales. S'agit-il de livres ? M. de Belcoster fait un pas de plus : Ce qui est à toi est à moi ; ce qui est à moi reste à moi.

M. de Belcoster, dans l'instant même, promène sa bande, il a l'audace de la promener sous le patronage d'un *Guide*, gros volume, volé, non, soustrait à son légitime possesseur !

Un livre, notez le fait, que, depuis dix ans, M. de Belcoster héberge dans sa bibliothèque, à lui, le détournant de ses devoirs, de sa fin, de son maître, en vertu de ce principe : que voler en vertu d'un principe, ce n'est plus voler !

Pendant que vont les folies, un bouillonnement étrange se fait entendre. C'est *Nesso di sotto*. Là-haut, parmi les lauriers, sous l'arche d'un pont, la rivière se lance en nappe d'argent ; une grande ombre obscurcit le bassin, tandis que notre nacelle glisse dans la poussière d'eau folle, nuage éblouissant et frais. De tous côtés bondissent les cascatelles, jaillissant par les arceaux du moulin, se pressant sous les oliviers, écumeuses, hâtées ; celle-ci, que traversent les rayons du soleil, brille comme une coulée de verre ; l'autre, d'un blanc mat, fouettée, tordue, lave de ses flots laiteux l'écueil qui lui oppose la rigidité de ses flancs. Quelque villa, ressouvenir du Tivoli d'Horace, regarde le tout, assise au sommet de la paroi verticale. Ses escaliers plongent dans l'eau, ses jasmins laissent éparpiller leurs pétales sur le remous, pendant que les femmes aux pieds nus chaussés de sandales, vont et viennent sur les marches qui sonnent sous leurs pas.

Belle Pliniana, la Romaine, que tu es bien ma préférée ! On t'a infligé d'ignobles restaurations, on a badigeonné tes murailles antiques ; laisse faire le temps, il te rendra ton austère couleur. Et puis, tu gardes encore ton vieux portail, avec tes longues rampes qui semblent monter des palais sous-marins. Il te reste tes jardins serrés contre la montagne, ton péristyle aérien, et tes sources vives, et les perspectives infinies au travers de tes colonnades, et ton pavé de mosaïque qui fait songer à Pompéi.

Que la bande passerait bien ici les jours, appuyée à ton balcon, les regards courant sur l'onde, dans cette ombre que fait le rocher.

L'arome de tes citronniers lui arriverait par bouffées. Ton *Olea fragrans*, dont le parfum se répand le soir, lui enverrait ses senteurs pénétrantes; elle écouterait, d'une oreille charmée, la voix de ta claire fontaine qui monte et s'affaisse comme un sein palpitant; des profondeurs du passé, elle verrait se lever la grande figure des Farnèse, et Pline tout songeur.

Hélas! Côme apparait. Nos gentilhommes bateliers, adieu!
— Con me, con me, Eccelenza! — Mi, la carozza! Mi la buona! — Minga lui, venga con me [1]!

Ainsi vocifère la troupe des vetturini. Surtout ce grand drôle, dépenaillé, moustaches jaunes, yeux perçants, veste de hussard sur l'épaule, qui s'escrime autour de M. de Belcoster, crie, piaille et le mène voir des carcasses de carrosses antédiluviens, tant et si bien, que le chef, de guerre lasse, se rabat sur l'omnibus.

L'omnibus, bon père de famille, ouvre ses coffres aux châles, aux parapluies, *a tutta la bottega* [2] : la bande peut flâner.

Elle a vu la cathédrale, et ne vous en dira pas un mot; non qu'elle ne pût, aussi bien qu'un autre, lâcher à bout portant sa bordée de termes techniques; entre nous, c'est d'un cuisant ennui.

Rinceaux, colonnettes, statuettes, clochetons, laissons le tout où il est, et en wagon!

Deux murailles d'acacias encaissent les rails; dès qu'il se fait une éclaircie, l'opulente culture lombarde étale ses monotonies : du maïs, des mûriers, de la vigne, et du maïs encore, et des mûriers et de la vigne, plat comme la main,

---

1. Avec moi, avec moi, Excellence. — A moi, la voiture! A moi, la bonne! — Pas lui, venez avec moi!
2. A toute la boutique.

toujours, sans que le regard puisse s'aventurer au delà du second rang de mûriers ou du cinquième sillon de maïs.

Les impatients de la bande en ont assez, dès le début; les bons caractères, ceux qui sont contents d'être bien aises, déclarent le pays plantureux, luxuriant, onctueux; au bout de dix minutes ils sont tous endormis!

Alors un épouvantable cauchemar réveille en sursaut mademoiselle du Rouvre. Le jardinier de la Sommariva s'est assis, en personne, sur son estomac; il lui arrache du cœur une chromatelle qui n'en finit pas.

— Ma chromatelle! où est ma chromatelle?

Rien dans les mains, rien dans les poches; pas même dans celles de mademoiselle Lucy!

— Tom! ma chromatelle! Je vous l'avais confiée... dans le bateau, Tom!

La figure de Tom s'allonge, s'ahurit, et quand elle est arrivée à l'expression d'un complet désespoir :

— Eh! mademoiselle! dans le bateau! Que je suis fâché! Elle y est toujours, mademoiselle! au coin, au frais!

C'est ce soir, qu'il ne fera pas beau entre mademoiselle Berthe et sa tante! Car mademoiselle Berthe a de la conscience, elle; surtout quand sa tante perd les chromatelles! Dépouiller le jardin d'autrui? Horreur! Et que deviendraient les villas, je vous le demande, si chacun y tondait à son gré?

— Écoute, Berthe, je t'en donnerai, un peu.
— Bien vrai?
— Bien vrai.
— Vous le promettez, ma tante?
— Je le promets.
— Oh! merci, ma tante! Que vous êtes bonne! Au fait, une petite branche, toute petite!

La bande est à Milan.

Un instant la splendeur du dôme apparaît à ses yeux : masse prodigieuse, des millions d'aiguilles dans le crépuscule, un saisissement, plus rien.

On s'enfile dans une petite rue, on s'enfile dans la *Pension suisse*. Tristes appartements, table à manger malpropre, service *idem* ; ce qui n'empêche pas M. de Belcoster de rêver aubergines.

— Vous en avez?
— Oui, m'sieu.
— Vous nous en donnerez?
— Oui, m'sieu.

Un mauvais souper de plus, une illusion de moins.

Au fait, voyage-t-on pour autre chose?

SIXIÈME JOURNÉE

Dès l'aube, les chefs de bande ont, à deux, en secret, noué la grande affaire de Venise. — Ce sera pour lundi :
— Je suis sûre que vous parlerez !
— Non.
— Vous avez des yeux qui me font peur !
— Ne craignez rien, madame la bête au bon Dieu, et faites-moi la faveur de veiller sur Votre Seigneurie !
— Moi ! oh ! moi !
Là-dessus, on va déjeuner.
— Dites donc, garçon, et mes aubergines !
— Aubergines ?
— Eh oui ! je vous ai demandé des aubergines, vous m'en avez promis, je les attends !
— Oh ! m'sieu !
— Savez-vous ce que c'est, des aubergines ?
— Oh ! m'sieu ! ! !
— Donnez-nous-en ce soir, sans faute.
— Oui, m'sieu.
Le garçon quitte la salle à manger, et madame de Belcoster :
— Des aubergines, vous y pensez, ici ?
Puis, tout d'une venue, tout d'une haleine, avec une magnificence d'étourderie à renverser :
— Oh ! mais ! à Venise !

A Venise! La bande se lève. A Venise; a-t-elle bien entendu? A Venise!

Madame de Belcoster reste stupide; Monsieur son mari la salue gravement.

Venise, Venise! Pensée folle, impossible, qui jamais ne s'aventura dans le ciel de la bande! La Venise aux palais moresques, à la tragique histoire, la Venise de l'Adriatique, la Venise du Lido, Venise la belle, la sombre, l'éclatante! On se serre les mains, on s'embrasse, on n'y croit pas, on en est sûr.

La bande passerait bien le jour comme cela, dans la contemplation de son bonheur.

Allons, il faut visiter Milan.

Donc, la bande sort, précédée de son cicerone, espèce de pantin sur le retour, bras en dehors, mains en dehors, jambes en dehors, pieds en dehors; il n'y manque plus que les ficelles.

Si vous l'aviez vue, cette bande, avec ce quelque chose de bon et de souverain que donne la joie, vous eussiez fait comme les Milanais, vous seriez resté là, cloué sur place, bouche ouverte, yeux écarquillés.

M. de Belcoster marche avec la tête, M. Nérins marche avec la queue. Le bataillon azuré, rosé, tout de soie et de gaze vêtu, s'éparpille dans les rues.

Au premier couple : Ah! et l'on regarde. Au second : Hé, hé! et l'on s'approche. Au troisième : Ho, ho! et l'on s'arrête. Au quatrième : un éblouissement, un vertige. Quant à la queue, elle renverse tout.

— Bella compagnìa, bella compagnìa [1]! — Mot flatteur que la bande entend bien sans l'écouter. Un autre : *I cappelletti!* rend d'un trait plus vif le caractère du météore incomparable dont les rues de Milan sont éclairées à cette heure :

— Veda i cappelletti! guarda i cappelletti [2]! — Et les vieux

1. Belle compagnie, belle compagnie.
2. Voyez les petits chapeaux! regardez les petits chapeaux!

de sourire avec bienveillance, et les jeunes de chantonner le tralala vainqueur.

La bande, cependant, n'a pas fait le voyage de Milan pour contempler la bande. Modeste, au surplus, comme vous la connaissez, et compatissante, la bande ne veut pas aveugler ces pauvres Milanais ; les éborgner lui suffit.

Nonchalamment, elle poursuit son chemin, et voilà que le Dôme, ce glacier de marbre, je ne trouve pas d'autre mot, se présente à elle, de face, dans sa royauté. Le reste disparaît ; il n'y a plus qu'une pensée ; pour mieux dire, il n'y a plus de pensée, il y a une sorte d'écrasement où vit et rayonne l'admiration.

Le Dôme est sombre à sa base ; les inclémences de l'air l'ont noirci. A mesure qu'il s'élève et que montent ses mille statues aériennes ; à mesure que court la dentelle de ses crêtes et que s'élance la spirale de son clocher, le marbre pâlit, blanchit, jusqu'à ce que, dans la merveille de ses découpures, il se détache avec un éclat d'albâtre sur le ciel bleu.

Il faut de la réflexion pour comprendre telle œuvre humaine ; le Dôme vous ôte la réflexion. Le Dôme a ce caractère des œuvres de Dieu, qu'il vous abat et qu'il vous enlève tout à la fois. Et je ne sais comment il se fait, on se prend, devant lui, à songer aux grandes Alpes, aux sauvages redressements des glaces éternelles, aux pics de granit, inaccessibles, vibrant sous les feux du soleil.

Nos yeux ont suivi les arceaux légers qui glissent le long du faîte ; ils ne se rassasient ni des rosaces, ni des torsades, ni de toute cette orfèvrerie, extrême en ses finesses, dont la majesté du monument n'est pas un instant atténuée.

Après, nous laissons les broderies pour nous écarter un peu et nous absorber en un regard qui saisit l'ensemble.

Les détails écrasent l'imagination, l'ensemble la ravit.

Cette blancheur immaculée, je dirais presque cette sérénité ; cette splendeur du marbre baigné par la splendeur des cieux, cette ampleur du monument si puissant, si fortement assis, qui va perdre son faîte dans les limpidités de l'air! c'est beau d'une beauté suprême, qui ennoblit l'âme et qui la fait grandir.

Que vous dire de la nef? nous avançons dans ses profondeurs. Les faisceaux de colonnes jaillissent d'un seul jet; un demi-jour, que teintent doucement les vitraux, tombe sur le marbre des parvis; point de tons criards, rien qui froisse; et pourtant notre cœur se sent mal à l'aise, au milieu des pompes d'un culte qui n'est pas le sien. Des curiosités profanes blesseraient notre conscience; des cérémonies étrangères à la simplicité biblique attristent notre foi. Glissant le long des bas-côtés, ainsi nous arrivons dans la crypte, sous l'égide du sacristain.

A-t-il flairé l'hérésie, je ne sais. Superbe, emmanché d'un long cierge, il s'avance par les défilés obscurs; sa lèvre se plisse avec quelque dédain, son front se creuse d'une ride chagrine, il promène son flambeau sur les murailles revêtues de bas-reliefs : — *Argento*[1]*!* — passe un surplis, tourne une manivelle, et découvre à nos yeux la châsse de saint Charles Borromée, l'apôtre de Milan. Pauvres restes desséchés, tête horrible, dont le sourire conserve une expression d'ineffable paix, que vous dites bien le néant de notre poussière humaine en même temps que la victoire du Christ rédempteur!

Partout étincellent les pierreries. On a mis une couronne de diamants sur ce crâne dénudé, on a posé une croix d'émeraudes sur cette poitrine effondrée, il y a des millions sur les murs, des millions sur l'autel, des millions sur cette pourriture, et la devise du saint : *Humilitas*, vingt fois répétée parmi les escarboucles, frappe de ses austères clartés les démences d'une adoration païenne ou peu s'en faut.

Sitôt la châsse recouverte, le sacristain se débarrasse de son surplis, le jette d'un mouvement hautain, souffle sur les lampes et prend la pièce, du grand air d'un grand prélat qui reçoit le tribut des fidèles.

---

1. Argent.

A la *Brera* !

Sauf trois de ses membres, la bande va, pour la première fois, se trouver en présence des maîtres.

La bande tombe au beau milieu d'une exposition moderne.

— Mesdames, ne regardez pas cela! mesdames, ne vous laissez pas séduire par l'intérêt du sujet. Le sujet n'est rien, la peinture est tout. Laissez les croûtes, au nom du ciel !

Ah bien ! oui, parlez de la solidité des couleurs à de bons petits cœurs tout gonflés par les malheurs d'un Savoyard dont la marmotte a mal aux pieds ! Parlez de la sobriété des lignes à mademoiselle du Rouvre, toute saisie devant ces pots de tisane et ce grabat ! Parlez de clair-obscur à de jeunes demoiselles que fascine l'éternel Bravo, sa carabine au poing, la gendarmerie aux trousses, avec quelque femme tremblante qui allaite son enfant derrière un rocher ! Si bien que la bande, lorsqu'elle arrive en pleine école classique, n'a plus que des restes d'émotion à lui offrir.

Ne vous mettez point en peine, le génie fera ses affaires.
— La bande, il est vrai, pardonne avec peine au Guerchin d'avoir mis une coiffe de cuisinière à Sarah, une culotte et des crevés à Ismaël; elle sent toutefois vibrer dans cette peinture une *maestria* qui la jette, bien qu'elle en ait, hors de la sphère des bandits et des Savoyards. Ceci dit, elle conserve la sincérité de ses impressions; même elle ose, la candeur a de ces hardiesses, garder quelque froideur devant le fameux *Sposalizio*.

Raphaël me rappelle cette admirable architecture grecque dont l'esprit reste plus satisfait que l'âme n'est touchée. Il a, dans sa première manière surtout, de ces splendeurs de sérénités qui ne domptent pas, qui n'*empoignent* pas; qu'on me passe la trivialité du mot en faveur de son énergie. — Ses toiles, éclairées d'une lumière tranquille, n'arrêtent pas les battements du cœur; c'est une souveraineté d'harmonie qui est, parce qu'elle est; il faut quelque travail pour se rendre compte de cette transparence de l'idée, de cette géniale simplicité de l'exécution ; pour comprendre, en un mot, qu'on a la perfection absolue en face de soi !

Pour moi, la lumière éthérée où nagent les figures du *Sposalizio*, la grâce exquise, je dirai un peu païenne des mouvements (regardez le jeune homme qui brise la baguette), l'exquise ingénuité de Marie, la timidité soucieuse de ce blond Joseph si contraire à la tradition, tout, jusqu'au temple absurde et charmant qui ferme la perspective, tout séduit mon regard. Après cela, je conserve, moi aussi, l'inaltérable paix de ces bons personnages, si étrangement pondérés en cette heure d'inexprimable émotion.

La bande, assez attrapée de se trouver de sang-froid en face de son premier Raphaël, passe des Francia aux Garofolo, des Garofolo aux Paul Véronèse, des Véronèse aux Rubens, aux Luini, aux Salvator. Et tenez, ces Luini, précisément, joignent parfois à l'angélique pureté des lignes, une fleur d'ignorance que l'habileté, plus maîtresse des ressources de l'art, ne laisse pas s'épanouir avec le même degré de fraîcheur sur le front des vierges de Raphaël. On dirait que celles-ci, mieux que les autres, ont le secret de leur innocence. C'est peut-être pour cela que cette Ève de Luini, et ce bel ange enlevé dans la transparence de l'air nous charment jusqu'au trouble, tandis que les têtes de Raphaël laissent l'admirateur maître de soi, presque curieux, comme si quelque énigme se cachait sous leurs paupières chastement abaissées.

Frappons, voulez-vous, à la porte du palais Castel di Barco. La *familia*, une troupe de braves gens occupés à ne rien faire, remplit le vestibule.

Voici des salons comme on n'en voit guère ; on y sent la présence d'esprits intelligents et d'artistiques natures ; il y a des livres partout. Dans cet atelier de peinture, la toile est encore humide, et je vous présente un majordome, le *maestro di casa*, ridé, voûté, la bouche en cœur, un œil invariablement fermé, l'autre pétillant pour deux, qui vous montre *sa* galerie et *ses* tableaux avec un tel sentiment de propriété, d'orgueil et de *gusto*, que, pour lui seul, on viendrait voir le palais de ses seigneurs.

Laissons, s'il vous plaît, ce Pérugin, à qui Raphaël a pris son rabbin du *Sposalizio* : un Israélite madré et retors ; laissons la belle Marie-Béatrix d'Este, une tête sur bois, par Léonard de Vinci ; ne nous arrêtons ni devant les Van Dyck, ni devant ce Corrège aux teintes veloutées ; marchons droit aux trois chefs-d'œuvre.

Le premier, un Michel-Ange, nous montre Abel et Caïn ! Regardez un peu ce qu'il fait de la tradition, ce terrible Michel-Ange. Ils sont là, deux hommes vigoureux, deux forts de la halle si vous voulez, peints sans façon, haut la main. Abel se défend comme il peut : *Qui, si tratta della vita!* Caïn, d'un geste effrayant de sauvagerie, lui prend le pied et le renverse du coup. Voilà une simplicité féroce ; la chose comme elle est, le fait comme il vient, avec la rude poésie de la brutalité.

Le deuxième nous présente Savonarole, par Velasquez ; largement modelé, mystique sans mollesse, inspiré mais réfléchi, fort avec douceur, une teinte sévère, et l'idéal.

Le troisième, oh! pour celui-ci, il éteint tout; je vous défie de passer devant sans vous arrêter, et de vous arrêter sans vous absorber. Un portrait, sur le volet du portrait une pochade, il n'y a que cela ; mais cela commande. Le portrait est celui de Valentin Borgia, la pochade est la tête de César Borgia, le peintre est Raphaël. Pour cette fois, adieu la tradition! le peintre n'a vu que l'homme, il l'a passionnément rendu. Le voici, Valentin, dans sa méchanceté sinistre, dans sa diablerie cafarde ; et voilà César, jeté tel quel sur le bois ; c'est son visage pâli par les débauches, c'est son

---

1. Ici, il s'agit de la vie!

œil éraillé, c'est cette inexorable prunelle d'un bleu clair : deux épouvantables coquins! Et n'allez pas vous imaginer des scélérats vulgaires, oh! que non pas. Valentin, un parfait gentleman, a le visage paisible, l'air doux, la tenue irréprochable; seulement, à mesure que vous le considérez, une sorte de concentration vicieuse et cruelle s'écrit sur ce front lisse; elle vous donne froid. Cet homme est inexorable, non parce que la passion l'emporte, mais parce qu'il n'a pas de passion. L'irrévocable siège sur le trait à peine accusé des sourcils; cette bouche serrée n'a jamais laissé tomber le mot grâce; la contraction imperceptible des lignes marque un despotisme sans merci parce qu'il est sans ivresse : l'homme fait penser à Philippe II.

L'autre, César, est le pire des Borgia, on le dit; je crois que c'est le moins mauvais. Quelque chose bouillonne en lui; sa carnation transparente laisse pressentir la pulsation des artères; une ligne sanglante dessine les lèvres minces; je ne sais quoi de fou va flottant dans l'effrayante limpidité du regard; les traits, d'une finesse aristocratique, semblent plus mobiles que la mer en tourmente : c'est une âme ruinée, dévastée, mais Satan a dû la conquérir; celle de Valentin lui a toujours appartenu.

Quand on a bien fouillé ces terribles mystères, on s'en revient au Dôme, on grimpe au faîte. Il nous faut l'air pur.

Milan s'étend à nos pieds, entre les jardins et les prairies. La vieille tour de Saint-Gothard, teintée de rouge, perce les toits. Au couchant se dresse le massif du Mont-Rose, éclatant de neige, d'une colossale amplitude. La couronne des Alpes étincelle; le Monte-Moro, le Simplon, les géants de la Suisse découpent l'horizon de leurs pics; toute cette architecture hérissée s'empourpre aux feux du soir.

Laissons finir le jour dans la lumière.

SEPTIÈME JOURNÉE

La bande a ses jours de repos. Notre cœur, même au sein des meilleures joies, soupire après une heure de recueillement avec Dieu.

Comment révéler ces élans secrets : tant de désirs qui brûlent sans monter aux lèvres, tant d'humbles retours sur soi-même, et cette voix de la prière que l'Éternel seul entend !

Ce matin, dimanche, après l'explication de l'Évangile, on lit un discours. Le discours, un sermon, puisqu'il le faut appeler par son nom, est cette sorte de pièce oratoire qu'estimaient fort nos pères; peut-être parce qu'elle les laissait dormir en paix. Boursouflé, essoufflement à la glace, l'horreur du mot propre, des boulets tirés à cent pieds par-dessus la tête, une heure comme cela, et au bout : explosion ! La bande en a assez, elle en a trop, elle prétend que cela ne lui dit rien, que cela ne sert à rien, qu'elle a entendu ce sermon depuis qu'elle est en vie, qu'il se prêche par toute la terre, à la même heure, chaque dimanche, qu'il n'a jamais converti personne, qu'il a toujours ennuyé tout le monde, que la chrétienté serait encore païenne si on ne lui avait prêché que celui-là, et qu'à l'avenir elle veut la Bible, rien que la Bible, avec une simple méditation de M. de Belcoster ou de M. Nérins, son légitime pasteur.

Un bon sermon fortifie l'âme, c'est une coupe d'eau vive, bue à grands traits au milieu du désert; un mauvais sermon, j'entends un inutile, vous laisse pire qu'il ne vous a pris; c'est *le sel qui a perdu sa saveur.* Ah! donnez-moi un croyant qui, sans ambages, me parle selon sa foi; donnez-moi un pécheur qui ait rencontré Jésus, qui l'ait aimé, qui me dise, comme Philippe le disait à Jean : « Nous avons trouvé le Seigneur! » Si décidément il vous faut des docteurs, donnez-moi un docteur, mais que ce docteur soit un homme, qu'il ait souffert ce que j'ai souffert, qu'il ait goûté mes joies; que sa tête, j'y consens, porte dans les cieux, mais que ses pieds soulèvent la poussière de ma route! celui-là, de toute mon âme, je l'écouterai. Quant aux belles homélies, quant aux morceaux d'apparat, mort ils me laissent. — Mort! je le suis de nature : qu'on me ressuscite; voilà ce dont j'ai besoin. Or, jamais discours académique ne ressuscita personne.

Si l'on discute, vous le comprenez.

Lorsque c'est fini, et les lettres écrites, chacun se retire chez soi. Plus tard, la bande sort.

J'aime qu'on se fasse beau le dimanche, surtout les gens de travail.

On a, durant la semaine, vécu dans d'assez méchants habits; le labeur des champs, celui des ateliers vous ont imposé de sombres couleurs, des étoffes rudes au toucher. Voici le dimanche : le jour de paix donné par le grand Dieu des cieux, un jour d'allégresse comme c'est un jour de sanctification. On met, quand on est une paysanne, la jolie robe d'indienne à bouquets; on met, quand on est une brave petite femme modeste, la robe neuve, celle qu'on s'est achetée après mille hésitations, celle qu'on voulait rendre au marchand parce qu'on la trouvait trop belle, celle que le mari a ordonné, mais là, ordonné en maître qu'il est, de garder, sous prétexte qu'il veut voir sa femme gentille! Et l'on va se promener avec lui, et rien qu'en regardant ce couple heureux, chacun sent que c'est dimanche, le jour de la famille, le beau jour du loisir.

Tandis que notre bande, étalée sur des chaises, au Corso, suit d'un œil rêveur les mouvements de la foule; faisons un peu comme ces Autrichiens à la taille serrée dans leur blanche tunique, faisons un peu comme ces triomphantes Milanaises qui s'avancent majestueusement dans l'oscillation ballonnée de leur cages [1]; examinons les *cappellètti* : petits chapeaux! pour ceux qui ne savent pas l'italien.

Celui de mademoiselle du Rouvre? étincelant d'esprit, bourré de malice, rayonnant de bonté. Il baisse un peu devant, un peu derrière, un peu deçà, un peu delà, capricant, à son idée; vous l'avez d'ici.

Celui de mademoiselle Lucy? un chapeau sincère, une manière d'auréole candide, un chapeau qui vous dit d'emblée à qui vous avez à faire : Vous voulez me voir! eh bien, moi aussi, je suis bien aise de vous voir, me voilà, bonsoir.

Le chapeau de mademoiselle Dora? propret, riant, net et décidé. Il a bonne conscience, ce chapeau-là; il va devant soi, tout droit, en pleine lumière; mais je vous en avertis, vous le raisonneriez mille ans, vous ne lui feriez pas changer une paille.

Celui de mademoiselle Marthe? un petit couvercle gris perle, ignorant de sa beauté, avec je ne sais quelle grâce printanière qui fait penser aux marguerites des champs.

Celui de mademoiselle Hélène? Il n'est pas rond, il n'est pas long, il est bon enfant, et va bien. Il a sa grande plume

---

1. Crinolines, 1857.

noire, parce qu'enfin, on est bien aise d'avoir une plume; il a sa grande dentelle, point pour se cacher, encore moins pour se faire deviner, tout simplement parce qu'on veut être chez soi, dans son tête-à-tête, dans son *fra me e me*.

Le chapeau de mademoiselle Berthe? comme elle, ce grand chapeau! la candeur même, et la distinction. Une aile flexible qui vient voiler le front, une fraîcheur de rose au mois de mai, une joie débordante...

— Maître historiographe! assez de chapeaux comme cela. Dites-nous un peu ce qu'il y a dessous.

— Ce qu'il y a dessous?

— Oui.

— Il y a les dames de la bande. Quoi? vous n'êtes pas content? Il vous faut autre chose? Or çà, venez, je vais vous montrer le chapeau de M. le pasteur Nérins. Indéfinissable! mou, rond, bosselé, virant au soleil comme un tournesol; dessous, il y a un respectable ecclésiastique, un zèle infatigable, et un caractère si ouvert, et une jeunesse si invétérée, que la bande se sent l'amie, autant que la brebis de son pasteur.

Quant au chapeau de M. de Belcoster, m'est avis que nous laissions parler ces dames.

— Le chapeau de M. de Belcoster est un chapeau de chevalier français! L'âme du chapeau est une âme de chevalier français! le cœur du chapeau est un cœur de chevalier français! loyauté, esprit, bonté, éloquence... — Mesdames, grâce pour la modestie du chapeau.

Cependant mademoiselle Berthe et mademoiselle Marthe, qui se sentent naviguer dans une atmosphère de regards italiens pas trop déplaisante, se tiennent sages comme des images, résolvant à leur gloire le problème d'une immobilité de fakir. La musique va son train, les promeneurs aussi. La musique, une musique autrichienne qui joue en pays ennemi, exacte, contrainte, nous débite son chapelet de récitatifs et de cavatines; tantôt du Verdi, tantôt du Flottow : on ne l'a jamais entendu, on le sait par cœur, juste le pendant du beau discours de ce matin.

Après une heure passée en ce doux *far niente*, la bande part majestueuse. M. de Belcoster, qui la pilote à travers un dédale de rues embrouillées comme un écheveau, la mène, sans se tromper, ni l'égarer, au cénacle de Léonard de Vinci.

On reste un peu déçu. Les teintes ont perdu leur éclat, la peinture s'écorche par place; sous la moisissure, plus d'une figure disparaît. Bientôt la perspective, prodigieuse d'habileté; la distribution, admirablement simple; l'élévation, inouïe; la fresque, entière, s'impose à l'âme et en prend possession.

« Je vous dis que l'un de vous me trahira! » — Jésus a détourné la tête, son œil ne va pas fouiller la conscience de Juda. Cette retenue, divine, qui révèle on le dirait toutes les pudeurs de l'amitié trahie, épouvante, parce qu'on y sent le définitif. Jésus, à l'heure du reniement, regarda Pierre; Pierre sortit et pleura. Le crime de Pierre était une surprise de la faiblesse humaine; celui de Juda est la conception d'un cœur perverti. Juda, démasqué, demeure imperturbable; le regard suprême glisserait sur son front, comme la parole terrible a glissé sur son cœur! — Juda, d'une main crispée, serre la bourse, et va à sa fin.

HUITIÈME JOURNÉE

— Mira quante Grazie in Milano [1] !

Hélas! c'est le dernier écho de l'enthousiasme milanais.

La bande, pour que vous le sachiez, s'est vendue corps et âme à l'*Impresa Lombarda*. L'impresa la transporte à Venise.

Mais quoi, le bonheur ne va jamais sans traverses. A peine dans le tronçon du chemin de fer qu'on doit quitter à Treviglia, la bande s'aperçoit qu'elle a fait une perte irréparable : le paletot de M. Nérins! Ce paletot s'est séparé de son bon maître; parlons mieux, son bon maître s'est séparé de lui, à Lugano, à Côme, il ne sait trop où, il ne sait trop quand.

Le paletot, cependant, avait fidèlement servi son patron. Bah! toutes choses prennent fin sur cette terre de misère. M. Nérins se passera de son paletot; au fait, il ne le regrette guère; au fait, il ne le regrette pas. M. Nérins se sent plus léger, plus libre, et se frotte les mains. Il compte, notre digne pasteur, sans le sac de mademoiselle du Rouvre, un sac bourré, dodu, rond à crever, qui va, dès cet instant, se faire son autre lui-même. Quant à abandonner un honnête

---

1. Voyez, que de Grâces à Milan!

paletot, comme cela, par le monde, au hasard des mauvaises rencontres, on ne le peut ni ne le doit : — M. Nérins, vous avez beau vous en défendre, l'autocrate de la bande télégraphiera, dès ce soir, et le paletot suivra.

Ce point réglé, l'insinuant petit sac bien établi entre les jambes de son nouveau protecteur, voyons un peu l'intérieur du wagon. Il est à l'américaine, et malpropre ; un nuage de fumée l'obscurcit ; les voyageurs, presque tous Italiens, présentent une double perspective de nez généreusement étoffés, avec des cigares gros comme le bras, emmanchés de bouts d'ambre longs comme des parapluies. Tout au fond, on aperçoit deux sœurs de je ne sais quel ordre, le front voilé de serge noire, les yeux invariablement baissés, la tête saintement dodelinante ; et voilà qu'un jeune abbé, tout fleuri, se vient asseoir à côté de la bande. Il ne demanderait pas mieux que de se distraire un peu, le pauvre garçon. Il a les yeux demi-clos, comme les sœurs, mais où qu'on aille et quoi qu'on fasse, on trouve son regard sur soi ; c'est un système visuel à l'instar des araignées ; cela voit à droite, à gauche, par devant, par derrière, sans bouger, partout, excepté droit.

La petite poste va et vient entre les dames, le carnet tombe, l'abbé le relève ; il le rend avec un sourire ; il rit de voir rire les dames ; il rit de toute cette belle humeur en voyage ; il est jovial, il est accort : — *Treviglia!* adieu l'abbé, et en diligence.

L'essentiel, ici, c'est que notre grande artiste, mademoiselle Lucy, puisse tout du long contempler le paysage. Comment voulez-vous qu'elle en reproduise les aspects, si, nez à nez avec sa bande, elle reste coffrée dans une boite de sapin. Donnons-lui les honneurs du coupé. On l'y met, entre mademoiselle Berthe et mademoiselle du Rouvre. Une fois en route, on s'aperçoit que le coupé jouit d'une vue de siège, de sac d'avoine, sans compter les quatre queues des quatre chevaux ! Nos muses s'en consolent en grugeant. Mademoiselle Hélène prétend qu'elles ont soin des enfants de leur père. Et nous donc?

Qu'ils sont charmants, ces déjeuners à la volée. On partage, on fait des façons ; mademoiselle du Rouvre ne veut rien : elle n'a ni faim, ni soif, ni quoi que ce soit, sauf qu'elle tombe d'épuisement.

Ah ! mais ! M. de Belcoster se met en branle ; gare devant ! Quand M. de Belcoster s'avise d'arranger la voiture, tout est perdu : une poudrière qui saute, un canon qui part, la foudre qui tombe ! c'est pensé, c'est fait ; le plus souvent, c'est fait avant d'être pensé :

— Monsieur, par grâce, les figues sont tendres, les raisins sont juteux, vous allez tout écraser ! Ne pliez pas les châles, ne les mettez pas en ordre ! Monsieur, le pain est précieux, les ficelles aussi, n'émiettez pas tout, ne jetez pas tout !

Criez, suppliez, mesdames, autant qu'il vous plaira. Les figues sont en bouillie, les raisins éparpillés, les châtaignes décoquillées, les châles empilés, le panier sens dessus dessous, le reste passe par la portière.

Après quoi, M. de Belcoster regarde son monde d'un œil brillant, prend sa canne, son abominable vautour de bois tordu, et frappe trois petits coups sur les pieds de sa femme.

Cette canne, voyez-vous, c'est la rivale détestée de madame de Belcoster. Si elle osait, elle l'enverrait rejoindre le paletot de M. le pasteur Nérins. Encore, non ; l'osât-elle, elle ne le ferait pas ; elle ne le ferait pas, parce qu'un scrupule de conscience vient compliquer la situation, horriblement tendue.

Cette canne ! elle est toujours où on ne la croit pas. Cette canne ! elle a trouvé le mouvement perpétuel. Une plaisanterie, trois coups secs ; un mot sérieux, trois coups secs ; une exclamation, trois coups secs. Je vous l'ai dit, une insécurité constante, un incessant rongement d'esprit : l'épée de Damoclès, éternellement suspendue sur les pattes de madame la bête au bon Dieu.

Dans les campagnes, on cueille le raisin ; dans les villages, les *contadine* dépouillent l'épis du maïs et l'entassent en montagnes jaune d'or.

Ici nous quittons la diligence. Coccaglio, où reprend la ligne ferrée, s'appuie contre les monts Euganéi, inondés de violettes lueurs.

Coccaglio aurait tout ce qui constitue un lieu pittoresque, si les diligences et le chemin de fer n'avaient décidé d'en faire un vilain trou. Tabagie dînatoire, poussée générale, hurlée à rendre sourd, pas un coin où se blottir, des capucins à foison, un encombrement de voitures, des cochers qui crient, des voyageurs qui grognent, le plein épanouissement de l'égoïsme, le comble du désordre, deux heures à passer là, et tandis que tout s'agite, un Brescian, l'agent comptable de l'impresa lombarda, placide, souriant aux flots en tourmente, rassure et pacifie le voyageur. Il a une belle barbe noire, un beau visage pâle, une belle voix harmonieuse, un beau parler sonore ; il a des mains blanches avec de belles bagues de toutes les couleurs. Appréhendé au corps, pris d'assaut, il ne s'émeut point. Imperturbable et courtois, il écoute chacun, du geste impose le calme, redresse les torts, abat l'orgueilleux, protège l'innocence ; tout le monde se déclare content, et nous faisons chorus.

Coup de sifflet ! La bande, saturée de mûriers, regarde avec bonheur les tours de Brescia, échelonnées sur des collines plantées de jardins.

Voilà le lac de Garde ! éclatante tache bleue au milieu d'une corbeille de verdure.

Voici Desenzano! son clocher pointu se détache du fond d'azur.

Cermione, au front de sa presqu'île, coupe hardiment les ondes ; de petites voiles blanches indiquent la profondeur du golfe ; les montagnes, légèrement esquissées, ont des tons d'une infinie suavité.

Cela fuit, cela s'efface : le train passe devant Peschiera, la noble forteresse « *da fronteggiar Bresciani!* »

— Mesdames, avez-vous vu le Mincio?

— Nous voyons des cabanes de pêcheurs nichées dans les roseaux.

— La Somma campagna! mesdames!

— Oui, toujours la plaine.

— Mesdames! songez aux grandes guerres! Celles de Napoléon Ier, celles de Charles-Albert; vieilles batailles, affaires récentes, tout s'est noué, tout s'est dénoué là.

En vain, M. de Belcoster s'efforce de réveiller les instincts militaires de la bande; rien ne répond. Les dames de la bande, avant tout sont femmes. Si elles voyaient deux armées s'attaquer, le cœur leur bondirait, car elles sont héroïques; leurs mains soigneraient les blessés, car elles sont compatissantes ; hélas, elles ne sont pas stratégiques du tout.

Un plan de campagne, deux plans de campagne, trois plans de campagne, elles trouvent que cela se ressemble comme trois œufs dans un panier. Le général un tel qui débouche par la droite, la cavalerie qui arrive par la gauche, l'infanterie massée au centre, l'artillerie perchée là-haut, le génie groupé là-bas, qu'on le prenne par la tête ou par la queue, c'est toujours la même histoire : blanc bonnet, bonnet blanc; une éternelle amusette pour ces messieurs, une partie d'échecs insupportable à qui n'est pas joueur.

Ah! si vous me parlez d'une bataille vivante, où sifflent les boulets, où volent les escadrons, où sonnent les clairons, où grêle la mitraille; si vous me parlez d'une barricade tout à coup redressée par un Victor Hugo, si vous me parlez d'un Waterloo chanté par un Lamartine, oh! de ces batailles-là, j'en suis, la bande en est. Mais vos pions qui sautent savamment de case en case, elle n'y entend rien, elle n'en veut pas, elle en est bien aise, et tout est dit!

Vérone coupe court à la révolte.

L'hôtel *Della Torre* réclame l'honneur d'abriter la bande.

— Nos malles! où sont nos malles?
Point de malles. Les malles ont filé je ne sais où. Le mauvais exemple du paletot!

M. de Belcoster prend un cicerone, et court aux bureaux de l'impresa. L'impresa, calme comme le Brescian, rassure M. de Belcoster.

— Monsiù! crie le cicerone, — lé malles, ils sont en sécùrité! lé malles, il doit sé trouver! Moa, zé réponds vous! tout il é en règle! vous inquiétez pas!

Allons trêve aux soucis! Flânons sous la conduite du bonhomme, bas sur jambes, fort en moustaches, fanfaron, enthousiaste, canne en l'air gesticulant de pointe, notre tyran désormais : car il l'est.

Merveilleuse, cette Vérone! vraie ville italienne du centre de l'Italie, chaudement colorée sous un ciel cuivré, avec un caractère tout empreint de l'esprit des âges disparus.

Un peu morte aussi. Mais que cette mort lui sied bien! Qu'ils sont beaux et qu'ils sont classiques, ces chars de vendange lentement traînés dans les rues par deux bœufs au gris pelage, aux grandes cornes effilées, avec quelque figure en haillons, triste, les cheveux bouclés, les yeux profonds, la bouche taillée par le ciseau de Phidias, nonchalamment couchée devant la cuve où sautent les grappes couleur de rubis.

L'art ici règne en souverain. Pas un palais qui n'ait son

balcon de marbre, pas une fenêtre qui n'ait sa dentelle de fer, pas une porte qui n'ait ou son encadrement d'arabesques, ou sa guirlande courant le long des linteaux.

A l'extrémité de cette ruelle déserte, l'arc de Gallien se découpe sur le ciel; cette place, c'est celle du marché; ce palais, c'est celui de la Commune; et tous ont un tel air, c'est si sombre, d'une architecture si ornée, si sévère, si gracieuse à la fois, qu'on croit reculer jusqu'au siècle des *Donatello*, des *Luca della Robbia*, des *Jan Bologne*, des *Cellini*.

Voyez-vous ces horizons clairs, sous le portique du palais Canossa? La magie du Ponte-Vecchio, crénelé, rouge dans les feux du couchant; l'Adige qui roule ses flots d'or, le soleil à son déclin qui embrase cette scène, les effluves du passé, tout nous enveloppe, tout nous tient charmés.

Qu'il était grand, ce soir-là, l'amphithéâtre romain, avec ses lignes solides et pures, avec ses gradins à marches de géant, avec ses trois arceaux debout, comme pour mesurer la gloire évanouie, et ces brins d'herbes profilés sur le ciel, frissonnant au souffle des brises clémentes. Que nous les avons montés, que nous les avons descendus, ces degrés qu'avaient foulés les sandales romaines; que nous avons erré le long de ces orbes de pierre; que nous avons contemplé cette arène où mouraient les gladiateurs; que nous avons perdu nos regards émerveillés, et sur cette ville qui redisait les fastes de tant de royautés écroulées, et sur cette pourpre, et sur cet azur des cieux italiens qui ont éclairé des peuples si différents de nous!

Une de ces pages d'histoire tout imprégnée de vie antique, toute pénétrée de la poésie de l'heure présente s'écrivait en nos âmes; une de ces pages qui révèlent ce que jamais livre ne raconta.

Traversons la place des Signori, exubérante de richesses,

arrêtons-nous ici, voulez-vous, devant les tombeaux des Scaliger.

Ils ont bien le caractère du temps! entourés de leurs balustres, chef-d'œuvres des anciens maîtres, rassemblés en cet étroit espace, admirables spécimens du génie de l'époque : depuis le simple sarcophage taillé roide jusqu'aux monuments travaillés à jour, avec leurs bas-reliefs, leurs colonnettes, la ciselure de leurs marbres, et sous le dais de pierre, leurs grands morts, éternellement couchés.

Fiers coquins que ces morts! Scélérats consommés que ces *Can*, ces *Mastin*, comme ils s'appelaient eux-mêmes. Tous, à cheval au faîte de leurs tombeaux, téméraires, magnifiques, hardiment découpés dans le ciel qu'ils semblent défier, la main sur la hanche, tournés aux divers horizons, prêts à tout, vivants toujours, dominant de leur front audacieux cette Vérone qu'ils ont si longtemps malmenée.

Oui, des sacripants, j'en conviens; mais des individualités aussi; des hommes d'action, et qui aimaient l'art. Dans ces âmes de bandits, il y avait une révélation du beau; il y a tant d'âmes d'honnêtes gens où vous ne trouvez que des révélations du laid!

En vérité, je crois que la bande aime un peu les grands drôles. C'est qu'ils sont grands; c'est que partout où l'on rencontre de la décision, avec quelque sauvage énergie : un caractère enfin, il y a de l'espoir.

Chose étonnante, ces malandrins se sont soigneusement entourés des saints patrons de leurs familles. Mains jointes, recueillis sous leurs petits clochetons, les graves personnages prient dévotement pour leurs tristes filleuls, tandis que nos brigands de là-haut semblent dire : « Faites! cela ne nous regarde pas. »

Ne les chérissez-vous point, ces belles époques où l'art surabonde? ces siècles de pensée où pas un maître ne lime sa serrure, ne charpente son bahut, sans y laisser une part de soi.

Voyez ces tombeaux! de la base au sommet l'individualité s'y est empreinte; elle a ciselé ces échelles, les armes de la famille, pour en former d'admirables broderies; elle a découpé ces trèfles, elle a dessiné ces ogives, elle a fouillé ces rinceaux, elle entasse partout les merveilles de sa fantaisie : jusqu'aux égouts, qu'elle ennoblit d'un trait.

Dites à notre *1857* de vous donner cela. Trouvez une serrure qui ne ressemble pas à l'autre serrure; allez chercher la bobinette avec la chevillette du temps jadis; vous, modestes fortunes, ayez une chaise, ayez une armoire, qui ne soient pas toutes les armoires et toutes les chaises de la présente génération. — Oh! l'on me fera de jolis modèles. S'il s'agit de fer, on me fondra de la guipure, tant que j'en voudrai; seulement, mon voisin du premier étage et mon voisin du second, la maison de droite et la maison de gauche, cette rue et l'autre, et la ville entière possédera les mêmes chefs-d'œuvre, d'une désolante monotomie. Meubles, habits, casernes, palais, tout porte le cachet de l'uniformité. Aux grands âges des grands coquins, tout portait le cachet du caractère.

Nous les laissons à regret, nos amis les *Mastin*, solitaires en face de cette maison moderne qui s'élève sur l'emplacement de leur antique château. Le château surplombait les tombes; encore une idée digne d'eux, celle-là. Nous valons mieux, qui en doute? nous donnerions-nous volontiers le régal de notre propre catafalque, étalé sous nos balcons?

La bande a visité bien des églises, elle y a gagné bien des indulgences; certes, ce n'était pas de trop. Elle admire le bénitier de Cagliari soutenu par un pauvre guenilleux; belle idée! Que de fois les misérables de ce monde n'ont-ils pas, de leur main amaigrie, relevé notre courage? — Mes sœurs, respirons l'air léger des tièdes soirées, planons un instant plus haut que les poussières de la vie, environs nos yeux de l'éclatant azur du ciel; bientôt reviendra la tribulation, ce travail de l'âme, ces anxiétés, ce labeur parmi les larmes! alors quelque abattu, quelque déshérité, de ceux-là dont peut-être nous n'attendions qu'un surcroît de peine, un de ceux-là penchera vers nos lèvres la coupe profonde des sympathies humaines et des célestes pitiés.

La bande s'attarde devant la cathédrale. Son porche étincelle de détails ravissants. Les colonnes torses, d'une couleur solide et chaude, comme si tant de siècles de soleil les avaient embrasées, posent sur les griffons fabuleux dont le flanc de granit laisse glisser la lumière avec de pourpres reflets. L'épée de Roland, la Durandal, immobile dans sa puissance, tranche la sculpture d'une ligne austère. Nul bras, on le dirait, n'est plus de taille à la soulever.

Et nous voici revenus chez nous.

Des escaliers de marbre nous ont ramenés aux vestibules princiers de la Torre. Un salon garni de vieux meubles nous reçoit; des glaces vénitiennes répètent l'image de la bande; une table couverte de linge damassé, d'argenterie massive, de cristaux à facettes nous attend; des varlets du temps jadis s'apprêtent à nous servir; c'est le dîner de *Can grande*, de *Can signore* de *Ces Messieurs*, comme les appelle notre cicerone.

Quant au vin *Spumante d'Asti* [1], ah! pour celui-là, il a décapité, mais ce qui s'appelle haut et court, le petit vin blanc de Sainte-Croix. Doré, muscat, sucré, mousseux, un vin de dames! les dames le font bien voir. On dit qu'il monte à la tête, ces dames ne s'en aperçoivent pas; elles en boivent... deux demi-bouteilles, entre elles toutes, sans compter leur chef, sans compter leur pasteur. — Fières femmes que les nôtres!

1. Mousseux.

Une *angùria*! le majordome en fait les honneurs à la bande. C'est joli, et mauvais.

— Bah! nous avons les aubergines!

D'aubergines, pas l'apparence.

Pourtant M. de Belcoster en a vu, il en a demandé, on les lui a *jurées*!

Gros soupir du majordome.

— Adesso, troppo tardi, mi rincresce; domani ¹!

Demain, mon brave homme, nous serons à Venise, à Venise nous mangerons des aubergines; nous en mangerons, fussent-elles à prix d'or!

Là-dessus, notre cicerone vainqueur apparaît canne en l'air.

— Monsù, lé malles, moa, zé m'ai informé. Ils sont ici! Mà, vous li pouvez pas avoir.

— Comment! elles sont ici et nous ne pouvons pas les avoir?

— Domain, vé li trovérez à la station. Vi voyazérez avec elles! Moa monsù, domain, zé vi porte à la station! Perché, moa, se li zensses di Vérone ils pouvaient croire, on laissé partir oun forestier, così, sans accompagner loui, il serait oune honte, oùn vitoupère!

Bon, nous voilà jusqu'au bout flanqués de notre cornac! Heureux encore qu'il ne vienne pas nous mettre au lit, sous prétexte de civilité véronaise :

— Écoutez bien, oh! triomphant petit homme! c'est à la station de Porta-Vecchia que demain se rendra la bande. Porta-Vecchia, entendez-vous, et non Porta-Nuova! (Les deux stations sont distantes d'une demi-lieue.)

Porta-Vecchia possède un café artistique orné de vieilles croûtes, plus un nègre en porcelaine. Le nègre a donné dans l'œil à madame de Belcoster; c'est dans le café du nègre que

1. Trop tard maintenant, désolé; mais demain!

la bande veut déjeuner ; elle veut y prendre sa *cioccolata* ; c'est italien, c'est antique, et c'est *mastin*.

La chose une fois réglée on se va coucher. On rêve d'aubergines, de Can grande, de négrillon, voire d'*angùrie*, dont le peuple de Vérone a mangé, cette année, vingt mille en un jour !

La bande n'en ferait pas autant.

NEUVIÈME JOURNÉE

— Porta-Vecchia!

La bande s'est levée à quatre heures du matin; elle rêve un peu.

Ah ça! mais! nous prenons un chemin tout autre qu'hier; nous allons à l'opposite de Porta-Vecchia; nous courons grand train sur Porta-Nuova :

— Arrête, arrête, *ferma*! Qu'est-ce que cela veut dire? où nous menez-vous?

— Ténez-vous tranquilles, laissez faire à moa.

— Porta-Vecchia!

— Zé sais, zé sais; ténez-vous tranquilles.

— Le café du petit nègre!

— Zé sais, zé sais; laissez faire à moa.

— Où allons-nous?

— Porta-Vescovo.

— Porta-Vescovo! mais ce n'est pas cela, mais arrêtez donc, mais c'est Porta-Vecchia!

— Ténez-vous tranquilles; laissez faire à moa.

Les chevaux brûlent le pavé, l'omnibus et sa ferraille font un bruit infernal, la bande, traînée bon gré, mal gré, à Porta-Vescovo, se regarde, ahurie. On arrive : coup de théâtre!

Porta-Vescovo, c'est Porta-Vecchia, un seul et même monument !

Le petit nègre nous considère de ses yeux blancs, le cicerone secoue sa crinière d'un air superbe.

— De la cioccolata [1] pour la bande, du café pour Tom, presto, pronto, nous n'avons qu'une minute !

— Tempo abbastanza [2] ! — bâille un garçon.

— Et ces malles, où sont-elles?

— Moa, zé vais informer moa !

Le cicerone disparaît. Au bout d'un moment le voici, canne en pointe, sourcil froncé, l'air important ; il s'approche des dames :

— Où il è, lé monsù?

Les dames, on le pense bien, ne sont pas à la hauteur de ces graves affaires.

— Là.

Le cicerone y court.

— Monsù, lé malles! zé sais où ils sont. Moa, zé viens de parler avec oun azent!

Puis, d'un ton confidentiel :

— Lé malles, ils sont à Venise!

— Comment! à Venise! Hier, vous m'avez dit qu'elles étaient ici! Qu'est-ce que cela signifie? qui me répond qu'elles sont à Venise? qui me dit que je les y trouverai?

— Tenez-vous tranquille ; laissez faire à moa !

Notre homme repart tête haute, laisse passer un quart d'heure et revient, le front toujours rayonnant, la canne toujours en l'air.

— Où il è, lé monsù?

— Ici.

— Monsù!

— Eh bien, quoi?

1. Du chocolat.
2. Il y a le temps!

— Monsù, zé viens d'informer moa! L'azent, il savait rien. Moa zé a sercé, moa zé a trouvé oun autre! Maintenànt, zé sais. Lé malles, — il baisse la voix — lé malles, ils sont *pròprio à Venise! Ça, zé sais moa pour sûr!*

— C'est bon, c'est bon. Si elles y sont, tant mieux; si elles n'y sont pas, *l'impresa* aura de mes nouvelles.

Le cicerone repart; au bout de trois minutes :

— Où il è lé monsù?

— Là, là.

— Monsù!

Point de réponse.

— Monsù!

— Qu'est-ce que vous me voulez?

— Monsù, ténez-vous tranquille! Pour certain, zé viens dé parler moa, avec oun autre. Lé malles...

— Eh! laissez-moi tranquille vous-même! Faites-nous plutôt servir du chocolat et du café. Voilà un siècle que nous attendons, le train arrive, nous partirons à jeun.

Le cicerone se dirige vers le buffet, cause un instant avec les garçons assoupis :

— Monsù, le caffé, il é pas prompt! dès qu'il sera...

— Pas prêt! il y a une demi-heure que je vous en ai vu prendre, là, sur ce guéridon.

Cette fois, le cicerone reste cloué.

Enfin, voici la *cioccolata*, voici le café. Un *regalo*[1] au cicerone, un *regalo* au garçon, un *regalo* à chacun des *azents qu'ils ont donné dé nouvelles!* Le train débouche, nous y entrons, et notre homme, moustaches hérissées, canne en pointe, plus triomphant que jamais, crie au monsù :

— Ténez-vous tranquille! lé malles pour sûr, ils sont à Venise!

1. Bonne-main.

Des pampres, des mûriers, de l'eau, un pont, toutes les têtes aux portières : Brrr! sifflet! le train *stope* aux pieds de la Vénus de l'Adriatique, que baise le flot allangui.

Ah! que j'aimais mieux ces rives de la Brenta, semées de villas vénitiennes, et qu'on suivait longtemps. Que j'aimais mieux ces maisons des pêcheurs, toutes blanches, au bord de la mer, avec l'immensité des horizons déserts. Que j'aimais mieux cette gondole où l'on montait, ce pavillon noir qui laissait retomber ses voiles, et cette longue navigation, et le bruit monotone de la rame, et tout à coup, après ce grand silence, après cette grande attente, quelques flèches qui perçaient l'étendue, quelques coupoles qui sortaient des ondes, puis Venise, la Venise de nos rêves, naissant poétique et charmante, et nous en pleurs, là, devant ce miracle de beauté.

Alors vous n'abordiez pas sur terre, en quelque méchante baraque; non, votre gondole se perdait dans les canaletti; vous suiviez les sombres défilés de la Giudecca; vous arriviez au canal Grande; vous glissiez parmi les palais merveilleux; vous passiez sous le Rialto, vous rencontriez d'emblée ces noms, ces prodiges de l'art dont votre âme, depuis l'heure où elle avait battu de l'aile, s'était éprise avec passion.

Aujourd'hui! aujourd'hui, vous vous engloutissez dans un débarcadère pareil à tous les débarcadères, sauf qu'il est plus laid.

— Nos malles?
— *Lé malles, ils sont ici!* — pour de vrai.
Une fois les formalités accomplies, on se met en gondole.
Sur le quai, trois capucins regardent la bande. Trois forts compagnons, vermeils, barbe noire, barbe blonde, barbe rousse, trois figures de déterminés drôles; les trois capucins

de Heine : Mercure, Bacchus, Silène sous le froc, cette diabolique pochade, d'une si profonde signification. — Mademoiselle du Rouvre se décapucine à vue d'œil. Du capucin, elle ne veut plus que la panetière, chef-d'œuvre de vannerie, discrète et fermant bien. Elle la convoite, et l'aura... comme M. de Belcoster ses aubergines.

Voyons, monsieur l'historiographe! est-ce une arrivée à Venise, cela? Vous qui, tout à l'heure, vous fondiez en pathétiques regrets, que venez-vous nous conter de capucins, de panetières, de Mercure, de Silène et d'aubergines? Entre-t-on à Venise, à cheval sur un potiron?

M'y voici.

M. et madame de Belcoster, qui savent leur Venise par cœur, et qu'elle ne se livre pas à première vue, sûrs d'eux, sûrs d'elle, s'abandonnent sans réserve à la contemplation. La bande, troublée, inquiète, regardant où elle peut, par où elle peut, se demande si c'est plus ou moins beau qu'elle ne croyait.

Par-ci par-là des colonnettes se montrent, un cintre se dessine, quelque église s'élance, le flot vient clapoter sur les marches de porphyre, un enfant aux grands yeux, à la chevelure dorée, trempe ses pieds nus dans la vague; des hommes passent couchés sur la barque pleine de vendange; le batelier, debout à la poupe, fait silencieusement glisser sa gondole; elle fuit, mystérieuse, ferrée de l'avant, svelte, prompte et muette comme la flèche. Voici le canal Grande, cette vaste rue d'eau; voici la mer, voici le port : on amarre devant l'hôtel de l'*Europe*.

— Mais ce n'est plus le canal, cela! ce n'est plus Venise! c'est ce qu'on voit dans toutes les villes maritimes!

Le chef de bande, sous un prétexte ou sous l'autre, redescend l'escalier quatre à quatre, et vite à l'hôtel de la *Città*, en plein canal Grande, juste au-dessus du Rialto.

A mesure qu'on glisse ainsi, dans le recueillement des premières impressions, on commence à comprendre cette poésie toute pleine de réticences, et ce que disent ces chemins limpides aux vertes ondes, et ce que dit cette architecture moresque, prodiguée à chaque façade, perdue en quelque obscure retraite. On s'émerveille de ce miroitement, de ces gondoles, de ces barques, de ces balcons, de ces sculptures si délicates enchâssées dans ces vieux murs.

A l'hôtel de la *Città* (un palais, toujours), rampe royale, salles à l'avenant. On s'installe dans un appartement dont trois côtés donnent sur le canal, on s'oublie à suivre les gondoliers, à considérer le Rialto, puis on s'arrache au prestige des fenêtres et l'on se dirige vers la place Saint-Marc.

Allons-y par ces *traghetti* dallés de pierres plates, où se presse un peuple affairé. Passons les canaletti sur ces ponts qui portent à leur tête la petite chapelle, la lampe constamment allumée, le bouquet de fleurs. M. de Belcoster guide sa bande, se perd un peu, se retrouve beaucoup, et jugez de l'effet des *cappellètti!*

Ainsi courant, ainsi ébouriffant son prochain, la bande arrive en face de Saint-Marc. Un même cri sort à la fois des poitrines. Ce gigantesque parvis en plein air, qu'enferme le palais quadrangulaire des Procurazie; la Basilique au bout, faisant fond, mosquée byzantine avec ses coupoles, ses arches surbaissées, ses mosaïques d'argent et d'or; les trois mâts rouges, qui coupent les porches de leurs trois lignes glorieuses; à droite, le campanile, lancé d'un jet; à gauche, la tour de l'horloge dentelée de balcons!... Sommes-nous à Venise! Est-ce bien nous?

Alors, ravis et troublés, nous nous approchons de Saint-Marc. Arrivés sur la Piazzetta, des larmes ont jailli. Cette fois, c'est la mer, la mer bleue; c'est le palais des doges; je reconnais la fine découpure qui couronne sa muraille austère, percée de larges ogives. Voici la colonne, hardiment plantée près du flot, qui porte le lion ailé de Saint-Marc ; saint Théodore, debout sur son pilastre de granit, j'ai tout retrouvé.

Hélas, j'écris des mots ! où est le prestige, où est l'air diaphane, où sont les perspectives, où les fortes ombres, où les couleurs puissantes, où es-tu, toi, la grande gloire de Venise, qui parlais à grande voix ?

Je ne t'entends plus, douce musique du bel idiome italien. Toi l'idéal, toi qu'on ne saisit pas, toi qu'on respire, toi le génie révélateur des choses passées, de celles qui, peut-être, jamais n'existeront ; tu as fui loin de moi.

Vous abattez-vous toujours sur la place, pigeons gracieux, qui marchiez si coquettement sur vos petites pattes écarlates, tandis que palpitaient vos ailes aux changeantes couleurs ? Phalanges soyeuses, vous avez vu le *Bucentaure*, et le mariage du doge avec la mer, et ces fiers capitaines, quand ils revenaient de Byzance, et de Chypre, et de Rhodes, et de Jérusalem, arrachée aux mécréants ! — Dites, dites, racontez-nous ces fastes merveilleux !

Voici qu'un tout jeune homme, frisé, moustaché, un aspirant cicérone, plein de bonne volonté et de joie, s'offre à nous introduire au palais des doges. Il pénètre dans la cour, nous derrière lui, à travers une bourrasque de malédictions. Dix à douze guides officiels, dédaigneux de ses vingt ans, irrités de sa fortune, l'accablent d'injures. Lui, hausse les épaules et se tait ; seulement sa lèvre, qui se relève, laisse briller des dents de léopard.

Venez, appuyons-nous aux margelles des puits.

Quelle morne tristesse dut monter à ton cœur, Marino Falieri, alors que, par un frais matin, aux premières lueurs de l'aube, tu descendis cet escalier des Géants, que ton libre regard en franchit le seuil, et que, pour la dernière fois, tu vis la belle Venise, endormie, qui t'aimait, et qu'il te fallut mourir. Et quand le peuple reconnaîtra ta tête pâle, au bas des degrés; tes lèvres glacées ne pourront pas même se plaindre à lui de l'arrêt félon !

Tenez, relisons sur les panneaux des salles immenses, ces pages d'histoire écrites à larges traits par des peintres qui s'appellent Tintoret, Paul Véronèse, Titien.

En silence, la bande s'attarde aux portraits des doges, reste pensive devant le cadre voilé de noir qui marque la place de Falieri !

Lorsqu'elle se penche à quelque balcon, elle voit la mer; alors les bouffées de la brise qui a frôlé les rivages de Grèce lui arrivent d'Orient; quelque navire disparait sous sa longue traînée de vapeur fauve; le lion ailé miroite aux feux du soleil. Puis c'est la place : cette magie d'une noble architecture sous l'azur céleste, l'entassement des coupoles de Saint-Marc, les belles lignes des arceaux fuyant des deux côtés, et toujours, Chypre, Candie, Morée : les trois-mâts victorieux.

Une chose nous ravit ; l'exubérance des richesses artistiques; les Véronèse, débordant de sève; les Titien, si librement conçus; les Tintoret, qu'il faut venir chercher à Venise pour les rencontrer dans tout l'éclat de leur couleur.

Ah ! par exemple, ce buste, hideux, la tête d'Othello? Non, et non ! Il y a une noble laideur, celle que dompte la volonté, celle que l'âme contraint à exprimer ses haines ou ses amours. Il y a une laideur profondément repoussante, celle qu'habite un esprit trivial. Vulgaire à son plaisir, jamais flamme d'idéal ne l'illumine; jamais une de ces belles lueurs de bonté par où les plus pauvres figures se trouvent tout à coup idéalisées, ne vient la transfigurer. Montrez-moi un monarque africain, noir comme la nuit, aux traits bizarres, sauvages, atroces même : n'appelez pas du nom d'Othello, ce masque de vieux portier grognon.

On ne visite plus les Plombs : *per causa di riparazioni*. Restent les prisons souterraines.

Notre sansonnet cicerone nous dépose dans la loge où grondent les cerbères de céant. Un porte-clefs centenaire avise la bande, s'écarte pour la laisser entrer, laisse tomber ce mot : *Aspetta*[1]! Et de quereller à son tour les vingt ans de notre guide, assez présomptueux pour se produire au beau milieu du palais des Dix!

La bande prend fait et cause pour son sansonnet : il dirige bien, explique bien, montre bien.

— Troppo giovane, troppo giovane[2]! — grommelle l'ancêtre.

Pauvre homme, ce n'est pas à lui que s'adressera pareille injure.

En attendant, les verroux grincent, une porte dissimulée dans le mur roule sur ses gonds; et voici paraître un second siècle, long, droit, mince, chevelure blanche, barbe blanche, yeux noirs, sourcils noirs, moustache noire, trente-deux dents étincelantes dans la bouche : un mascaron à faire pleurer les petits enfants.

Ce siècle nous considère, muet, s'arme d'un cierge, prend la tête de la colonne, nous appelle du geste, enfile un corridor, et va se camper en travers du pont des Soupirs. Une fois là, il ferme les yeux; puis, d'une voix stridente, *pomposo, solenne*[3], roulant des *r* de perroquet enragé :

— Qui, dit-il, i prrrigionierrri venivano porrrtati! Quando passavano quivi per rrrrendersi al trrrribunale, sospiravano i crrrriminali, non per temer il supplizio (che il governo della Rrrrrepublica era paterrrno e savio), ma perr la

---

1. Attends!
2. Trop jeune, trop jeune.
3. Pompeux, solennel.

liberrrtà perrrrduta, pel rrrrammentarsi la famiglia, pel rrrrammarico ¹!.!.. — le reste à l'avenant.

Vous voyez d'ici la figure de la bande, et ses efforts pour ne pas rire au nez du terrible homme.

Madame de Belcoster, qu'il prend à partie, sous prétexte qu'elle parle italien, souffre le martyre. Elle sent sa bande qui pouffe par derrière, elle a devant soi cet ogre, elle se sauve par des éclats intempestifs à propos de bottes. Aussi, le farouche vieillard la foudroie-t-il de cette épithète : *Signora allegra* ²! Dès qu'il s'agit d'interpréter : — Dov'è la signora allegra ³ ?

Au fond, notre homme n'est pas si original qu'il en a l'air. Il joue le Mathusalem, il joue le matamore; il a vu la République française, il a sauvé les cachots de la démolition, il chérit l'ancien système, jusqu'à la torture, inclusivement. — Cela fait bien dans les prisons souterraines, il y faut un guichetier féroce; au surplus, qui sait, c'est peut-être son sentiment.

Car il n'y a pas à le contester, l'ancienne Venise vit encore dans le cœur du peuple. Le conseil des Dix, son despotisme odieux, ses sentences arbitraires, ses exécutions secrètes, toute cette ténébreuse organisation, le Vénitien la révère; même il la regrette; pour lui, c'est le contraire de l'Autriche, c'est la patrie et c'est la liberté.

Suivons notre guide. Les rougeurs de la torche frappent çà et là de sordides murailles, elles ébauchent au hasard quelque sinistre profil de billot à trancher les têtes, de

---

1. Ici, étaient conduits les prrrisonniers! Lorsque, pour se rrrendre au trrribunal, ils trrrraversaient le pont; les crrrrrminels soupiraient. Non par terrreur du supplice — car le gouvernement de la Rrrrrépublique était paternel et sage. — Mais pourrr la liberrrté perrrrdue, pour le souvenirrr de la famille, pour le rrrrregret!...
2. Dame joyeuse!
3. Où est la dame joyeuse?

pilier à étrangler. Le guichetier s'arrête, en trois mouvements exprime le mécanisme de la chose, reprend sa marche, et, à mesure que nous passons devant les trous infects, indiquant de sa torche cette porte ou cette autre :

— Quà il crrrrimale civile. Qui il crrrriminale politico [1].

— Dunque, erano tutti criminali quegl' infelici seppeliti là dentro [2]?

— Tutti! — répond l'homme d'un imperturbable sang-froid [3].

Nous essayons de le dérider un peu.

— Ecco quà una signorina che gli ha molto cari, questi carceri.

Le guichetier promène son flambeau sur la figure rieuse mais un peu effarouchée de Berthe.

— Quèsta, restera con me!

Puis de nouveau les *rrrr*, et la fantasmagorie de Croquemitaine.

Que voulez-vous? jamais on n'a tant ri dans des lieux si funèbres. Pourtant on frissonnait sous le rire. Mais vous les connaissez, ces réactions de l'horreur; et aussi cette face burlesque des lugubres objets. Toutefois, lorsqu'on arrive devant une porte basse, cuirassée de fer, lorsqu'elle s'ouvre, lorsqu'elle se referme sur nous, que la bande se voit prisonnière dans cette cellule creusée en dessous des canaux, revêtue d'une armature de chêne, sans un joint, sans une fissure, sans une lueur de jour, sans une parcelle d'air extérieur; l'indignation l'emporte sur l'effroi.

Être cloué dans ce cercueil, sentir peser sur soi cette atmosphère fétide, demeurer là un an, cinq ans, dix ans, tout

1. — Ici, le crrrriminel civil. Ici, le crrrriminel politique.
2. — Ils étaient donc tous criminels, ces malheureux, ensevelis là dedans.
3. — Tous!
4. — Voilà une jeune demoiselle qui les trouve à son goût, vos cachots!
5. — Celle-là, restera avec moi?

ignorer des siens, et vivre! Maudite soit la tyrannie qui a inventé un tel enfer.

Notre homme se fâche. Impossible, dit-il, de mener une république à moins. M. de Belcoster l'arrête :

— Il y a des républiques qui vont sans cela, et qui vont bien : il y a l'Amérique, il y a la Suisse ; et nous en venons, et nous y vivons, et ce sont des pays de braves gens, courageux, riches, florissants, et qui n'ont ni plombs, ni caves, ni sbires, ni pas une de vos abominations!

— Bravi, oh! bravi! quella gente [1]! — Puis, lorgnant du du coin de l'œil le ruban rouge qui passe à la boutonnière de M. de Belcoster :

— In Francia, poursuit notre homme, sono tutte medesime, le prigioni, tutte medesime! la stessa cosa come quà; me l' han detto tanti signori Francesi [2].

— Cela n'est pas. Les prisons de France sont des prisons, oui ; mais claires, mais saines, mais sur terre et non dessous.

— Sono dunque baroni questi signori che me l' han detto! sono dunque birbanti costoro [3]!

— Je ne connais pas ces messieurs; je connais la vérité, et je la dis.

Alors le vieux tigre, battu sur tous les points, reprend avec ironie :

— Me no consolo, me no consolo! mi rallegro che questi crrrrriminali di Francia hanno salotto, salotto di compagnia! Tutto buono, tutto bene [4]!

---

1. On a maintenu les idiotismes de ce langage pittoresque et familier.

2. — En France, tout comme ici, les prisons! Tout comme ici! *Tant* de messieurs Français me l'ont affirmé!

3. — Ce sont donc des vauriens, ces messieurs qui me l'ont dit! ce sont donc des coquins!

4. Je m'en réjouis, je m'en réjouis! Je suis ravi, de ce que ces crrrrriminels de France *ont* un salon, un salon de compagnie! Tout est bon, tout est bien!

Au campanile!

Là-haut se promène un Anglais, homme d'âge et de réflexion. C'est l'heure de la marée basse; les îlots sortent de la lagune en y traçant de capricieux dessins. L'Anglais, qui examine le phénomène depuis une heure, vient de faire une découverte.

— Oh! jé avé déviné, moa, que Vénise il iété bâti sour pilotis! On enfoncé lé pilotis, comme ça, sour lé pétit hilôt. Lé pétit hilôt, il porté Vénise. Vénise il iété bâti sour pilotis!

Enthousiasmé de cette géniale révélation, notre Anglais la communique d'abord à madame de Belcoster, qui émerge sur la plate-forme, puis à mademoiselle Dora, puis à M. le pasteur Nérins, puis à mademoiselle du Rouvre, puis à M. de Belcoster :

— Oh! moa, jé avé trouvé Vénise, il iété bâti, avec lé pilotis, sour lé pétit hilôt : tutt pareil!

Chacun y passe, jusqu'à Tom, le dernier venu, qui demeure ébahi, la tête hors de l'échelle, le corps enfoui dans l'escalier.

La mer est lumineuse; on plane au-dessus des îles : de Murano, de l'Arsenal tout rouge, du Lido qui s'allonge à à l'orient, tandis qu'un ciel incarnat embrase de ses rayons cette splendeur.

Notre sansonnet, que la belle humeur de *la bella compagnia* met en joie, ne se possède plus. Il bondit, gesticule, redescend le Campanile avec des entrechats prodigieux, chantant tout du long ces vers sublimes qu'il promène en d'infinies modulations :

> La primiera, la seconda!
> La seconda, la primiera!

Tout à coup il s'arrête, et voyant la *première* et la *seconde* au plus fort fou rire :

— Pardonnez-vi moi; zé souis gai!

Va, pauvre garçon, ta gaieté ne nous offense pas.
Quelques gambades, puis, soudain :
— Est-ce que vis allez al théâtre?
— Non.
Il reste stupéfait.
— Mi perdone ! Perché vi n'allez pas?
On lui donne les raisons. Il écoute, fait un signe d'assentiment, et reprenant sa course :
— Alors vis êtes oun bon chrétien, vis êtes oun bon chrétien !
Les dames de la bande voudraient bien garder leur sansonnet, ne fût-ce que pour lui expliquer un peu ce que c'est qu'un bon chrétien ; le sansonnet voudrait bien aussi ; impossible. En sortant de l'hôtel, M. de Belcoster a demandé, et obtenu, un cicérone patenté, assermenté, une barbe grise : la bande l'aura.

Pas d'aubergines à dîner !
— Garçon, demain, vous nous donnerez... me comprenez-vous?
— Signor, si !
— Vous nous donnerez des aubergines.
— Des... bergines?
— Des *aubergines*. En avez-vous vu?
— Aubergines? — Le garçon se gratte l'oreille.
— C'est satiné, c'est velouté, cela ressemble au concombre, sauf la couleur : violet, noir, bleu, et cela se frit dans l'huile !
— Signor si, signor si ! adesso capisco ! Marigiani !
— Marigiani, soit.
— Ne avrà lei, ne avrà sicuro, Marigiani !
— De plus, vous nous donnerez des crabes.
— Si signore !
— Des langoustes, des homards, des écrevisses de mer.

— Si signore !
— Du melon.
— Si signore !
— Bien ! Demain, mesdames, vous saurez ce que c'est que l'aubergine, le parangon des légumes du Midi. Vous saurez ce que c'est que des crabes, des homards, du melon vert, des fruits de terre, des fruits de mer..... et vous m'en direz des nouvelles.

DIXIÈME JOURNÉE

Ce matin-là, madame la bête au bon Dieu jeta, au plus profond de ses appartements, les bases d'un entortillement si audacieux, si prodigieux, si merveilleux, que les oreilles de son seigneur et maître lui en sonnent encore.

Un petit mot, tout uni, qu'elle disait et redisait d'un air candide : *Gênes!* — rien que cela.

— Gênes! mais vous n'y songez pas! mais ce n'est pas sérieux!

— Oh! que si!

— Oh! que non!

M. de Belcoster se sent solide. Une folie pareille, jamais! Pourtant, il a comme une lointaine idée qu'il la fera.

La bande, vous pensez bien, ne se doute guère de l'histoire. Elle vogue sur deux bateaux découverts, au désespoir de mademoiselle Hélène, qui consentirait volontiers à ne rien voir, pourvu qu'elle fût étendue sur les coussins noirs, dans le pavillon noir, sous les voiles noirs d'une gondôle noire.

A Murano, par la plus belle mer! Tenez, je crois entendre encore le frais clapotis de l'eau contre les murailles de marbre; je crois glisser encore dans les ombres profondes que jettent les palais sur ces limpidités; le bruit de la rame m'arrive seul vivant, dans le silence, avec le *sta li!* note sonore qui vibre tout à coup comme une voix du passé.

Nos quatre rameurs fendent la vague. Venise, à l'arrière, grandit dans l'air pur du matin. Murano sort du flot : ville grecque, aux maisons basses, blanches, misérables, entremêlées de pampres et de figuiers.

Le cicérone de la bande, le patenté, celui qu'a nolisé hier M. de Belcoster, malheureux homme effaré, yeux éteints, mine blême, ne sait trop ni ce qu'il veut, ni ce que nous voulons. Ballotté entre trois ou quatre projets contraires, n'y voyant pas clair dans ses idées, encore moins dans les nôtres, toujours prêt à dire oui, à dire non, il se livre à un incessant murmure d'explications incolores; avec cela tant de bonté, quoique terne, qu'il est difficile de ne pas l'aimer un peu.

Donc, le signor Babolini, après avoir consulté la ville et la banlieue, nous mène où nous allions : dans la célèbre verrerie vénitienne.

Les porteurs de sable courent devant nous d'un pas ballonné. Dans l'usine, chauffent les fournaises. D'admirables figures de gentilshommes verriers s'y groupent; quelque chose de hardi et de doux, des gestes d'une sauvage élégance, des fronts ennoblis par la pensée constamment en éveil; tout cela, touché de ce reflet rouge et mat qui s'échappe des brasiers incandescents ou qui jaillit de la pâte en fusion. Ils vont et viennent devant la flamme; ils saisissent du bout de leurs tubes de fer cette lave écarlate et la pétrissent. On voit passer leurs silhouettes noires sur le fond pourpre des foyers; puis, soudain frappées de l'éclat de la fournaise, elles se détachent, sur le fond plein de ténèbres, en un bronze lumineux. — Noble métier, je vous l'ai dit, métier de nobles. Il y faut la vigueur; moins celle des muscles que cette énergie morale qui se meut librement à travers les fatigues et le danger. Ce qu'il y faut encore, c'est l'esprit vaillant, dominateur, épris du beau. Or c'est cela qui s'écrit sur ces fiers profils.

Dans un autre atelier, se modèlent les coupes, les patènes; riens charmants aux mille teintes, broderie d'or et d'argent qu'emprisonne le cristal. Ici, encore, un tableau du Giorgione ou de Rembrandt! Toujours la belle pâleur cuivrée, toujours le mépris du péril. Et les formes naissent, obéissantes, d'une indicible grâce; et voilà les buires, et voilà les vases élancés, et les dames achètent, et le gentilhomme verrier : — O bella compagnia! vorrei andar con essa, come servitor [1] !

On revient, on nage sur l'azur des lagunes.

Les dames commençaient à se sentir marines, lorsque au détour d'un canaletto : Piouff! un des gondoliers à l'eau. Piquer une tête entre deux barques, disparaître, ressortir aux grands éclats de rire des confrères; digne, gracieux, et trempé, c'est fait !

Mais l'Arsenal assied devant nous ses murs rougeâtres, couronnés de créneaux. — Que c'est bien le château fort de la libre Venise!

Hélas, les destins contraires l'ont fait autrichien.

Entrons!

Voyez cette bannière déchirée, elle fut conquise à la bataille de Lépante; voyez cette épée à deux mains, les doges en frappaient de taille et d'estoc; voyez cette espingole à dix coups, revolver d'avant les revolvers, fin canon de bronze autour duquel s'enroule une branche de lierre; Pascal Cicogna, le fils du doge, l'inventa, la fondit, la cisela. Cette cuirasse, Dandolo la revêtit, celui qui prit Constanti-

---

1. — Oh! la belle compagnie! Je voudrais aller avec elle, comme serviteur!

nople. — Approchez, regardez un peu les cadeaux mignons qu'Angelo, tyran de Padoue, envoyait à sa belle : un coffret, merveille de l'art, et dans ce coffret, six canons qui, dès qu'on lève le couvercle, partent à la fois! Autre passe-temps du bonhomme, ce casque de fer, hérissé de clous, dont on coiffait la tête du patient; à mesure que se serrait l'écrou, les pointes entraient benoîtement dans la cervelle du malheureux; parlons convenablement, et disons : du *crrriminale!*

Voici le modèle du *Bucentaure*, avec ses galeries à jour, ses tentes de brocard, ses deux cents rames qui, d'un même coup, battaient la mer. Voici le trône des doges; voici des armes turques. Voici, oh! voici quelque chose de bien misérable, de bien glorieux, qui peut marcher de pair avec l'armure de Dandolo, avec la bannière de Lépante, voici un morceau de pain noir, moisi, gros tout au plus comme un œuf, et qui, lors du siège de 1848, se payait à Venise 49 quarantini [1]. — Le peuple qui a mangé ce pain-là est digne de la liberté. Laissez-le faire, il la prendra.

Ainsi l'on retrouve vivants, réunis sous un même jet de lumière, les souvenirs de la Venise des doges, ceux de la Venise de 1848. Le surprenant, c'est qu'on en parle sans se gêner. On dit des Autrichiens : « — Qui ce ne sono, e in quantità, e pur troppo [2]! — » On regrette hautement *il governo dé Dieci* [3]. Jusqu'à ce doux Angelo, dont on excuse les petites fantaisies sanglantes par un : — *Ohimè povero!* tout plein d'indulgente sympathie.

Une fois hors de l'Arsenal, Babolini hésite, hume le vent, et finit par nous suivre à l'*Academia*.

---

1. Deux francs vingt-cinq centimes.
2. Ici il y en a, et en quantité, et trop!
3. Le conseil des Dix.

Des Luini, des Palma, des Francia, des Tintoret, des Espagnolet, des Bellini, des effluves de peinture grandiose!

— Et voilà que madame de Belcoster, tout exprès pour faire enrager mademoiselle Lucy Châtillon, s'éprend d'un bel amour pour l'école préraphaélite.

— Quoi, ces noyés? quoi, ces déterrés?

Ce ne sont, mademoiselle Lucy, ni ces corps efflanqués, ni ces pieds plats qu'admire madame de Belcoster, pas même les légendes en lettres gothiques qui sortent des lèvres de ces vertueux personnages, encore moins les plaies béantes d'où jaillit leur sang; non, ce qu'elle aime, voyez-vous, ce sont ces visages, paisibles sous leur nimbe d'or. C'est cette vierge de Bellini, entourée d'apôtres en robes de capucin. C'est ce saint Sébastien embroché d'une flèche, souriant comme s'il respirait un bouquet de roses. C'est le triomphe de l'idée abstraite, c'est la victoire de l'âme, c'est ce je ne sais quel dédain du corps, tellement qu'on dirait un albâtre doucement traversé par la flamme intérieure.

Elle aime aussi, croyez-le bien, la *Cène* de Paul Véronèse, peinte haut la main : cinquante figures hardiment campées, le lévrier traditionnel, et le peintre lui-même, vêtu de drap d'or, au premier plan.

Après, viennent les Espagnolet, sombres, durs, des effets qui vous entrent à coups de poing dans les yeux. Les Guido Reni, pâles d'une belle pâleur, sollicitent notre rêverie. La vigueur des Giorgione nous relève le cœur. Et voici la toile maîtresse, *l'Assomption* du Titien!

A peine dans cette salle, vous êtes pris. Vous ne distinguez pas encore les détails, l'ampleur et la puissance vous tiennent! On ne vous dirait pas : c'est sublime! vous le crieriez; un âne le crierait.

La Vierge, un peu maniérée, à la façon du Bernin, soutenue par les anges, s'élève doucement. Les apôtres contemplent.

Ces figures sont royalement jetées. Pose magnifique, celui-ci, enveloppé de la robe rouge, dont le buste se renverse pour suivre l'ascension glorieuse, entraîné, lui aussi, dans ce mouvement plein de grandeur. Plus on s'éloigne, plus la Vierge s'idéalise, priant, adorant, tout près de se perdre au sein de l'éther.

Le cœur n'est pas touché, l'intelligence reste éblouie. Cela rayonne, j'allais dire cela aveugle, comme le soleil.

Après cela, montrez-moi un Leys, montrez-moi un Knauss, montrez-moi un Scheffer, un Bendeman, un Vautier, un Kaulbach : une de ces toiles modernes où palpite le cœur, le vôtre, le mien; qu'éclaire la sérénité tout émue de notre ciel, où montent les houles de nos tourments, que notre pensée en travail illumine de ses jets de feu, où planent, où battent de l'aile nos aspirations humaines; montrez-moi cela, et je vous laisserai vos prodiges de forme, vos miracles de couleur, jusqu'à ces béatitudes inconscientes qui n'ont connu ni les défaillances, ni les pleurs, ni même la victoire par les violences de la foi.

— Gondoliers, au Lido!

Elles étaient gracieuses, ces deux nacelles qui voguaient sous la brise du soir. L'ange de la Sanità étendait ses ailes, comme s'il eût voulu suivre le soleil, près de sombrer dans les brumes de l'occident. Le palais ducal brodait l'horizon de sa dentelle; les bruits de la vie s'éteignaient un à un.

Les lignes s'éloignent, elles s'effacent, on aborde, le Lido est franchi :

— Mesdames, la mer! la pleine mer! pour la première fois!

Ici, je voudrais rendre un beau témoignage à la bande; je voudrais dire comme quoi, dominée par cette soudaine explosion de l'infini, la bande resta saisie, l'œil humide, adorant Dieu.

Ce serait une légende ; or, nous sommes gens de vérité.

Eh bien, la vérité, c'est que la bande jeta sur l'immensité un regard sommaire, que, tout d'une voix, elle s'écria : « Magnifique! » et que, tout à la fois, elle sauta des pieds, des mains, d'un bond, sur les coquillages, les crabes et les sépias.

Chercher des coquilles, laver des coquilles, entasser des coquilles, en remplir les mouchoirs, s'en bourrer les poches, en prendre encore et toujours! la bande ne fit pas autre chose, deux heures durant. Après quoi, les amoureux de l'idéal gravirent la berge pour s'absorber en une silencieuse extase.

L'orage de la nuit avait balayé le ciel ; il s'unissait à la mer sans bornes, ligne d'un bleu plus intense où se noyait le pâle éther. La lame déferlait ; égale, pesante, elle chantait sa plainte éternelle ; la grande voix des mers, rumeur incessante, planait sur l'immensité ; l'écume trempait le rivage ; un flot succédait à l'autre flot ; au large, quelque voile, étincelle perdue, semblait à jamais fixée dans l'azur. — Et l'on serait demeuré là des nuits, des jours, écoutant, songeant, l'âme emplie de cette majesté, toute frémissante à cette subite rencontre avec l'empreinte du doigt de Dieu.

Naguère, nous naviguions sur la même mer. Notre vaisseau bataillait contre la tempête ; nous allions au bel Orient, à la Grèce un peu rude, à l'Égypte parfumée, au Nil, le grand fleuve des temps bibliques ; nous allions au pays d'Abraham, à la ville de Sion. Oh! comme le cœur me bat. Une nef! et mener la bande dans les déserts de l'Arabie, le long des rives où croît le palmier!

Taisez-vous, mon cœur ; baissez-vous, mes yeux. Allez, allez, rêveuse invétérée ; allez ramasser des moules : *roba di mare*. Ne courez pas le front au vent sur cette dune ensorcelée. Regardez plutôt ces acacias, taillés en tête à perruque, plantés par le goût du XIXe siècle en face de l'immensité. Regardez cette baraque, établie au milieu des flots. Regardez ce badigeon, regardez ce carrousel, et ces gros réjouis qui viennent, à califourchon sur leurs ânes, rire au nez de l'océan; et votre bande, votre propre bande; un coup d'œil à l'Adriatique : Oui, oui! splendide? — Et vite dans le sable, la main sur une éponge!

Voilà, madame, de braves gens, de bonnes gens, qui ne pensent ni à l'Asie, ni à l'Afrique, ni même à Gênes, sous prétexte que Gênes c'est la Méditerranée, que le flot qui baigne les orangers de la Ligurie va caresser l'obélisque de Cléopâtre, et que c'est si près, et que Gênes couronnerait le voyage, et cent sornettes : le bonnet de la folie, y compris ses grelots!

Les uns, longtemps ont contemplé cet incomparable aspect; d'autres l'ont vu, d'autres l'ont aperçu; tous affirment qu'ils le portent gravé, là, au plus profond du cœur. Ce qu'ils portent, incontestablement, c'est un quintal de coquilles.

Ainsi la bande revient.

Le soleil, boule d'or dans un brasier, navigue sur un fond incarnat. A l'horizon, une bande de nuages noirs traverse le ciel. La mer, enflammée, semble remuer en son mouvement paresseux, tantôt des améthystes aux feux violets, tantôt des rubis à l'éclair pourpre. Le soleil, qui se dérobe sous la sombre tenture, en colore vigoureusement les contours; une gloire s'échappe de partout. L'astre un instant a semblé s'éteindre; il reparaît, entre le banc de nuées et la lagune, vaste comme un monde, engagé par le sommet dans les brumes, par le bas trempant dans la mer, immobile, on le dirait. Un vaisseau passe avec ses gréements sur le globe en fusion; une barque glisse, avec ses deux gondoliers, silhouette d'encre, sur l'orbe immense; puis l'orbe descend, puis il s'enfonce; il n'y a plus qu'un arc, plus qu'un phare, à l'extrême horizon; plus qu'une lampe où brûle un feu céleste; plus rien; et l'univers en reste étonné.

La mer s'est assoupie, la terre s'est effacée, le ciel a pris un bleu verdâtre, la gondole allume son étoile, elle fuit, jetant au canal sa faible traînée de lumière. On n'entend que le coup de la rame qui plonge, le bruit limpide des gouttelettes qui tombent, les tressaillements du reflux qui monte.

— Et les aubergines! et les crabes! et les homards! et les melons!

— Eccelenza, mi rincresce, Marigiani non ce n'è! Roba di mare, veleno adesso! Nel mese di settembre, proprio la morte [1].

La peste de l'homme, la peste du mois, la peste de cet éternel dîner anglais : haricots à l'eau, poisson à l'eau, pudding à l'eau, gros bœuf, gros mouton, gros fruits mal mûrs, qui, sans relâche, nous poursuit partout!

Venez, retournons à la place Saint-Marc.

Trois dames se sont mis en tête d'y conduire la bande. Elles iront sans broncher, sûres de leur fait; mais qu'on ne leur parle pas : bande, marchez! Et de prendre les devants, graves, résolues, et d'enfiler bravement la droite quand c'est la gauche qu'il faut suivre, et... on arrive, que bien que mal.

La grande place fourmille : Seigneurs, pêcheurs, gondoliers, manœuvres, bourgeois; marchands de confetti, panier de cuivre au bras; vendeurs de perles criant à belle gueule, passent et repassent, tantôt dans l'ombre, tantôt dans la lumière! De tous les points de la place jaillissent des

---

[1]. Excellence, désolé. Marigiani, il n'y en a pas! Marée, poison! Dans le mois de septembre : la mort!

accords. Là-bas, un vibrant soprano redit les cavatines de Bellini ; deux guitares, au babil discret, chantent mezzo voce dans ce coin. Près de nous, une femme, une figure de Luini, calme, jeune, aux larges bandeaux d'un blond cuivré, promène, avec la grâce pensive de sainte Cécile, l'archet sur les cordes du violon.

Tout à coup, le canon du soir a tonné. Il a retenti dans cette place, devant ce fond merveilleux de Saint-Marc. Les instruments se taisent, les groupes s'évanouissent. — Alors, quand la solitude s'est faite, quand les grandes ombres des palais, selon que les découpe la lune errante par le ciel, dessinent leurs profils sur les dalles ; alors la Venise d'autrefois se réveille, les galères laissent tomber leurs ancres ; les gondoles dorées vont chercher les vainqueurs.

Voici le Maure, le guerrier maure. Voici les conseils, vêtus d'écarlate, musique en tête, qui lui viennent au-devant ! Voici Desdemone, éperdue d'amour, aux genoux de son père.

Et la sentinelle autrichienne recule épouvantée ! elle passe la main sur ses yeux :

— Ceux-ci, les morts, pourraient-ils bien revivre !

Sentinelle, ils revivront.

ONZIÈME JOURNÉE

Jour de flânerie. Point de Babolini : *Evviva la liberta!*
Commençons par le Rialto. Les boutiques d'orfèvrerie enserrent le pont dans leur double étalage de boucles d'oreilles aux plaques massives, de chaînes d'or, de gondoles d'argent.
Pyramides de melons et d'*angurie*, montagnes de raisins, de pommes, de pêches, paniers de châtaignes couronnés de fleurs; aubergines, crabes, homards; la poulpe transparente, des thons prodigieux que deux hommes ont peine à porter; tout s'entasse ici avec cette native élégance qui révèle un peuple artiste.
Les pêcheurs arrivent du large, leur corbeille de marée sur la tête; les vendeurs de courge cuite au four crient à grande gueule leur abominable marchandise; les contadines de terre ferme s'asseyent le long des marches du pont, leur panier d'œufs sur les genoux, gracieuses, le mouchoir blanc replié sur la tête, le fil de corail enroulé autour du cou. Tout parle, chante, gesticule, et c'est plein d'harmonie.

Qu'il fait bon errer à loisir, et respirer l'air de mer!
Prenons le quai des Esclavons. Quelques grosses barques, quelques petits vaisseaux s'y amarrent.

— Mesdames! regardez ce Grec des îles, à la veste brodée, aux pantalons flottants! Et ce prêtre arménien, dont la robe noire balaye les dalles! voyez son bonnet roide, voyez sa barbe ondoyante que ne toucha jamais le fer; dirait-on pas une peinture byzantine?

Juste à ce moment, la bande avise une jolie corvette autrichienne : l'*Élisabeth!*

Saut en gondole, saut sur le bâtiment. — Et voilà un pauvre petit aspirant qui ne songeait pas à mal, abordé sans tambour ni trompette.

Il exhibe son bijou de navire.

La bande (c'est son premier vaisseau de guerre) se livre à des admirations qui mettent notre aspirant au troisième ciel. Il a une honnête figure, modeste, distinguée, charmante aussi. Ces dames, qui ne le regardent pas du tout, comprennent cela d'intuition. L'aspirant leur montre le pont, l'entrepont; et ne faut-il pas que sur l'escalier se tienne un mauvais petit fripon de singe, gros comme le poing, qui attend la belle compagnie, l'œil étincelant, dévoré du désir de mal faire!

Madame de Belcoster hésite un peu.

— N'ayez pas peur, dit l'aspirant.

— Est-il méchant?

— Oui, il l'est.

— Ah! bien! mais c'est qu'alors je n'ose pas descendre.

L'aspirant sourit, passe le premier, prend un bout de cordelette, attache Tomy. La bande a franchi le défilé. On entre dans le salon du commandant, tout y est d'une élégance sobre et digne; puis dans l'appartement des officiers : des livres, des divans, une table d'étude, ce qu'il faut pour travailler, ce qu'il faut pour ne rien faire! A peine si la bande effleure les tapis; on la promène avec une infinie complaisance, elle n'abuse jamais, elle use à peine, et reprend l'escalier.

Qui la guette? maître Tomy. Il a sur le cœur son bout de ficelle ; il a surtout une indomptable envie d'accomplir, mais là, de parfaire une sottise. Il attend son monde, assis sur la balustrade, une patte à la colonne, l'autre en l'air, un minois à croquer. Madame de Belcoster passe, ric-rac, saine et sauve.

Après s'avance mademoiselle Dora, bien sage, bien courageuse, un peu tremblante pourtant. Paf! une tape sur la tête! Et qu'il est content, Tomy, de s'être passé sa fantaisie! Quels yeux brillants lorsque le grand matelot qui vient le prendre sous prétexte de gronderie, le caresse et rit de son rire le meilleur! Comme il se laisse faire, Tomy, avec un petit murmure d'enfant gâté, et lisser sa fourrure, et de quel regard triomphant il suit mademoiselle Dora, et que c'est bien le vrai roi du navire!

Maintenant que nous voici par terre, où irons-nous?

Là, mesdames, où vous mènera la conscience du chef de bande.

M. de Belcoster qui, d'ordinaire, n'en a pas plus qu'il ne faut, se la sent grandir dans la poitrine. Elle prend des proportions démesurées, une taille de tambour-major, et le conduit droit au Jardin public, planté par Napoléon. Des arbres en quinconces, de larges allées, des feuilles jaunies, l'ennui même! On dirait les boulevards déserts de quelque ville de province. Il n'y manque que des acacias en boule; et tenez, ils y sont!

M. de Belcoster, sa conscience veux-je dire, prétend que c'est imposant; qu'on voit la mer (on la voit de partout); qu'on voit la terre (on vient à Venise justement pour ne la pas voir); qu'on voit des bateaux petits et gros, et que c'est du temps bien employé.

Madame de Belcoster prétend que c'est du temps perdu, un affreux coin, qu'à Venise il ne faut pas d'arbres, à peine un figuier, et que la grande désolation convient seule à ce grand passé.

On fait une promenade de conscience d'où l'on jouit d'une vue de conscience. M. de Belcoster est superlativement heureux, madame sa femme a le plaisir de dire cent sottises. On revient par le quai des Esclavons, longeant des vaisseaux où les matelots font la cuisine; et cette hérétique invétérée, madame de Belcoster, a l'audace de préférer la chemise rouge qui sèche sur un cordage, le chaudron que lave un mousse, le filet que raccommode quelque vieux batelier, à tout ce beau jardin, y compris les acacias!

Cependant il faut déjeuner.

Nous allons savourer les fruits du Midi. Le chef de bande en a fait provision.

Ici, dans notre salon, bien seuls, dégustons en joie et en paix.

D'abord les grenades! M. de Belcoster les soupèse, les jette en l'air, les rattrape. Admirez cet éclatant vernis, cette déchirure qui laisse voir l'incarnat, ces grains d'ambre si merveilleusement rangés :

— Mesdames, c'est beau, c'est bon, cela rafraîchit, cela nourrit!

Mademoiselle du Rouvre mord dedans, regarde M. de Belcoster, hésite devant son enthousiasme, et se met à rire. Mademoiselle Hélène goûte un grain, deux grains : — Cela ne vaut rien du tout! — Mademoiselle Marthe se pâme. Mademoiselle Lucy se consulte.

La grenade a manqué son effet.

Vient l'azerole. Une petite pomme verte, de pauvre apparence, un peu âpre, légèrement parfumée, avec trois noyaux dedans. Détestable! La bande, grignotteuse par excellence, s'en enchante.

— Des jujubes, mesdames! Oh! pour la jujube, elle a sa

place faite dans le monde. Primo, c'est un fruit pectoral; vous ne lui ôterez pas cela. Secundo, c'est un fruit breveté par l'Académie impériale de médecine! Tertio, c'est un fruit exquis. Quarto..... quarto, c'est un fruit qui n'a pas son pareil.

Toutes les mains s'avancent; on prend des boules lisses, jaunâtres, qui ne ressemblent pas mal à quelque gland tombé de sa coque! On croque résolument; une masse de pellicules offensantes s'enfilent dans les gencives, s'implantent dans le gosier. La bande ne dit rien parce qu'elle étouffe. M. de Belcoster s'assombrit à vue d'œil. Pour lui faire plaisir, on découvre que la jujube d'âge, ridée, mollasse, une manière de bouchon, est supportable, et qu'elle a mille vertus.

L'arbouse! Jolie cerise à pulpe farineuse. La bande en essaye, se sent dans la bouche un flot de cold cream, et n'exprime son opinion qu'en demandant à grands cris des pêches, des poires et des raisins!

Oh! mais! cela ne passera pas comme cela.

— Ceci, mesdames, — M. de Belcoster tire un paquet mystérieux, — ah! pour ceci, je vous y attends; ceci n'est pas seulement un fruit méridional, c'est un fruit oriental : tout simplement, le fruit du caroubier.

— Des carouges?

— Des carouges!

— Celles de l'enfant prodigue?

— Tout juste.

— Et c'est bon?

— Vous allez voir!

M. de Belcoster déploie avec mille respects un faisceau de haricots, noirs, longs, mielleux, poisseux. La bande, sous le charme du mirage d'Orient, attaque de confiance. — Oimè! casse, manne, séné n'ont rien d'approchant. C'est douceâtre, c'est saumâtre, c'est nauséabond, c'est écœurant!

Et voilà comment M. de Belcoster vengea son roi, son pays, et sa dame la grenade.

Les *signore* de la bande le lui feront bien payer. Deux heures durant, elles promènent et repromènent le chef, de boutiques en magasins, de verroterie en corail, de corail en aventurine, d'aventurine en camées, de camées en mosaïques. Car il s'agit d'emplettes, et ce sont des dames, et l'on connaît les oui, les non, les marchés faits et défaits.

M. de Belcoster, un homme de goût (les grenades l'ont bien fait voir), donnera son avis; à chaque instant on le va quérir.

— Que dites-vous de ce petit panier? et de ce petit coffret? et de ce petit bracelet? et de ce petit collier?

Cette fois, il gagna ses chevrons de grand saint. La bande le canonisa tout vif, bien qu'en eût sa femme.

Elles sont charmantes, ces boutiques, rangées le long des Procurazie; le soir, illuminant la place de leurs feux; le jour, parées de leurs pierres fines, de leurs perles de couleur, de leur corail taillé ou branchu, tel qu'il sortit des mers.

On y revint à la nuit close; trois mille personnes y erraient.

Asseyons-nous devant le café Florian.

Il y a des gens que les mendiants impatientent. Nous, point. Pauvres affamés qui attendent, pour avoir leur pain, les heures tardives où vous venez déguster vos sorbets! Les voici, les uns plaintifs, les autres allègres. Voici le vieux chanteur à la voix tremblotante; voici la bouquetière qui vous tend ses roses un peu fanées; voici quelque malheureuse qui se glisse de chaise en chaise, un châle noir sur la tête, sa robe chétive collée au corps. Donnez, donnez; mieux vaut faire une charité mal à propos que de repousser une vraie misère! — Cependant, un grand gaillard, sa pacotille de chiens de bois sur le dos, vient assiéger la bande.

— Ouah, ouah, ouah!
— Laissez-nous en paix, l'ami.
— Ouah, ouah, ouah!
— Nous n'en voulons pas.
— Ouah, ouah, ouah!

Notre homme considère M. le pasteur Nérins; il a pressenti le père de famille et s'attache à lui, exclusivement.

— Ouah, ouah, ouah! ouah, ouah, ouah!
— È arrabiato questo cane [1]?
— No, signora. Oggi ha mangiato bene [2].
— Forse; ma non ha bevuto [3].

Le grand gaillard éclate de rire et s'en va.

Soudain, en face de Saint-Marc, une girandole s'est allumée; la musique militaire éclate en trombes d'accords.

Une musique autrichienne, à Venise! Ces habits blancs, ici! Quiconque a une patrie, frémit d'indignation.

Pourtant que c'est beau! L'écho des vieux palais répercute la sonnerie du clairon. La foule bigarrée fait silence, comme si elle avait conscience de la majesté du lieu. L'horloge s'est émue; elle frappe lentement les heures, elle les frappe en dissonance avec le ton brillant de la marche guerrière; on dirait des larmes, tombant une à une, sanglantes, et qui ne tariront pas.

Que d'heures elle a sonnées, l'antique horloge! Heures de la République, heures des victoires au Levant. Et vous, les heures vaillantes, quand, en 1848, les Vénitiens faisaient front, seuls, à l'Autriche entière, ruée sur eux.

Et quelle poésie, ce canon du soir qui mugit au travers des symphonies! Et ces fanfares, à chaque reprise, quels

---

1. Est-il enragé, ce chien?
2. Non, madame. Aujourd'hui il a bien mangé.
3. Peut-être; mais il n'a pas bu.

tragiques échos elles réveillent! Et ce dernier air, un *lieder* allemand, quelle verve insolente, quelle railleuse gaieté, quel rire insultant du vainqueur au vaincu!

Il y avait de la féerie aussi, dans cette bande voyageuse, un instant arrêtée aux parvis vénitiens, franchissant d'une même envolée les cieux étrangers, buvant aux mêmes sources l'espérance divine, le bonheur du repos, l'ardeur à bien faire, et qui pleurait, elle aussi, qui pleurait tout bas Venise, les douces soirées, l'Orient entrevu.

Elle jeta de longs regards sur la façade de Saint-Marc éclairée à sa base, tandis que le quadrige avec les coupoles se perdaient dans la nuit. Elle traversa sans parler la Piazzetta.

— *Ohé, sta li!*

Le gondolier démarra. On ne voyait plus que le ver luisant des rares embarcations glisser sur l'eau, dans l'obscurité qu'étoilaient quelques lampes ; on sentait fraîchir une bouffée venue du large ; elle apportait le parfum des mimosas de Corfou, l'arome des lentisques de Lépante, lointains souvenirs qui, de l'aile, rasaient la mer.

Hélas, hélas! Bella compagnia, demain tu reprendras le chemin du logis.

DOUZIÈME JOURNÉE

L'*Impresa Lombarda* rentre dans ses droits.

Comme elle a été contente de la bande, qu'elle trouve à M. de Belcoster une figure de chevalier français honnête homme, elle lui confère la dignité de conducteur de diligence et lui remet feuille de route et bulletin. — La bande y figure en ces termes :

IL SIGNOR CONTE DI BELCOSTER, ETC., ETC.

Con......	30 lire.
tutta.....	30
la.......	30
sua......	30
unita....	30
e........	30
propria..	30
famiglia.	30
Total....	240 lire.

De sorte que *tutta la propria e unita famiglia*, se voit réduite au poids de deux quintaux et demi !

Et dire qu'à Vallorbes, elle pesait treize cents ! — Ce que c'est pourtant que de se lever à quatre heures du matin.

M. Nérins pleure toujours son *proprio e desunito* paletot. Mais il a le sac ; c'est ce qui le console.

Ce matin, justement, pour que la consolation se proportionne au malheur, le sac est bourré de tout ce qu'a fauché mademoiselle du Rouvre au moment du départ.

Terrible en sa bonté, mademoiselle du Rouvre! Le sac d'une main, ouvert, gueule béante, elle parcourt le dortoir des dames, d'un geste moissonne les objets épars, les enfouit dans le gouffre, fait craquer la serrure, tout est dit.

— Ma brosse, où est ma brosse?
— Dans le sac.
— Mon savon!
— Dans le sac.
— Mon mouchoir!
— Dans le sac.
— Mon parasol, ma bourse, mes brodequins, mon album, mes gants!
— Dans le sac, dans le sac, dans le sac. — C'est la razzia de l'obligeance. M. le pasteur Nérins porte le tout.

Vous croyez que la bande revient? Détrompez-vous.

La bande ne revient pas; elle continue. Seulement, lorsqu'elle continue dans la direction du chez soi, elle a, comme qui dirait, l'air attrapé.

M. de Belcoster entend bien un petit *susurrar* murmurer: Gênes! Gênes! à son oreille. — M. de Belcoster est, ou fait le sourd.

Notre wagon, immense, se divise en dortoir, en ouvroir, en fumoir, en réfectoire, en promenoir, sans compter le salon de lecture et le salon de conversation.

Dans le dortoir, siègent de fondation mademoiselle Marthe, mademoiselle Berthe et mademoiselle Dora. Mademoiselle Lucy de temps à autre y paraît; elle y perd le sentiment du moi et du non-moi, mais elle ne dort point.

M. le pasteur Nérins et mademoiselle du Rouvre, hôtes

invétérés du salon de conversation, causent depuis tantôt quinze jours, et n'ont pas tout dit.

Mademoiselle Hélène arpente le promenoir à grands pas, tantôt ici, tantôt là, un certain vague à l'âme partout.

Dans l'ouvroir, madame de Belcoster brode en poste au point de poste.

M. de Belcoster, l'unique habitué du salon de lecture, clôt insensiblement les paupières et laisse tomber son auteur.

Le fumoir, ah! dans le fumoir, il y a une douzaine de Lombardo-Vénitiens qui enfument la bande, tout comme le Valaisan enfumait sa femme.

J'oubliais le juchoir, une vue à vol d'oiseau sur l'ensemble du prochain. Chacun y perche à son tour.

Est-ce l'heure matinale, est-ce la direction de l'ouest? la bande bâille. Elle est à jeun, tout bonnement. Que faire d'une bande à qui manque son café?

Elle l'aura, foi de gentilhomme! Elle l'aura, Porta-Vecchia! et c'est le négrillon qui le lui offrira!

— Eh! là-bas! garçons endormis, hôte ahuri, ici du café, et vite, et chaud!

L'hôte s'étire, le garçon court effaré, cherche les tasses, cherche le sucrier, cherche la cafetière, cherche le pot au lait. Enfin, le voici armé de son plateau : — Pronto, presto, le train va se lancer!

— Ouhhh! c'est du feu, ce café-là! c'est du verre en fusion! cela pèle la langue! J'aimerais mieux avaler un fer rouge, comme à la foire!

Coup de sifflet! Il faut voir les héroïques efforts! Mademoiselle Hélène découvre qu'elle ne craint pas la glace, quand elle boit de l'eau bouillante.

Second coup de sifflet!

Quoi! tant de douleurs en vain.

— Va con loro! — crie l'hôte d'un élan magnanime.

Le wagon s'ébranle, part, le garçon reste là, son plateau sur les bras :

— Va Porta-Nuova!

Porta-Nuova, la bande t'a conspuée ; la bande te fait réparation. Tu as le droit d'exister.

Donc, le train marche, le garçon marche, le plateau marche, et la bande savoure son moka : heureuse mais ébouillantée, ébouillantée mais ravie!

Je vous l'ai dit ; nous sommes gais. Il y a de ces réactions après les mauvais jours. On s'est courbé sous le joug, on a passé dans les défilés obscurs de la vie; au milieu des ténèbres on a senti la main divine, fidèle quand les autres s'écartaient, puissante quand les autres fléchissaient. Cette main, la même, refoule tout à coup les nuées ; le soleil resplendit, les cieux sont libres : allez, partez, nagez dans un beau rayon! Et l'âme en fête s'épanouit au bonheur, et l'on a des joies d'enfans, et l'on rit comme rit la création par un matin de mai.

Gens austères, ne froncez pas le sourcil : plus tard viendront les pleurs.

Les wagons se vident :

— Milano!

— A la Citta! à l'*hôtel royal de la Citta!*

Un petit souper intime, point d'aubergines (on n'a pas eu le temps), mais un service! et une salle! peinte, dorée! et du vin d'Asti! Aussi, mademoiselle Lucy :

— Qu'on passerait bien la nuit avec ce petit vin-là!

Tandis que tout dort, et Neptune, et l'armée, et la bande, M. de Belcoster s'informe du plus court chemin pour revenir chez soi. Il veut passer par Arona.

— Arona, monsieur! Il n'y a qu'une manière. Mettez-vous demain, de grand matin, dans la diligence de Novarre. A Novarre, vous trouvez la ligne ferrée jusqu'au lac Majeur; au lac Majeur, le bateau, Baveno, et le Simplon.

— Cette ligne, demande une voix mal assurée, ne descend-elle pas à Gênes ?

— Oui.

— Y a-t-il loin, de Novarre à Gênes ?

— Trois heures et demie.

— Trois heures et demie !

Vous pensez quel regard le chef de bande reçut en pleine poitrine.

— Nous verrons.

Nous verrons ! Oh ! le cher, le lumineux petit mot !

Nous verrons ! l'amour des enfants, l'espoir des braves femmes, l'aurore des grands plaisirs : vague promesse, plus rayonnante cent fois que les plus solennels engagements.

Nous verrons ! — Fiez-vous à moi, cœurs craintifs, vous savez bien que je vous aime.

Nous verrons ! — S'il y a moyen (et il y aura moyen, je vous le dis en secret), nous serons contents, vous et moi.

Nous verrons ! — Eh ! c'est tout vu ; mais je veux goûter la douceur de me faire prier un peu ; je veux consentir goutte à goutte, sourire après sourire, je veux dire non et dire oui, et savourer à mon aise le bonheur suprême de donner du bonheur.

Nous verrons à Novarre !

TREIZIÈME JOURNÉE

Pluie à verse. La bande en diligence.

Notre coupé, la vertu même, contient mademoiselle du Rouvre, mademoiselle Dora, M. le pasteur Nérins. Ils ont pris le cabriolet par dévouement. Eh bien, pas du tout, dans le cabriolet il ne pleut point, dans l'intérieur il déluge. Et si vous voulez voir des grandeurs d'âmes dégommées, regardez ces figures. Quant à l'intérieur, il ne vaut pas la corde. L'intérieur a découvert, pour le malheur du cabriolet, une chattière de communication. Le coupé a soif! vite, on lui passe à pleine coupe l'orgeat boueux qu'épanchent les gouttières de l'impériale. Le cabriolet a faim! vite, des châtaignes vides, de vieux croûtons, cent tours de gibecière.

Le coupé ne s'étonne de rien; le coupé s'instruit, étudie la carte, et comme, au bout du compte, il n'y a que la géographie prise sur le fait des localités qui serve, le coupé met le nez à la chattière :

— Comment demande-t-on le nom d'un village?
— Eh! l'on demande comment il s'appelle!
— Mais non. En italien?
— En italien? *Come si chiama questo gatto*[1]?

---

1. Comment se nomme ce chat?

Prononcez bien. Ce n'est pas l'accent; appuyez sur l'*a*, ouvrez la bouche; là, vous y êtes. Ceci, c'est l'expression familière, une locution vulgaire. Si vous tenez aux élégances de la langue, dites : *Come si domanda questo gallo*[1]?

— Gallo !

— Oui, Gallo. Cela vous surprend ?

— Nous ! Pas le moins du monde.

Et d'adresser tout chaud la question au postillon. On conçoit l'effet.

Les cascades continuent de tomber, le ciel de s'essuyer, la queue du postillon de sauter. A droite et à gauche s'étend un pays plat, plus laid qu'il ne faut : rizières, prés sans arbres, ciel noyé, et les gouttières qui vont toujours. Le paysan de par là, en culotte de velours, arpente la route au milieu des boues, sous son grand parapluie de toile cirée, jaune comme l'or.

Nous voici en Piémont. On y respire une liberté quelque peu mouillée : c'est égal, cela fait du bien.

La diligence roule sur le pavé de Novarre.

— Mesdames, entrez ici.

M. de Belcoster appelle l'hôte, l'emmène à l'écart et fait signe à sa femme :

— A quelle heure le départ pour Gênes ?

— A cinq heures.

— Bien. Je vais retenir les places.

— Inutile, monsieur, vous les prendrez au moment de monter en wagon.

Oh ! que ceux-là manquent leur vie, qui ne savent pas faire des plaisirs !

— A propos ! notre hôte, donnez-nous à dîner.

1. Comment appelle-t-on ce coq ?

— Signor si!
— Avez-vous des aubergines?
— Aubergines?
— Oui! un légume satiné, onctueux, long, court, rond, pointu!
— So io, so io, marigiani¹!
— Marigiani! tout juste!
— Ne avra lei²!
— Bien.

Nous avons passé là, dans cette mauvaise petite chambre d'auberge, deux ou trois de ces heures qui restent lumineuses jusqu'au bout de la vie. Tous contents, tous de belle humeur. On était chez soi, sans y être, établis, en l'air, un bivouac, le charme du repos, l'entrain du voyage, et les lectures vingt fois interrompues, et l'album avec ses trésors, et les grands rires à plein cœur.

Le dîner, trop tôt prêt, vient rappeler à la bande qu'elle est errante sur la surface du monde.

— Ah! ça! qu'est-ce que c'est que ces lanières tordues, rissolées, recroquevillées, et sucrées.
— Zùcche!
— Zùcche? Voyons.

Les aubergines, monsieur! Les incomparables, les insaisissables aubergines : au sucre! *Proprio al zùchero!*

Et c'est comme cela que M. de Belcoster devait les revoir!

Mais le jour a baissé.

— Hélas! mesdames, il faut se rendre à la gare! Cette fois-ci, décidément, nous revenons. — Puis, tout bas, à madame de Belcoster :

1. Je sais, je sais! Marigiani!
2. Vous en aurez.

— Occupez la bande, empêchez-la de regarder, d'écouter, de lire; je prends les billets.

La bande se dirige vers la salle d'attente.

Bon! sur la porte : GENOVA!

Mademoiselle Lucy lève la tête, considère l'écriteau, et ne voit rien; les artistes!...

Dans la salle, inquiétudes nouvelles. Un mot, un geste, font tressaillir nos deux entortilleurs; car ils sont deux maintenant.

Tout à coup, le gardien ouvre : — Alessandrìa, Gènova!

— Il dit Gènova! C'est le convoi de Gênes! Nous nous trompons!

— Du tout, du tout! On crie Gènova, le nom de la principale ville du parcours : route de Gênes, route de Paris, vous savez !

Mademoiselle Hélène accourt essoufflée :

— Il dit Alessandrìa, je l'ai entendu, c'est le convoi d'Alexandrie!

— Bah! Alexandrie d'Égypte!

Tout le monde est en wagon.

Nous l'avons échappé belle. La bande ne se doute de rien, seulement elle s'oriente. On n'a pas, en vain, étudié la carte dans le coupé.

M. le pasteur Nérins cherche le nord, le trouve et le montre : — C'est là que nous allons!

— Qui sait? dit M. de Belcoster. En voyage tout s'embrouille, on n'y voit plus que du feu.

Brrrt! Le train s'ébranle, part, file, droit au midi! Alors M. Nérins, gravement :

— Eh bien, vous aviez raison, monsieur; comme on se trompe !

Il étend la main vers Gênes : — Le nord est là!

LE NORD EST LA! — Ceci restera.

Il pleut toujours, la nuit est noire, mademoiselle Lucy, résolue de voir son plaisir partout où loge son devoir, déclare qu'au nord nous trouverons le soleil. L'action des Alpes, des neiges, des glaces et du déluge; cela va de soi.

M. de Belcoster croit qu'où nous allons, il y aura du bleu.

Mademoiselle Hélène regarde à travers les vitres; elle aperçoit les étoiles : toujours l'action du nord !

Pourtant Arona tarde bien à venir. La bande pensait en avoir pour une heure ! Que voulez-vous, dans l'obscurité tout s'allonge.

On s'endort, on se réveille; les conducteurs crient les stations.

Nous arriverons une fois ou l'autre. Quant à gagner ce soir Baveno, impossible. C'est samedi, il faudra passer le dimanche à Arona; peu consolant. N'importe, le voyageur est prêt à tout.

— Qu'en dites-vous, mesdames, si nous contions un conte !
— Aurons-nous le temps ?
— Oui !

On commence le récit, on se le passe, chacun y coud son lambeau. L'histoire est celle de la bande. M. de Belcoster la promène d'aventures en aventures. Elle arrive en Suisse, la pauvre bande, sur une Alpe, assez penaude du retour. Il s'agit de redescendre à Granges, Valpeyres et Monvéran. On vous la fourre en une espèce de tube à bascule dont le pivot pose sur un pic de par là : système nouveau qui démolit les tunnels, anéantit les percées, épargne des milliasses de milliards, et pour lequel M. de Belcoster réclame son brevet d'inventeur. Une fois dans le tube, coup de piston. Mais, chose étrange, au lieu d'arriver chez elle, la bande, tout entière, se voit déposée au milieu d'une grande ville !

C'est un port de mer, les quais sont de marbre, de marbre les palais, on y parle italien, les orangers y fleurissent, les

Apennins la dominent, une ceinture de forteresses la défend, elle se nomme...

— Gênes, — fait tranquillement mademoiselle Lucy.

— Gênes. A merveille. Eh bien, c'est là que se rend la bande.

— Elle y est ; le tube l'y a versée.

— Non, elle n'y est pas ; elle y va.

— Vous dites?

— Je dis que la bande *y va*.

Mademoiselle Lucy se lève tremblante :

— M. de Belcoster dit que la bande?...

— Va à Gênes.

— A ?...

— GÊNES !

La bande s'est dressée en sursaut :

— Gênes ! impossible !

— La pure vérité.

— La vérité? nous allons à Gênes? nous, à cette heure? dans ce wagon?

— Nous allons à Gênes, nous y restons dimanche, lundi, mardi !

Un cri de joie, formidable, interrompt l'orateur.

Le wagon en a tremblé, il en sauterait s'il osait.

— Gênes ! à Gênes ! Un jour, deux jours, trois jours, et la Méditerranée, et les orangers !

Oh ! béni soit Dieu pour ces splendeurs de joie !

Minuit. Là-bas, dans les ténèbres, le phare promène ses mouvantes clartés ; on aperçoit confusément les mâts qui s'inclinent sous le vent du large ; des effluves salés et frais montent vers les balcons.

Et ce qui s'étend devant nous, à perte d'horizon, c'est la mer qui va mourir sur les sables d'Égypte, le flot qui va s'effacer aux déserts africains !

QUATORZIÈME JOURNÉE

Hélas ! ce matin tout est gris. Le ciel se confond avec l'onde en un même océan jaunâtre.

Au premier plan, les mâts oscillent d'un mouvement vague; au second, la tour du phare tantôt se dérobe sous les nuées, tantôt montre un pâle reflet. Si, d'aventure, paraît un bout de côte, les brumes traînantes l'ont bientôt dévoré.

M. de Belcoster, pour grand saint qu'il soit, n'a pas l'air content.

Madame de Belcoster sent une certaine inquiétude; car enfin c'est de son invention, ce Gênes de malheur !

Au salon, les dames prétendent qu'elles n'auraient vu que cela : quatre croisées ouvrant sur un port de mer, elles en garderaient l'âme ravie. Les dames n'ont pas tort. Oui, ces rivages retrouvés et perdus, ces navires arrivant à pleines voiles des lointains parages, ceux-ci qui partent pour les Indes, ceux-là qui ont touché le Nouveau-Monde, ces infinies perspectives tout à coup illuminées d'un jet de lumière, c'est l'idéale poésie, et c'est la suprême grandeur.

Alors, en ce paisible matin du dimanche, nous nous groupons autour de la Parole de notre Dieu. Point de pompeuse homélie cette fois. Nous écoutons parler Jésus, à ses pieds, attentifs. Et quelle ineffable paix, ce silence de toutes choses, même des plus belles, même des mieux désirées !

Vers deux heures, quand la bande s'est bien extasiée sur le plaisir d'être à Gênes, et qu'il y a huit jours on était à Milan, et qu'on ne l'aurait jamais pensé, et tout ce qu'on dit quand il pleut ; on se va promener.

On y va par les quatre temps.

Où se diriger ? Sur le port, sur cette terrasse que supporte vis-à-vis de nous un mur vertical de trente pieds de haut. Après, nous parcourrons les rues :

— Et vous verrez, mesdames, quel peuple, quelle animation, quelle gaieté !

On part, les jupes dextrement retroussées, le parapluie largement ouvert. Les gouttes de pluie sautent gaillardement sur le marbre. Qui s'en aperçoit ? Pas la bande. Elle contemple les trois-mâts, les felouques, les schooners ; côte à côte, pressés, sur deux rangs, sur trois rangs, avec des sentiers d'eau que parcourent les canots rapides. Vers l'entrée du port, presque en rade, une frégate américaine, formidable vaisseau de guerre, se balance mollement sur ses ancres. Tout près, la galère du Turc, vraie galère de vrai Turc, comme dans les comédies de Molière, tourne contre la ville sa bordée de canons ; sur le tillac brillent les fez écarlates ; le croissant et l'étoile se déroulent avec les plis du drapeau. En bas, près de nous, les quais fourmillent de matelots.

Quelles figures, ces marins génois ! Des yeux pleins de clartés, une carnation que le soleil a regardée, des cheveux bouclés et noirs, la veste jetée sur l'épaule, le mouvement libre, les boucles d'or aux oreilles, le front viril, le pas résolu.

La bande se sent aux antipodes de Granges, Valpeyres et Monvéran.

Ce qui nous le dit, c'est l'air moelleux où se dilatent nos

poumons. Avec pareilles bourrasques, chez nous il ferait froid; il fait clément ici, et l'on éprouve une telle volupté à respirer ces caressants effluves, qu'à chaque instant l'on s'arrête pour s'emplir la poitrine de cette atmosphère d'une incomparable douceur.

Aux rues, maintenant! — Il y aura foule : bande, serre les rangs.

On prend d'étroits défilés bordés de palais muets. Çà et là des perspectives embrumées se perdent sous les averses. Pas un passant : ni hommes, ni femmes, ni abbés, ni chat, pas même un capucin!

Evidemment, les Italiens n'aiment pas la pluie.

La bande se bat les flancs pour trouver cela beau. Elle le trouve laid, sot, et lamentable. Elle se demande tout bas ce qu'elle est venue faire dans cette galère. M. de Belcoster, qui se le demande aussi, se rembrunit à vue d'œil. Madame de Belcoster, qui entend tout, surtout ce qu'on ne dit pas, commence à se trouver étrangement audacieuse d'avoir inventé Gênes.

Allons, montons à l'Acqua-Sola.

— Mesdames, ces palais sont de marbre.

— De marbre?

— Oui.

— Ils n'en ont pas l'air.

— Mesdames, ces vestibules sont fermés; s'ils étaient ouverts, vous verriez d'admirables intérieurs, des colonnades, des jets d'eau, des orangers, une féerie!

— Peut-être.

— Mesdames, les rues sont un peu désertes, même elles le sont beaucoup; si elles ne l'étaient pas!.. Demain, attendez demain!

La bande attendra tant qu'on voudra; au fond elle espère peu, même elle n'espère rien. Gênes est solennel, Gênes est superbe, Gênes est désolant! Quatre cents lieues pour venir

ici, quatre cents lieues pour s'en retourner, pas un coin bleu !
et, pour mettre le comble à la démoralisation : les vendanges
de mademoiselle du Rouvre, qui vont commencer à Granges,
sans elle !

Ainsi l'on arrive à l'Acqua-Sola.

Acqua! certes, il y en a, de l'eau, et partout. Il y en a
dans les fontaines, il y en a dans les cascades, il y en a dans
les allées, il y en a dans les arbres, dans l'herbe, sur les
parapluies, aussi dessous. Et ne voilà-t-il pas, pour nous
achever, qu'un chien, noir, pelé, galeux, la patte entor-
tillée de je ne sais quelle guenille sordide, se vient donner,
là, sans rémission, à la bande mouillée, funestée et stupéfiée.

Pour le coup, c'est le dernier coup !

Ce chien appartient à quelqu'un ; il doit appartenir à quelqu'un. N'entend-on pas un appel ? Écoutez ! Un sifflet... Non,
rien. Le chien branle son reste de queue. Il va devant, il va
derrière. On espère le perdre, on ne le perd point. On prend
à gauche, inutile ; on prend à droite, en vain. Le chien
se retrouve toujours, toujours fidèle, toujours infect. Et il
regarde la bande d'un air si piteux, cette oreille relevée,
cette autre affaissée expriment tant de muette supplication,
qu'en vérité la bande se trouve indigne en ses rigueurs.

M. de Belcoster échange avec sa femme un coup d'œil
navré ; car c'est pour eux, ce chien, il n'y a pas à en rabattre !
Le ramener avec soi, pendant deux cents lieues, fait comme
le voilà !

A Valpeyres, que dira Marabout, chatte mignonne, flocon
neigeux, reine au logis, que les chiens n'aiment pas, et qui
n'aime pas les chiens ! Bah ! on mettra le caniche en pension !
Mais fallait-il que cette bête nous prît à gré ? Pourquoi nous
et pas d'autres ?

Tout cela se passe au plus profond de l'égoïsme et de la
conscience ; deux individus qui ne s'entendent guère.

L'Acqua-Sola s'en ressent quelque peu. A vrai dire, elle se

ressent encore plus des averses. On aurait un panorama idéal, si on l'avait. On aurait la haute mer, avec cette poétique voilure des grands vaisseaux sous leur toile; on aurait la côte, semée de villas si loin que le regard peut aller; on aurait à ses pieds Gênes, resplendissante de palais; on aurait les jardins où fleurit la tubéreuse, où croit le palmier!

Au lieu de cela, on a une ville quelconque, ruisselant sous les ternes ondées.

Et ce chien, qui ne nous quitte pas.

— Grimpons au belvédère!

— Il y est.

— Vite, descendons! suit-il?

— Il suit.

— Prenez ce détour. Le voilà en défaut?

— Non.

— Alors cette ruelle. Le voyez-vous?

— Je le vois.

On ne parle plus. Les regards se croisent sur le pauvre animal avec une même expression désespérée.

Vous allez rire; tant pis pour vous. Bien de bons petits cœurs prient pour le chien, pour la bande, pour qu'il retrouve son maître, pour qu'elle perde le chien.

O fortune! En repassant par le carrefour où il a pris la bande, le chien la laisse, de son propre et libre mouvement. Il hume, flaire, dresse les oreilles, adieu!

— Ouf!

Cette bande est un peu bête; d'accord. Si vous naviguiez sous les cataractes, vous auriez la fibre détrempée comme elle.

En attendant, l'eau jaillit des pavés, les gouttières vomissent des torrents. Les seuls Génois qu'ait vus jusqu'ici la bande sont trois moineaux sur un toit, plus le chien de l'Acqua-Sola.

Mademoiselle du Rouvre, à l'instar des moineaux, bat de

l'aile ; la pluie lui va : Vive la pluie franche, drue, qui mouille et qui transperce! — Comme cela sent les miséricordes, cet amour pluvieux!

Rentrons chez nous.

La bande a dîné, le soir vient. Nargue aux éléments!

> Pluie du matin n'effraye pas le pèlerin,
> Pluie à midi réjouit son esprit,
> Pluie du soir lui rend de l'espoir,
> Pluie de la nuit en rien ne lui nuit!

Ce dernier axiome, sorti tout d'un jet des lèvres roses de mademoiselle Marthe, remet la bande *à flot*.

Demain nous irons sur terre, sur mer, et les palais des seigneurs, et la galère du Turc! Oui, le Turc en sa galère! Les dames veulent voir le Turc, et la galère, et je crois vraiment que si la galère emmenait les dames, les dames...

— Moi, je me défendrais.

— Moi, je supplierais.

— Moi, je bouleverserais le harem!

— Moi, je convertirais le sultan!

— Moi, je ferais tourner les tables!

— Moi, les têtes!

— Moi, je cirerais les bottes.

— Moi, j'entortillerais le jardinier, un esclave chrétien, duc et sénateur, et je me...

Il est grand temps de nous rendre au prône. Par la pluie, par les arceaux du port, par une rue noire, on y va. — On y arrive très sérieux.

C'est le culte évangélique italien. Il se tient en une salle basse. L'auditoire se compose de pêcheurs, de femmes du peuple et d'ouvriers.

Notre âme se dilate au milieu de la famille chrétienne. Il n'y a ici ni riches, ni puissants ; il y a de pauvres gens que

Jésus est venu chercher et qui ont suivi Jésus. Croyez-moi, cela fait du bien de s'asseoir auprès d'eux, de chanter leurs cantiques, de s'unir à leurs prières, de serrer ces mains un peu rudes, de se dire : « Ceux-ci sont mes frères ! » et de les aimer de tout son cœur.

Va, petite lumière de l'Évangile ; humble, vacillante comme te voilà, Dieu te garde. Tu ne périras pas.

QUINZIÈME JOURNÉE.

On court à la fenêtre. Pluie! plus fine, avec une sorte de transparence; le ciel s'éclaircit!
Mais quoi, les dames ont toisé Gênes, Gênes n'en reviendra point. Les compassions de mademoiselle du Rouvre ont beau parler, la vérité parle plus fort.
— Il reste quelque chose à voir, ici?
La question, faite d'une candeur dédaigneuse, avait sa cruauté, vous en conviendrez, mesdames.
M. et madame de Belcoster se regardent, rient un peu; et en marche!

Oh! oh! quel bruit! quelle foule! Est-ce fête aujourd'hui? Ces pêcheurs qui courent d'un pied leste, le bonnet rouge flottant sur leurs cheveux crépus, ces grands garçons découplés qui braillent à toute volée, ces belles filles, enveloppées du voile de mousseline, ces marchands affairés, ces magasins étincelants, ces bouquets inimitables, mosaïques, pavés de fleurs; et derrière la grille des palais, ces cariatides, ces arbres verts, ce murmure des fontaines; et dans la rue, la rue des *Palazzi*, large, imposante, ces équipages lancés à grandes guides, ces clameurs d'une ville puissante, ces constructions royales; du marbre, du marbre encore, en masse, en blocs; cela, c'est Gênes! la Gênes d'hier? Quoi, si éblouissante! quoi, si vivante! quoi, si pleine d'attrait!

— Oui, mesdames, c'est Gênes : la Gênes d'hier, la Gênes de demain, la Gênes de tous les jours, excepté quand il pleut.

Qui fut confondu? les miséricordieuses demoiselles. Qui était heureux? le Chef de bande. — Aux jours de victoire on connaît les grands cœurs : madame de Belcoster, modeste en son triomphe, une fois de plus le fit voir.

La bande, pour ses péchés, est tombée aux mains d'un cicérone bigot. Il la traine d'église en église, s'agenouille partout, informe M. le pasteur Nérins que, depuis l'année funeste où le gouvernement piémontais renvoya les jésuites, rien ne va plus dans le royaume : la vigne est malade, la polenta se meurt, la pauvreté s'accroît; les jésuites ont emmené la fortune du pays.

M. Nérins le rassure : — Il y a toujours des jésuites, même quand il n'y en a plus; et, croyez-moi, brave homme, là où jamais l'on n'en vit, la vigne se porte bien.

Saint-Mathieu, une de nos églises, possède deux belles choses : son cloître, et l'épée d'André Doria. Vous les connaissez, ces colonnettes déliées qui se découpent dans le clair-obscur; le soleil a beau darder ses rayons, la paix avec la fraîcheur repose dans les promenoirs silencieux. Et que je l'aime, cette fière épée d'André Doria! Qu'elle en dit plus sur son maître, là, hors du fourreau, rouillée, sévère, cette forte épée maniée par ce fort capitaine, que le plus beau sarcophage dans toute la pompe de son funèbre orgueil.

La cathédrale est-elle byzantine, romane, ni l'un ni l'autre ou tous les deux? je ne sais.

Nous la trouvons d'un grand style, bâtie jusqu'au faîte de marbre noir, de marbre blanc, alternés comme dans les mosquées arabes, avec son portail ornementé, très austère, un travail de ciselure poussé jusqu'à l'infini du détail, un de ces ensembles qui vous font, d'emblée, sentir que vous êtes au pays des nobles arts.

Troisième église, quatrième église, cinquième église.

— Halte-là! pour ce matin, *vabbene*, nous en avons assez.
— Il palazzo Gran ducale, Eccelenza?
— Palazzi, si; giardini, si; chièse, no!

Vous rappelez-vous cet escalier prodigieux, qu'au temps des Fiesque et des Doria, trente seigneurs, suivis de leurs pages, montaient ou descendaient de front? Vous semble-t-il pas marcher encore dans ces salles, vastes comme des nefs, pavées de scagliola, sous les travées d'une incomparable hauteur, émerveillé de ces colossales proportions qui, à elles seules, racontent les gloires d'un peuple!

Et ne faut-il point que là nous attende un bonhomme de gardien désillusionné, lequel, en toutes choses, s'étudie à voir l'envers! Il ne veut pas que son voyageur se blouse; il a de la conscience, ce garçon; de plus, un souverain mépris pour ce qui, reluisant, n'est pas or.

Ces statues rangées autour de la salle du conseil, artistement drapées, d'une majestueuse attitude :

— Du plâtre, les têtes, messieurs! — le *custode* tape dessus. — De la toile, les draperies! — sa baguette en fait voltiger les plis. — De la paille, les corps! — sa main soulève le pan d'une tunique. — Ici, messieurs, rien de vrai! rien, sauf le plancher, le plafond, et les quatre murs.

Ce modèle, là-bas, un projet de fontaine en l'honneur de Christophe Colomb :

— *Il* est beau, l'idée! *Il* devait s'exécuter à l'Acqua-Sola, *il* aurait été *stupendo!* Jamais ne s'exécutera, ni ça, ni autre chose! Ces colonnes, vous croyez ils sont dé marmo! Écoutez! — coup de baguette : — Creux, creux, sonnent creux!

Ainsi tapant sur le creux, sur le vide, sur la tradition,

sur les illusions, le gardien fait les honneurs du chez soi :

— Et quand lé souverain, il donne oun fête, *on sanzé dé sémize à tous ces messieurs !*

Là-dessus, éclat de rire final et salut à la compagnie.

Profitons du soleil, montons à la villa di Nègro. Elle n'offre rien d'extraordinaire, ni comme tenue ni comme luxe ; mais des terrasses plantées de verveines en arbres et de citronniers en berceaux s'étagent sur la colline ; dans cet abri, deux palmiers étalent leur panache ; il y a des caféiers au midi ; l'arbre à thé étend vers nous ses feuilles vernies ; et, tandis que ces aromes exotiques, qu'on ne respire pas en nos jardins, s'exhalent de chaque touffe, nos regards enchantés rencontrent une de ces splendeurs d'aspect qui rayonnent après, sur cinq mois d'hiver.

C'est Gênes, dans sa richesse inouïe, c'est la forêt des mâts, c'est le trait blanc des phares, ce sont les côtes, dessinées d'une main délicate et hardie. Puis la mer, la mer bleue, qui monte à l'horizon !

Un vapeur en partance jette au vent sa banderolle de fumée, un autre arrive et grandit ; des voiles étincellent à l'Orient, scintillent à l'Occident, le ciel déploie sur l'immensité ses pavillons d'azur.

Monsignor di Negro, un prêtre, dernier de sa maison, âgé de quatre-vingts ans, vit là, seul, bienfaisant, aimé, en attendant que la mort fasse passer tant de merveilles au marquis Spinola, son neveu.

Aussi, pendant que nos pas vont errant sur les pelouses de violettes, dans les grottes où s'ouvrent de nouvelles perspectives, sous les cédrats balancés par la brise, M. le pasteur Nérins, les yeux éblouis, murmure à part soi.

— Ah ! ce prêtre ! ah ! ce prêtre !

Encore des villas ! Jamais assez.

Mademoiselle du Rouvre a bien accroché une branche de quelque chose, mademoiselle Berthe l'a bien lorgnée du coin de l'œil; mais ce n'est pas de la chromatelle. Une chromatelle ou la mort!

Menez-nous aux Peschière.

Les Peschière, jadis l'habitation de riches seigneurs, abrite à cette heure un pensionnat de jeunes filles. Aux soins de l'horticulture la plus raffinée ont succédé toutes les négligences de l'oubli.

Restent les grottes, reste la végétation, que rien ne saurait empêcher de pousser à son gré.

Elles sont poétiques, ces retraites des néréides! Le parquet de mosaïque garde la fraîcheur des fontaines. Les parois incrustées de coquillages et de corail semblent dérobées aux profondeurs de l'océan. Il y a des voûtes tapissées de mousses, il y a des réduits voilés par les traînes des passiflores; dans l'ombre, il y a des cachettes où la fougère épanouit son feuillage plumassé; tout cela plein de mystère; l'eau y filtre limpide, s'y échappe en filets argentins qui chuchotent, qui fuient et vont s'épanouir au soleil. Des corbeilles d'héliotropes, de tubéreuses, de myrtes et de citronniers, attendent qu'une main savante les réunisse en bouquets. Il semble qu'une églogue de Virgile se récite là; les murmures la chantent, les doux aromes en parfument le souvenir.

Nos jeunes filles ont pris leur parti; elles veulent entrer en pension, aux Peschière, tout de suite; leur éducation n'est pas terminée, un véhément désir de s'instruire s'empare d'elles. Adieu galère, le Turc en dira ce qu'il voudra.

On s'arrête aux jasmins d'Espagne, les innocents de la bande grignotent des olives vertes, et voilà une chromatelle dans le sac!

Bande, tu peux visiter les palais.

Le palazzo Serra passe le premier, en vertu du million que coûta son salon doré : le salon du Soleil.

Il y a du d'or partout! C'est ce que la bande en peut dire de mieux.

Le frère du marquis, un célibataire, écoutez bien cela, mesdemoiselles, a consacré l'an dernier une bagatelle : neuf cent mille francs, aux décors d'un boudoir tout pareil! — Ni le boudoir, ni le frère du marquis ne donnent dans l'œil aux dames de la bande. Les Peschière ou le Turc, le Turc ou les Peschière, elles ne sortent pas de là.

Alors, entrons chez le marquis Brignole-Sale. Ici nous trouvons Van Dyck, ce roi des galeries génoises.

Le voilà, le type des beaux portraits. Le voilà, ce Brignole à cheval, avec son front lumineux, martial, bien ouvert; le voilà, ce hardi capitaine au fier visage, doux et gracieux aussi. Quelle liberté dans la main qui soulève le chapeau; comme la race est écrite dans le geste; quelle domination dans l'air de tête, et que la grandeur de l'artiste répond bien à la chevalerie du seigneur!

Mais ce front, rayonnant, cachet que Van Dyck met à ses toiles, ce front, siège de la pensée, foyer des résolutions viriles, tout illuminé des clartés de l'âme, c'est où je reviens sans cesse; là s'écrit : *A l'image de Dieu!*

Vous parlerai-je du Caravage, de sa *Résurrection de Lazare?* La mort bataille avec la vie; si elle abandonne les traits décomposés de Lazare, c'est à regret. Les incertitudes de ce combat dont aucune bouche ne redira les mystères, y sont rendus avec une inexorable vérité. Elle l'est trop; la réalité touche ici au réalisme; il y a trop du cadavre resté quatre jours au tombeau, pas assez du ressuscité à qui Jésus dit : « Lève-toi! » — On s'écrierait presque avec Marie épouvantée : « Seigneur! il sent déjà! »

Revenons à Van Dyck. Vous les connaissez, ces tableaux où le peintre réunit les enfants d'une même famille. Vous les avez présents à la mémoire, ces doux visages candides, ces yeux où nagent des limpidités azurées, ce sérieux presque austère, comme si l'âme, venue des cieux, s'étonnait de la vie et de nos puérilités.

Ces tableaux-là, ces portraits-là sont hors ligne. Les sujets traditionnels, sous le pinceau du peintre, me satisfont moins. Et tenez! son *Rendez à César ce qui appartient à César*, froisse mon sens artistique aussi bien que mon sentiment religieux. Jamais ces vulgarités d'expression, jamais ces trivialités de mouvement, n'eurent rien à faire avec le Seigneur. Mais, donnez au Maître une tête de son époque à reproduire, elle sortira géniale; elle, point une autre; et je vous mets au défi de me montrer sur ses toiles, le trait banal, la bouche ou le nez du siècle : la bouche en cœur du temps de Louis XV, le nez fortement bâti du temps de Louis XIV, le maigre profil avec les grands yeux caves de Louis XIII. — Et pourtant ces figures, très caractérisées, portent le cachet du Maître, et dès que vous les voyez, vous criez : Van Dyck!

Quant au palais Durazzo, on le dirait taillé dans le mont Pentélique. Cour de marbre, colonnes de marbre, escalier de marbre, murailles de marbre : tout ce marbre d'une si éclatante blancheur qu'on reste immobile, ne sachant si l'on osera effleurer du contact de sa personne cette immaculée merveille de pureté.

L'architecture nous semble plus sévère à Gênes qu'à Venise, plus monotone aussi; on n'y retrouve ni la fantaisie de l'Orient, ni les caprices du moyen âge; les génies étrangers ne l'ont pas frôlée de l'aile; elle garde je ne sais quel caractère rigide et dur. — Cette austérité lui convient. Ce sont bien là les demeures des dompteurs de la mer. On y sent la puissance de l'âme qui a voulu, du bras qui a conquis.

Pour cette fois, la bande se tient quitte des palais.

Le dernier vu, nous rentrons chez nous. Et tandis que nous traversons la rue Carlo Felice, voici venir la chiourme : galériens à l'habit rouge, rasés, traînant la chaîne; les plus tristes misérables, sous le plus hideux accoutrement; au milieu de ces splendeurs !

Que stigmatiser le pécheur en lui imposant la livrée du vice, ce soit l'arracher aux fanges du bourbier; que promener sa dégradation parmi nos vertus, ce soit un acte de haute charité chrétienne, voilà ce qu'on me persuadera malaisément.

En mer !

— Oui ! oui ! la mer, la houle !

Les dames de la bande, pas madame de Belcoster, soupirent après l'élément perfide. Monter à vingt pieds sur la crête d'une lame, descendre à vingt pieds au-dessous; avoir... ce qu'on a par le tangage et le roulis; ces dames ne rêvent que cela.

Mais, avant tout, la galère du Turc !

— La galère, mesdames, tant qu'il vous plaira. Seulement, la galère est un peu sale, le Turc un peu malpropre, le pacha guère plus savonné qu'il ne faut; et je crains que montant sur la galère, vous n'en redescendiez plus... plus... moins...

— Monsieur, nous comprenons.

Le vent fraîchit, le canot glisse entre les navires.

Ce bâtiment vient de Hambourg, cet autre de New-York, ce trois-mâts d'Espagne, cette felouque de Grèce. Les dames se sentent marines : vivent les voyages au long cours !

Cependant la nacelle se soulève et s'abaisse; à mesure qu'on se dégage des navires, la mer enfle son sein; sa grande voix gronde, la vague s'alourdit.

— Eh mais ! eh mais !

Proue en haut, poupe en bas.

Des dames, les unes se taisent et pâlissent; les autres, qui chantent, tournent au citron clair!

— Délicieux! Mer, oh! mer. — Pourtant on ne serait pas fâché d'arriver.

Nous y sommes. On accoste la frégate; on met le pied sur le tillac.

Ce navire, tel que vous le voyez, c'est l'Amérique même; le pays de liberté.

Allez où vous voudrez, faites à votre guise; personne pour vous diriger, personne pour vous entraver; en avant, en arrière, vous êtes chez vous, et nous chez nous.

Rien d'hostile, pas l'apparence de cette hauteur dédaigneuse qui filtre au travers de la nationalité britannique. Point de prévenance non plus, encore moins de bonne grâce : l'indifférence de l'homme fort, qui, s'étant fait à lui-même sa route dans la vie, pense que, sur son navire, vous pouvez bien vous la faire aussi.

Magnifique, ce vaisseau : une île flottante. A l'entrepont, l'orchestre militaire, composé de Siciliens, joue à tout rompre. Les canons de bronze reluisent le long des bordages; à côté de chaque pièce se tient la sentinelle, grave, réfléchie, tenue exacte. Au milieu, circulent les matelots; figures d'hommes libres, de forts lutteurs contre le flot des circonstances; larges poitrines, membres solides, des têtes haut portées, je ne sais quoi de rude et d'un peu farouche, avec de la bonté.

Ils se promènent deux à deux, trois à trois, bras croisés, en princes du navire, en maîtres du monde. Leurs fières narines respirent l'égalité. Il y a quelque chose comme le droit commun écrit sur ces fronts. Peut-être aussi, dans ces puissantes constructions humaines : le droit du plus fort.

Parmi eux vont et viennent les mousses, types du beau visage d'enfant, très sincère, très ingénu, avec de grands yeux autour desquels ondoie une abondante chevelure : la candeur unie à la valeur.

Ce qui se détache sur ce fond énergique, c'est le respect de l'individu : la *self possession*,

L'homme se gouverne; il ne demande quoi que ce soit, à qui que ce soit. Il obéit dans la sphère où il a engagé son indépendance; cette sphère est circonscrite, les limites en sont nettement fixées; par delà; il redevient homme, l'égal de tous.

Toutes les carrières, en effet, s'ouvrent au citoyen des États-Unis, toutes les fortunes lui tendent la main, aucun état ne l'abaisse; il porte en lui sa noblesse, inaliénable : matelot aujourd'hui, demain charpentier, roi dans son pays; et ce pays est le roi de l'avenir.

Cependant la musique a cessé. Les groupes se forment autour des tables, c'est l'heure du repas; nous allons à notre fantaisie; on ne se dérange point, nous ne dérangeons pas, chacun pour soi, Dieu pour tous. Si nous adressons une question, on nous répond sans excès de politesse, sans excès du contraire. Nul ne nous indique notre chemin, nul ne nous empêche de prendre celui qui nous plaît.

Il est très agréable de n'être point gêné, il le serait davantage d'être un peu reçu.

La bande ne sait trop que faire de son indépendance.

Elle va de çà, elle va de là; sa discrétion la retient sur tous les seuils, personne ne la presse de les franchir; elle n'a pour la piloter qu'un pauvre petit Sicilien, détaché de l'orchestre, qui lui trotte sur les talons.

Cette majesté du vaisseau, surtout cette vigueur de nationalité, l'impressionnent fortement. En trois coups d'aviron elle a franchi l'Atlantique. Et, dame européenne, telle que la voilà, faite à l'ancienne courtoisie, elle se trouve quelque peu dépaysée.

- Entreponts sur entreponts.

Allez, venez, prenez la droite, enfilez la gauche, tant que

vous voudrez! Seulement, le commandant fait dire qu'on n'entre pas chez lui.

La bande remonte, émerveillée, interloquée. Comme elle se disposait à partir: crac, le commandant se ravise, lui envoie un message, et la prie de visiter ses salons.

Le commandant, égal à lui-même, se tient devant sa porte. Il nous montre tout; tout est décoré d'un goût sévère, ou plutôt, sans quoi que ce soit qui indique du goût : ce qu'il faut, rien de plus, rien de moins; comme le commandant, comme l'équipage.

Convenons qu'un peu de superflu fait grand bien.

Superfluité des arts, superfluité de la grâce, oh! vous, les doux effluves qui émanez des choses et des natures d'élite, que vous convenez bien à notre vieux monde, que vous lui formez une lumineuse auréole, et que sans vous les beautés seraient nues, les solidités sèches à l'œil, les vertus arides au cœur!

Un bout de conversation, et adieu.

Cependant, mademoiselle Lucy veut emporter un croquis. Tandis qu'elle le prend, madame de Belcoster essaye de prendre un chat, un jeune chat républicain, qui glisse derrière les libres cordages d'Amérique, en se moquant de l'Europe et de ses câlineries.

Il y a sur le pont une manière de négociant, d'entrepreneur, qui a suivi de l'œil les mouvements de la bande. Il est là pour ses affaires, évidemment; tantôt assis sur un bastingage, tantôt debout, un signe à celui-ci, un coup de tête à celui-là, et de l'avant à l'arrière et de l'arrière à l'avant, sans s'embarrasser d'âme qui vive, sans qu'âme vivante s'embarrasse de lui.

Au moment où le minet y pense le moins, une main l'a saisi, la large main du négociant en redingote; il le présente à madame de Belcoster; on échange quelques mots; le négociant s'excuse du désordre qui règne sur *son* bord. Le négociant est tout simplement le second du navire.

Juste à point, un grain se déclare. Le second de décider que la bande ne peut reprendre la mer : — Apportez des fauteuils! — Tous les mousses en émoi.

Voilà donc la bande confortablement étendue dans les grandes branloires américaines. On cause des États-Unis, de l'Océan, des voyages. Depuis trente années le second navigue. Le second est l'homme de sa vocation : droit, juste, intrépide, pas plus tendre qu'il ne faut, d'une bonté mâle, effective, et ne regardant guère au delà de son métier. Ni les questions incidentes ni les idées générales ne le travaillent. C'est une volonté plus encore que ce n'est une intelligence. Il a de l'esprit, mais rigoureusement appliqué aux réalités de la vie; il a lu, mais ne s'assimile que des livres spéciaux ou positifs. Il aime de Poë pour la logique des détails; il dédaigne Longfellow, qu'il appelle un songeur.

— Célébrez-vous un service religieux, à bord?

— Non, pas régulier. Quelquefois le commandant lit les prières.

— Vous n'avez pas de chapelain?

— Non, nous ne sommes pas catholiques; nous allons au ciel ou en enfer sans prêtre.

— Ah! monsieur, c'est au ciel qu'il faut aller, l'Évangile suffit pour cela.

Il reste pensif :

— Nous possédons la Bible.

— Si vous établissiez une classe du soir pour vos hommes, ne serait-ce pas bien?

— Nous avons une bibliothèque.

— Excellent; mais un simple culte de famille, ici, sur la vaste mer, tout près du Créateur, ne serait-ce pas mieux?

— Oui, cela serait bon.

Le grain redouble. De tous côtés partent des coups de sifflet avec des commandements à voix rauque. Les matelots grimpent et détachent la tente. Le second nous presse de descendre à l'entrepont; les fauteuils nous y ont précédés. — Une frégate, américaine, et s'y établir! Bande du Jura! qui te l'eût dit au mont Tendre, en cet autre jour de pluie, cachés sous le dôme des sapins!

C'est très agréable, le pittoresque; c'est charmant, l'inattendu. Faut-il s'en tenir là? Nous, qui prions pour la destruction de l'esclavage, nous qui écrivons, en la personne d'un de nos amis, même assez intime, de beaux et bons livres contre cet épouvantable fait, quitterons-nous l'Amérique sans que s'émeuve notre cœur, sans que parlent nos convictions?

— Monsieur, nous aimons votre pays, nous le respectons, nous lui souhaitons une glorieuse prospérité, mais...

— Je suis propriétaire d'esclaves! interrompt le lieutenant.

— Eh bien! monsieur, c'est cela; de toute notre âme nous désirons l'émancipation des esclaves.

— Jamais elle n'aura lieu.

— Oh! ne le dites pas!

— Vous croyez aux fables de madame Beecher Stowe? — Le lieutenant sourit avec amertume : — Les ventes, n'est-ce pas? la séparation des familles, sur les marchés, comme du bétail?

— Monsieur, nous croyons ce que nous voyons. Il existe des maîtres équitables, nous n'en doutons point; cependant les idylles de l'esclavage nous trouvent sceptiques. Journellement, chez vous, on arrache les enfants à leur mère, et on les vend; on ôte les femmes à leur mari, et on les vend.

— Ce sont des contes!

— Monsieur, ce sont des réalités. Tenez, mon frère, botaniste, reçoit chaque année des plantes de la Nouvelle-Orléans; les paquets lui arrivent enveloppés dans les journaux du pays; chaque numéro contient des annonces de vente : le père sans les enfants, les enfants sans la mère, le mari sans la femme. Or, ce ne sont ni des abolitionistes qui les rédigent, ces feuilles, ni des abolitionistes qui les envoient.

— Nos esclaves se trouvent plus heureux sur nos plantations que vos ouvriers dans vos fabriques.

— Alors, pourquoi s'enfuient-ils?

— Mes esclaves sont bien chez moi.

— Chez vous, oui; mais si vous tombez malade, si vous mourez?

Point de réponse.

— Rappelez-vous les belles paroles de votre constitution : *Tout homme naît libre.*

— Il naît libre, mais ne le reste pas.

— Il naît libre, vous l'avez dit; après, vendu comme un animal.

— Mes esclaves m'aiment; je leur fais du bien. Les émanciper, jamais !

— Eh ! monsieur, ne croyez pas que nous en parlions à notre aise ! nous connaissons vos difficultés, nous les savons énormes. Seulement, il y a là un crime ; et de votre part, à vous, nation qui vous proclamez chrétienne, il y aurait un beau témoignage à rendre à la Parole du Christ.

Le lieutenant se mord les lèvres.

— Nous ne vous jetons pas la pierre, ne le pensez pas; nous avons certainement, dans nos vies, des péchés analogues au vôtre; nous supplions Dieu de nous les montrer, de nous les arracher, aussi de vous éclairer l'âme, de vous réchauffer le cœur !

— Je n'émanciperai jamais. Avant que croule l'esclavage, la terre croulera.

En proférant ces mots, la voix du lieutenant s'altère. On eût dit qu'il répondait au cri de sa conscience par le cri de sa volonté.

— Monsieur, vous émanciperez un jour. Nous le demanderons à Dieu, et tant, que vous serez vaincu !

Le second oppose un signe de tête négatif. Puis, comme s'il cherchait un terrain neutre où se réfugier :

— Nous avons des nègres à bord.
— Comment les traitez-vous?
— Comme les blancs.
— Pas de différence?
— Aucune.
— Vos hommes mangent avec les noirs? Ils suspendent leurs hamacs à côté de ceux des nègres?
— Oui.
— Alors, ce que vous faites ici, sur votre navire, dans ce petit monde, faites-le en Amérique, dans votre grand monde : tout ira bien.

Le grain a passé, le ciel s'est éclairci, la mer s'apaise. Il n'y a pas de raisons pour prolonger, car, si l'on prolongeait, il n'y aurait pas de raisons pour s'en aller.

La bande se lève. M. et madame de Belcoster tendent la main au lieutenant. *Shake hands* vigoureux; on échange les noms.

Nous, de la bande, que nos prières ne ressemblent pas à ces tourbillons de feuilles mortes que promène et que disperse le vent [1].

L'hôtel où nous logeons, *la Croix de Malte*, est un palais; notre hôte, un seigneur du meilleur monde, l'affabilité même, délicat en ses procédés, large en ses façons. Chaque fois que passe la bande, un vieux doge d'occasion, doge complet : barbe blanche, moustaches blanches, vénérable, magistral, sort de la case où il remplit les modestes fonctions de concierge, et, debout, la *famiglia* rangée sur deux rangs, salue profondément les dames.

---

1. Ceci se passait en 1857. — En 1865, il n'y avait plus d'esclaves aux États-Unis.

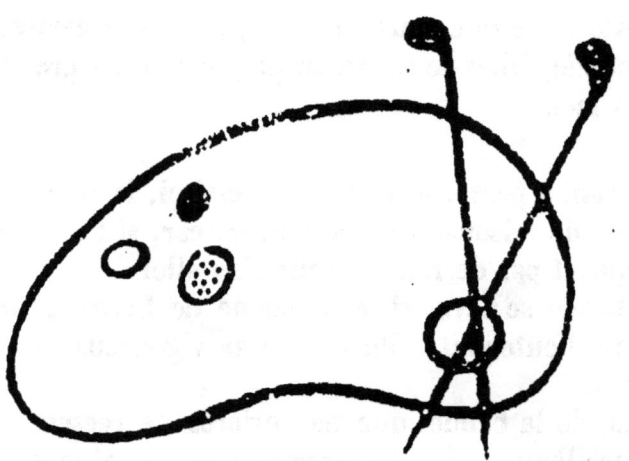

Début d'une série de documents
en couleur

Monsù Nevil [...]
tanista conosciuto per tut[t]o il mond[o]

[...]

Il est avec un vero dolour che j'ai l[e]
[soi]n de vous affligter de la pénible no[u]velle
vostre [ch]armante soeur avec tut le prézios[e]
galle che le s'accompagne, il a été porté [...]
mer par li Turc, insù la sua gallera.
Je vous veux dire come la so[g]é il é arrivé
la nobile compagnie il s'etoit rendu sulla
[galle]ra del Turc ch'il étoit [au] port. Le
il offre la collazion alle incomparab[ile]
[dam]igelle; il prenne li sor bor[d] [...]
[la] fraîcheur della Tramontana [...]
[...] l'ancre, quand [...] arrivé [...]

il jette in una barchetta, il Signor Conte, il Signor Prete; e le poverette Damige où il sont, moi je sait pas!

Li Console de France il s'imp=mé; tutti li Bersaglieri il sont all risserce por li ricorrar.

La spesa il è un poù forte, ma per riaver si virtueuses Damigelle, al danar li parent il ne saurait riguarder.

Per mi je souis deja à découvert de du mille piastre forte di Spagna che je sous prié de mi ritorner, sull'onorabil·sima casa Buoncompagno di nostra città.

Nous voulons rien négliger; né roba di cura, né argent il nous coutera rien per ricuperer en son bon condition cé trop pen leur malour

Divine Damigelle.

Jor li Servitor il è destiné per l'harem del gran Turco, gran dommage il è, por lui; tout dé même, ren il sera négligé.

J'attends vos Onourables ordres Monsà e illustrissimo Signor, e la lettre dé sanze avec laquelle j'ai l'onour d'être a vita e morte de vostre Eccelenza le Servitor umilissimo

Zampolla

negoziante in zucche vice console de la Svizzera in Genova
28 Settembre 1857

Alla Sua Eccelenza
Il Signor Mein
Illustrissimo Botanista
a Valpeyres
Cantone di Vó.
Svizzera

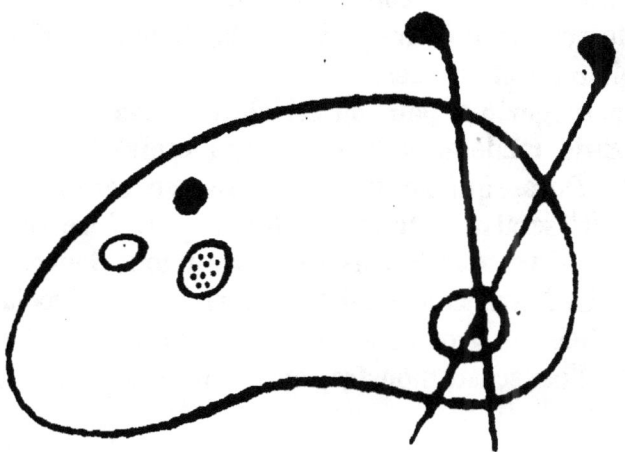

Fin d'une série de documents
en couleur

S'appuyer aux balcons de marbre, songer à la frégate, beaucoup aux esclaves, pas mal au second; regarder le couchant, cet or pâle sur cette zone d'un bleu tout ruisselant de lumière, la bande le fit longtemps.

Le canon du soir retentit à la nuit close, la frégate tonna de sa grosse voix, la galère du Turc répondit comme elle put. Les coups allaient se répercutant en échos prolongés. Quand on eut bien rêvé, on soigna la chromatelle, on causa du Turc déchu, de l'Américain triomphant. On se sentait à la fin d'un de ces beaux jours pleins de bonheur, qui ont un lendemain plein de promesses.

Pour se soulager un peu, on écrivit à M. Maurice Nevil une lettre. Puis mademoiselle Lucy, qui craint la mer, et mademoiselle Dora, qui ne la craint pas, se sentirent un certain attendrissement intime qui les disposa à se retirer chez elles. M. le pasteur Nérins s'endormit tout doucement sur le sopha. La lettre, copiée en belle écriture de négociant, dûment paraphée, un gros pâté au milieu, pour la parfaire, on la cacheta d'un sceau monstre, on la mit à la poste, et la voici :

SEIZIÈME JOURNÉE

Beau soleil ! Deux voitures, attelage rapide, grand train jusqu'à Recco, *riva di Levante*! Et nous ne reviendrons que ce soir !

Les mulets, ornés de fanfreluches, apportent en ville les fruits, les légumes et le bois à brûler. Les capucins à l'œil vif traînent leurs sandales sur les trottoirs ; les abbés au regard éteint promènent çà et là leur robe noire avec leur pâle visage. Les jolies filles génoises rassemblent les plis du *mezzaro* dans leurs mains mignonnes, et, à mesure que nous quittons les faubourgs, nos voitures croisent de massives berlines où s'empilent prêtres, femmes, enfants, citadins, *contadini*, dedans, dessus, derrière, devant ; tant que peuvent tirer deux malheureux chevaux efflanqués.

Voici la colline parsemée de villas et de jardins. Les palazzi brillent de toutes les couleurs de l'arc-en-ciel ; pas une teinte froide. Il faut de l'art à cette nation ; il faut à ses yeux quelque chose qui les égaye ; il faut à son génie les belles lignes de l'architecture. Quand elle ne peut les obtenir en taillant le marbre, elle se les procure en colorant le plâtre. C'est un goût hasardé ; ailleurs ce serait un goût déplacé ; c'est du goût toujours, le *gùsto*, ce vif instinct à qui l'indispensable ne suffit pas, qui a besoin de plus, qui se le donne, coûte que coûte, au prix même des règles reçues et de la correcte élégance. Dans cet azur, parmi ces arbres éternellement verts, adossé à ces Apennins empourprés, sous cette couronne murale de forts, cela rit, on dirait que cela chante; vous ne le voudriez pas autrement.

Fraîcheur de ce beau matin, journée rayonnante, nature si agreste et si joyeuse; que vous m'avez hantée, que vous m'avez fait pousser de longs soupirs! Influence du bleu, du bleu dans les cieux, du bleu de la mer azurée, influence du jour splendide et des tièdes haleines, influence des arbres qui ne jaunissent pas, et de vous, orangers, et de vous, citronniers, souffles de bonne senteur qui passez sur leur feuillage, oh! que de sérénité vous versez dans le cœur! Qu'il fait bon errer dans vos zones fortunées! Que l'existence y est un grand charme, et de respirer, et d'aller devant soi, sans songer à rien.

Chez nous, par les brouillards, par l'âpre bise, souvent la vie est un fardeau. Au réveil, on sent le joug, et qu'il faut recommencer le labeur, et que le ciel est gris, l'air humide, mordante la dent des autans, et qu'ils pleurent en notes lugubres, et que ce sera comme cela demain, après-demain, quatre mois, cinq mois durant! Ici, dès l'aurore, le ciel et la terre rient à l'homme; s'il pleut, demain le soleil brillera; d'ailleurs, c'est une bourrasque, point monotone, point ennuyeuse; après s'épandent les parfums; après, la terre vite essuyée refleurit dans sa fraîcheur nouvelle : toujours un bourgeon qui naît sous le bourgeon qui meurt.

Comment tout cet azur ne se refléterait-il pas dans l'âme? Comment, dès l'aube, l'homme, ainsi que l'oiseau chanteur, ne saluerait-il pas le beau jour?

En face de telles splendeurs, les tristes pensées ne tiennent guère. Est-ce un mal? — Nous autres, du Nord, baignés dans cet air suave, nous ne savons plus que nous épanouir et remercier Dieu.

Pourtant les Italiens, s'ils sont rieurs, sont abstraits; s'ils vivent d'impressions, vivent encore plus d'idées; le sentiment, chez eux, n'a pas toujours cette profondeur qu'on lui trouve en nos zones pluvieuses; toutefois la pensée domine, et l'intelligence, avec la volonté.

Un tournant nous a ramenés vers la mer. Ce n'est plus l'Adriatique déserte, ce ne sont pas les houles jaunâtres de l'Atlantique; c'est la Méditerranée dans son éclat de saphir, pénétrée de soleil jusqu'à l'extrême horizon.

Sa voix puissante, qui déborde d'allégresse, emplit l'air. Elle bondit contre ces rochers qu'elle a creusés en grottes, qu'elle couvre de folle écume. Elle vient amoureuse, flot après flot, baiser la plage. Au loin, elle s'étend resplendissante en sa paix. Et, par un mirage du souvenir, il me semble voir là-bas, là-bas, l'Arabe au teint cuivré, pousser sa caravane sur les sables, le palmier de Syrie se pencher vers la vague, les grands pylônes d'Égypte trancher de leurs lignes étranges les plaines du désert qui succèdent aux plaines de la mer.

Nous volons sur la rive enchantée. La poésie est partout : dans cette charrette, comble de fagots de jasmin; dans ce déménagement, l'opération la plus vulgaire de la vie humaine. Il n'y a que des chaises, si vous voulez; quelques mauvaises tables, et le propriétaire qui suit; mais ces chaises sont en bois de figuier, mais ces meubles sont de vieux meubles, *roba antica*; mais le propriétaire est un pêcheur à la peau basanée, au regard de feu; sa femme se ploie dans un voile blanc, ses enfants ont la tête bouclée, de grands yeux expressifs : ce sont les modèles de Van Dyck !

Rien qu'un homme accoudé au mur, le regard perdu sur l'immensité, rien qu'une femme qui marche pensive, son nourrisson dans les bras, rien que cela nous jette en des rêves infinis.

A notre gauche, la base des Apennins se couvre d'oliviers

qu'on ne taille point et qui balancent haut dans les airs leur libre ramée. Parfois ils franchissent la route, descendent à droite jusqu'au flot, et le regard, à travers leur feuillage léger, plonge dans les profondeurs de l'eau. Les tamarisques étendent sur quelque roche leurs rameaux dentelés comme la branche du corail; le figuier cache les murs sous ses jets d'un vert opulent. Des anses au remous tranquille viennent mordre la côte, et les pins en parasols s'inclinent pour y mirer leur profil.

Chaque fois que s'entr'ouvre un vallon, qu'un torrent glisse à la mer, quelque village assied des deux côtés ses casins; alors les enfants courent pieds nus sur la plage, les femmes y étendent le linge qu'elles ont plongé dans le *fiùme*. Il va, fil d'argent, s'effacer sous l'écume de la vague; un pont lui jette son arche, sous l'arche on voit déferler la lame, au loin passe une voile blanche.

Te voici, Nervi, jardin de Dieu dans ce paradis!

Sur la terrasse qui surplombe, des orangers! Au fond du val que creuse un caprice de la montagne, des orangers! Dans ce jardin dont les plis ondulent jusqu'au golfe, des orangers! Derrière cette muraille et par-dessus, des orangers! Des orangers énormes, des troncs épais, de fortes branches aux solides verdures. Parmi, les villas, toujours des couleurs insolites, et ces couleurs vous plaisent; toujours une architecture bizarre, colonnes, portiques à moitié peints, à moitié vrais, et vos yeux restent enivrés! Ah! Nervi! Nervi! un printemps sous tes bosquets!

Nous allons trop vite. Nous voudrions retenir les quatre chevaux de nos calèches, mieux encore, le quadrige du soleil! La végétation chauffe en quelque sorte; le romarin projette sa touffe roide hors des crevasses du rocher; le mimosa de Corfou parsème le gazon de ses houppes d'or embaumées; l'olivier, créé tout exprès pour les perspectives idéales de la mer, penche son tronc déchiré sur les flots; la vigne accroche çà et là ses pampres; les cyprès plantent leur pyramide noire au sein des abîmes de verdure; le jujubier, l'azerolier couvrent les pentes, et sur quelque vieux porche, le micocoulier arrondit son dôme aux ombres puissantes.

Soudain, à ce détour, en face de la haute mer, un agavé! le grand aloès de la terre africaine! Le voilà, dans la gloire de sa force! le voilà, dans l'amplitude de ses proportions monumentales, hardiment campé sur le plan vertical, la hampe redressée, un candélabre de vingt pieds! Il se profile sur le ciel, droit, mince, couronné de ses fruits. Ce caractère tropical, ces dimensions en dehors des nôtres, ce jet d'une nature gigantesque, cet écrasement de la pauvre floraison d'Europe, tout nous apparaît à la fois!

Elles étaient deux, les girandoles, superbes, et narguant les bourrasques; elles nous attendaient là; ni cultivées, ni abritées, vierges de la main des hommes, nées d'un sourire de Celui qui dit : Sois! et la chose fut.

D'un cri nous les avons saluées. Hourra! debout, les mouchoirs en l'air. Hourra! vous des régions bénies, vous des zones radieuses où la terre parfois humide, jamais glacée, enfante de nuit et de jour!

Hélas! nous sommes à Recco, déjà.

C'est fête, la fête de saint Michel, patron de la vieille cité. Des banderoles se déroulent aux fenêtres; sur la place flotte une bannière bleu céleste : *Sàn Michèle, protettòre dèlla marina di Rècco*, foule d'un pied distrait le dragon, qui ouvre jusqu'aux oreilles sa gueule écarlate. Les cloches tour à tour sonnent à pleine volée ou babillent en un carillon constellé d'étincelles. Des lambeaux d'étoffe rouge tapissent les murs; les hommes de Recco, *in fiocchi*, le feutre noir relevé d'une plume, suivent les groupes rieurs des jeunes filles au *pezzoto* virginal.

TRATTORIA DEL GRAN COLOMBO!

Mesdames, entrons au cabaret.

La bande, tantôt *roba* di palazzo, tantôt *roba* di trattoria, monte l'escalier borgne. Elle arrive en une petite cuisine où siège l'hôte, court de jambes, trapu, bossu, un Carême qui a vu la France, le prend de haut, le porte beau, et se vénère soi-même d'un grand sérieux.

La femme de l'hôte, épaisse, courte, pas bossue, mais un peu boiteuse, court au moindre signe de son époux.

— Avez-vous du poisson?

— Non. Ma zé vi donnerai dé sampignons!

— Avez-vous des aubergines?

— Non. Ma zé vi donnerai dé sampignons!

— Avez-vous des figues, des raisins?

— Non. Ma zé vi donnerai dé sampignons! Mé sampignons, comprénez-vous, il é quelque soze, maraviglieux! Vi vérrez!

— Très bien; en attendant, si vos champignons nous empoisonnent?

— Veleno! zamais! Mé sampignons, il tue pas; *roba di vita!* E puis, zé vi donnerai encore... vi verrez, vi verrez! Zé counais la cuisine, savez-vous? Zé souis été en France! Zé vi férai ouna collazione! à *la foursette!* Vi verrez!

Pendant que les fourneaux s'allument, hâtons-nous vers la plage!

Mademoiselle Lucy dessine, mademoiselle Hélène aussi. Que dessinent ces dames? Un portail à demi ruiné, les pierres dans l'eau. l'eau dans les pierres, les barques sur l'eau.

Mais connaissez-vous cette fascination du flot? On la regarderait éternellement, la transparente muraille, qui s'enfle monte, accourt! Elle est menaçante, elle est furieuse; elle se déchire au sommet, puis elle s'abat, et vient tout échevelée mourir au rivage qu'elle couvre des flocons irisés de son écume.

On l'agace, la vague moqueuse; et lorsque, baissé sur le sable, on s'oublie à quelque coquillage échoué, elle revient perfide, elle revient soudaine, folle en ses allures, et la bande inondée de courir.

Au loin, la grande voix de la houle, une clameur infinie se promène sur l'étendue. Il y a aussi, en de certaines places, le bruissement joyeux du gravier qu'entraîne et que ramène le flot.

C'est toujours le même mouvement, solennel en sa pérennité, avec mille incidents pleins de fantaisie.

La lame déferle toujours; mais capricieuse, tantôt elle se rompt ici, tantôt elle se brise là, mouillant ce qu'elle a respecté, respectant ce qu'elle a mouillé.

Et le temps passe, et les heures glissent, et l'on comprend bien comment il y a des peuples qui vont le matin s'étendre sur le rivage, qui tout le jour écoutent ce que leur dit la mer, vivant d'air, de lumière, de quelques fruits, d'un bout de macaroni; et qu'on y retrouve le soir, au soleil couchant, et qu'on y retrouve la nuit aux étoiles, et qui ne rentrent dans leurs masures que pour revenir demain sous les lambris célestes, dans ce palais aux candélabres d'aloès, aux colonnes de palmiers, aux coussins de lavande, aux berceaux d'orangers, à la vasque immense dont les eaux vont mouiller la terre antique, la terre d'Éden, la terre des Pharaons.

Deux ou trois coups de fusil nous font souvenir qu'il y a un Recco, dans Recco un cabaret, dans le cabaret un déjeuner, et qu'il se faut nourrir pour ne pas mourir de faim.

Au fait, de passage dans les palais, la bande n'est chez soi que *nella trattoria del Gran Colombo*, ou dans la pinte de Bullet.

Voulez-vous savoir ce que nous mangeons? Des côtelettes, des pommes de terre frites, des figues, des raisins, des châtaignes, et les fameux *sampignons* : les uns hachés, les autres pilés, ceux-ci rissolés dans l'huile, ceux-là, aunes, feuilletés, blanchâtres, l'air traître, bouffis de venin! Quant à ces derniers, les désespérés seuls y goûtent, ceux qui trouvent qu'après Recco, il n'y a plus qu'à tirer l'échelle. On dévore. Personne n'en meurt. Quand tout y a passé, arrive le petit hôte triomphant, dans son auréole de cheveux crépus.

— Comme ils ont trouvé lé dézeuné, cé messieurs? Et lé sampignons? Hein! *cari*, pas vrai? Et cé plat, célui-là?

— Excellent, prodigieux! Mais qu'est-ce donc que ce mets-là?

— Ça?

L'hôte resplendit, puis se tapant à grands coups sur l'estomac :

— Ça? il é du ventré dé veau! Il é du ventré dé veau farci! Z'y ai mis tutté sorté dé sozé : dé la cervelle! — Grand coup; — dé trippé! — grand coup; — dé la langué. dé porc! — grand coup; dé z'oreillé, dé poitriné, dé rognon, dé foié, dé pied!

La bande n'en peut plus; elle demande d'un seul cri du café noir. L'hôtesse apporte un plateau garni de verres à liqueur; sur le plateau un pot, *talis qualis*, rempli d'une décoction quelconque. On verse dans les verres. M. de Belcoster trouve la tisane excellente, mademoiselle Hélène la trouve nauséabonde, M. Nérins déguste et rit, les autres se pâment.

Nous sommes revenus aussi lentement que nous avons pu.

Le jour décline. Les Apennins s'enveloppent d'un vêtement de lumière. Carrosses et pêcheurs couvrent la route. Pas une porte devant laquelle quelque jeune mère ne fasse sauter son marmot, pas un détour où ne flamboie quelqu'une de ces grotesques berlines peinturlurées, pas un coin de plage où les enfants ne piétinent dans l'eau.

Et la rentrée à Gênes! Les hommes en beaux habits, car

c'est fête, toujours ; les femmes en gala, celles du peuple comme les dames, en triples volants, des étoffes roses, bleues, et les plis transparents du voile, et la fine chaussure ! Elles sont jeunes, elles sont belles, cette grande toilette leur sied ; elles rient des yeux, des lèvres, elles montrent leurs dents blanches ; les matelots cheminent gaiement, leur chapeau de cuir planté derrière la tête ; le Génois de la mer se ploie dans le brun caban ; tout se réjouit et tout éblouit.

— Ma chromatelle ! qu'est devenue ma chromatelle ?

Mademoiselle du Rouvre parcourt l'appartement un verre à la main :

— Ma chromatelle était là, hier soir ; elle y était ce matin ; elle trempait dans l'eau !

Le fait est qu'elle n'y trempe plus. Il y a bien le verre ; il n'y a plus d'eau, ni de chromatelle.

On mande la femme de chambre.

— Mademoiselle, j'avais là, ce matin, une chromatelle !

— Chro... ma... tella ?

— Oui, une branche, un petit morceau de bois, avec des bourgeons !

— Haï ! pòvera mè ! L'ho gettàtta vìa ! Credèvo lo fòsse ròba di niènte [1] !

— *Roba di niente!* Une chromatelle vol... n'importe ; c'était ma chromatelle !

Que faire ! n'y pensons plus : Il y a encore des îles Borromées, et des jardiniers à ... — Le courroux de mademoiselle du Rouvre s'efface en un sourire.

Nuit close, notre bande, belle et pimpante, vraie bande génoise, se rend au café de la Concordia.

1. Aïe ! pauvre de moi ! Je l'ai jetée ! je croyais que c'était un n'importe quoi de rien !

Nous nous sommes assis là, au clair des étoiles, au son des cavatines, et quand elles se taisaient, au bruissement du jet d'eau, dans la nuit suave, l'oreille caressée par le doux parler italien.

Ce que soulève le vent, ce sont les fleurs du laurier-rose; ces pommes qu'il fait lentement balancer, ce sont des cédrats. L'heure s'échappe; elle fuit si légère, si tiède, si parfumée, qu'on ne la sent pas marcher.

Pourtant il faut partir. Tout est dit. Mais tandis que le dernier soir, à Venise, nous gardions une âme attristée, tandis que les regrets gonflaient notre cœur, ici, le bonheur l'emplit, avec la gratitude !

La moisson est faite, la gerbe est liée, les fleurs débordent, il y en a pour de longs hivers. Les faneurs, leurs bras combles de javelles, vont reprendre en chantant le chemin du pays.

DIX-SEPTIÈME JOURNÉE

La bande, levée ce matin dès quatre heures, court au chemin de fer et part à six; c'est l'ordinaire coutume; mademoiselle Lucy ne s'en console point. On se morfond, le nez contre la grille du débarcadère; on attend dix minutes, vingt minutes. Enfin, un gardien paraît; enfin, les portes s'ouvrent; enfin, la lucarne s'éclaire; enfin, l'agent comptable vient y bâiller. La bande se case comme elle peut. Cette fois, c'est bien au nord qu'elle va.

Les hautes cimes des Apennins se dorent à mesure que monte le soleil. Nous avons quitté les palais; les perspectives infinies de la mer se ferment derrière nous; et voici qu'à la dernière station de ce versant tout inondé de lumière, un jeune homme, les paupières fermées et vides, la tête un peu renversée, se traîne le long du mur d'appui. Il s'arrête de place en place, il chante d'une voix mortellement triste des mélodies dont la gaieté déchire le cœur. Les sous pleuvent dans son bonnet, le chanteur n'y prend pas garde; son visage conserve cette impassibilité de l'homme dont le regard, plus jamais, ne rencontrera ni les rayons du soleil, ni le regard d'un autre homme; il écoute sa plainte, les notes pleurent; on dirait l'accent des douleurs humaines, qui monte avec le jour, et retombe sur le sol.

Non, tu n'es pas l'Éden, terre toute trempée de nos larmes. Toi qui t'entr'ouvres pour engloutir les dépouilles glacées de nos bien-aimés, toi qui vois passer sans les secourir ces déshérités de la vie, tu n'es pas ce que Dieu nous a promis, tu n'es pas ce qu'il nous réserve. Va, tu peux te faire belle, tu peux nous enivrer! le péché t'a souillée, la mort t'a frappée, de ton sein enguirlandé de fleurs s'échappe un cri de désolation.

Le train, qui s'est engouffré en une galerie sombre, tantôt émerge à l'air libre, tantôt plonge, avec un bruit d'enfer, dans un autre défilé. Des vapeurs blanchâtres, parfois touchées de la flamme de quelque torche, rendent plus horribles les ténèbres et ces obscurités plus noires que la nuit. Cela dure deux heures : l'énergie de l'homme a vaincu, les Apennins sont percés de part en part, le train débouche sur le versant piémontais.

Quoi, c'est ici le jour que j'ai vu naître à Gênes, vermeil comme une jeune fille!

Ces nuées traînant sur les prés détrempés, ces rizières jaunies, le pied dans des flaques d'eau; ces chênes émondés, levant un moignon noirci dans le brouillard; ce froid humide, cette détresse d'une nature appauvrie, c'est là ce qui nous attendait! Quoi, là-dedans vivent les Piémontais, et aussi les Lombards, et peut-être bien les Suisses!

La complainte du jeune homme aveugle semble promener par les campagnes l'accent navré de ses modulations.

A Mortara, le soleil perce la brume, le ciel paraît. Ce bleu n'est pas l'azur éclatant dont nos yeux se repaissaient il y a quelques heures, ce soleil ne darde pas les flèches d'or qui, dès ce matin, embrasaient l'air.

Quelques femmes entassent les gerbes de riz, d'autres

étalent les épis de maïs sur les aires; c'est morne et c'est éteint.

La bande réfléchit.

Vers le milieu de ses réflexions, et du jour, elle aperçoit un lac : le lac Majeur.

Oui, de l'eau ; même une belle pièce d'eau, nous ne disons pas le contraire, enfermée dans des rives assez plates, d'un vert assez cru. — Eh! c'est le nord, pauvre bande! Résignez-vous, mes yeux!

Ainsi la bande rencontre Arona, le premier sourire de l'Italie pour quiconque descend des Alpes, le premier froncement de sourcil, pour quiconque remonte des plages embrasées de la mer.

Un cocher de par là, espèce de Covielle, nous empaume pour la traversée du Simplon. Il a des voitures excellentes, des chevaux surnaturels (c'est surmenés qu'il faudrait dire), vrais équipages de mylord, le tout à Baveno. Crainte de lâcher sa proie, il monte avec nous sur le vapeur : demain matin, il *portera via tutta la nobile famiglia!*

Le petit bateau, plein de voyageurs, glisse sur le petit lac. Après la Méditerranée, on croit voguer sur un verre d'eau.

Notre vapeur est une Babel des nations; Italiens, dans tout le laisser-aller de leur belle et bonne nature; Allemands, qui fument, boivent et admirent la création; une collection de dames anglaises, encapuchonnées sous leur cabriolet de soie verte; une princesse slave, accompagnée d'un comte russe. Le comte, qui n'a pas, comme le merle de la chanson, perdu son bec, traite indifféremment tous les sujets, tous à la fois : politique, littérature, philosophie, linguistique, peinture, psychologie, musique, chimie, physique! On dirait un de ces gros dictionnaires enfantés par notre siècle essoufflé, un de ces répertoires bouffis de solutions, où l'on va chercher le matin son bagage scientifique du soir. L'instituteur des fils de la princesse, honnête Saxon en lunettes, chaque fois que le comte l'honore d'un regard, s'incline de toute la tête et murmure : — *Zu befehl!*

— Ce qui fait que je vous comprends... dit à demi voix la princesse.

Je n'ai pas entendu ce qui fait que la princesse comprend le comte, mais j'entends encore le monologue de celui-ci :

— Ktzryzona, voilà des êtres très doués, zworzk ikstzkivko kzwozavska ; ne confondons pas les idiosyncrasies, zwozckodich, circonstances atténuantes, zaptswrskzwchtz kwzsk. L'ensemble de ce développement primordial brsckw kazutsch nitzk zesk. Brsk, c'est mon opinion. Krozstchyskz, cela suffit au philosophe ; vrszkt tschaplozsk ; krszok ; brsk ; nitszck ; wresk. Vous saisissez?

— Parfaitement.

La branche ardoisée de Locarno s'ouvre à notre droite ; le fond de Baveno se rapproche avec son rocher blanc. — Où sont, villa Giustiniani, les palmiers qui se penchent sur le golfe de Recco ; riva di Levante, où est la grande mer aux bleues profondeurs?

Pourtant l'isola Bella, avec ses terrasses, puis l'isola dei Pescatori, avec son clocher, puis l'isola Madre, un massif de verdure, sortent des eaux ; c'est joli : c'est presque froid à l'œil. La bande se sent hors du ton. Quand elle aura compris le vrai caractère du tableau, elle l'aimera. Dans ce moment, le contraste est trop brusque entre ces teintes voilées, et les chauds souvenirs qui l'embrasent. Elle s'épuise en vains efforts d'admiration ; son enthousiasme reste pâle, comme les nuances qui vont mourant sur le flot.

Laissez-la faire, ce soir, à l'heure des apaisements, elle saisira le mot du problème. Les tons adoucis du lac le lui diront ; les lointains vaporeux, les cimes perdues dans la suavité d'un ciel tranquille, tout ce calme des sons et de la lumière la bercera doucement. — Suavité! oui, c'est bien cela! Il ne s'agit plus ni d'éblouissement ni de touche emportée; il s'agit d'une toile sobre, d'une moelleuse peinture sur porcelaine. Ne demandez rien d'autre, et la modération de ces beautés tempérées vous pénétrera d'une sensation de bonheur, discret ainsi qu'elles.

A Baveno, on trouve l'hôtel du bon vieux temps, garni de ses balcons en fer à cheval. Le petit hôte du siècle jadis, identique à lui-même, sauf qu'il est un peu plus ratatiné, nous attend sur le seuil. Depuis vingt ans, il n'a pas planté un clou, pas mis un papier propre à son auberge, pas acheté deux mètres de calicot pour faire des rideaux neufs à ses fenêtres : c'est sale, c'est boiteux, c'est borgne; mais il y a les balcons, il y a le lac, il y a les îles; une fois par mois il y a la lune, cela suffit à notre homme.

Des lettres, bonnes nouvelles! M. Maurice Nevil exhorte, en termes passablement ironiques, la bande aux exploits : gravir le mont Rose! tout au moins, passer le Monte-Moro!

La bande, voyez-vous, plutôt que de marcher sur ses propres jambes, se coucherait de son grand long dans la corbeille des rouliers, celle qui pend au ras de la poussière, sous le charriot.

Paresseuse elle partit, paresseuse elle revient.

Pour ce soir, il ne lui reste plus qu'à s'étendre dans une barque. Elle en a la force, tout juste, et quatre rameurs, quatre grands fainéants comme elle, de la mener à petits coups d'aviron jusqu'à l'isola Madre.

Barque de Lugano, balancelle de Menaggio, hélas! — Point de tente aux longs voiles, encore moins de bateliers gentilshommes : une grosse carcasse mal équarrie, des drôles rapaces; et l'île au bout.

On y trouve des agavés; ils viennent librement sur la

roche. Cette tige, comme celle de Recco, mesure quelque vingt pieds de haut. Même il y a des citronniers, même il y a des arbres exotiques. Que vous dirai-je? Ces plantes qui, certes, ont bien le droit de pousser là, puisqu'elles y poussent, ne nous semblent pas chez elles. Pourquoi? Je n'en sais rien. Les teintes du lac, plombées malgré le soleil; l'indigo du ciel, un peu sombre, expliquent l'injustice de notre impression.

La bande préfère aux agavés cette végétation plus agreste que ne lui a pas offert la riviera di Levante : chênes verts, bosquets de camélias, buissons de rhododendrons, cyprès d'Amérique, et là-bas, Palanza, toute blanche, qui apparaît au bout d'une perspective ombreuse.

Vous comprenez si mademoiselle du Rouvre entortille le jardinier! C'est fait tout de suite. Et tandis que notre honnête Tom, pour avoir du bout de son doigt gratté l'écorce d'un chêne-liége, se voit tancé d'importance; le Jupiter tonnant de l'endroit coupe net, par le pied, un jet de chromatelle, splendide, et l'offre à mademoiselle du Rouvre! Pour le coup, elle le tient.

— Batelier, à l'isola Bella!

Tout en naviguant :

— Si nous goûtions? Le panier! Tom! Tom! Tom! le panier!

— Eh! madame!

— Quoi?

— Que je suis fâché! Monsieur a justement dit de ne pas le prendre.

— *Ne pas le prendre!*

Or, sachez qu'il est cinq heures du soir, que depuis quatre du matin, c'est-à-dire depuis treize heures, s'il vous plaît, la bande n'a dans l'estomac qu'une tasse de café, deux cents kilomètres de chemin de fer, quatre lieues de bateau à vapeur et six châtaignes rôties!

M. de Belcoster a la faim féroce, quand il a faim ; mais il n'avait pas faim, évidemment, quand il a donné cet ordre-là.

M. de Belcoster, archi-légal, — qui l'eût cru? — vendu à la coutume établie, — qui l'eût dit? — ne veut pas qu'on mange en dehors des repas officiels. Il ne veut pas qu'on gruge, il ne veut pas qu'on grignotte; point de cosaques irréguliers dans la bande; c'est comme cela! Pas tous les jours, heureusement, mais aujourd'hui. La bande en mourrait, cela lui serait bien égal. Périsse la bande plutôt qu'un principe!

La bande ne mourra pas, seulement elle maudit les principes et maigrit à vue d'œil.

Allons, le palais de l'isola Bella lui servira de déjeuner.

Les appartements, grandioses, nous plaisent surtout par leurs horizons. Ce lac, poli comme un bouclier de bronze, qui reluit à chaque croisée, la profonde impression de paix qu'on y sent, le grand silence qu'on y trouve plongent en une sorte d'accalmie. Mais que je donnerais les vestibules et leurs bahuts, les galeries et leurs tableaux, et les tentures de satin, et le lit où coucha Napoléon, pour ces chambres souterraines, pavées de mosaïques, incrustées de tuf, si fraîches, si claires, avec leurs arceaux légers, avec leurs balcons sur la nappe limpide, avec ce caractère de transparence et de mystère dont reste possédée l'imagination!

Bande, que diriez-vous d'un beau soir d'été, ici, groupée en une de ces embrasures d'où l'on voit sauter les agoni [1], suivant au travers du flot le rayon brisé dans ses coupures fantasques, près de soi un livre qu'on n'ouvrirait pas, ou bien entendre quelque poésie de Musset, redite par M. de Belcoster?

Il y a de grands effets décoratifs dans le jardin. Cette manière de dressoir prodigieux qui fait front au lac, ces statues, même

---

1. Sorte de truite.

ce parterre de cailloux encadré dans le buis, tout cela est d'un bel air. La fantaisie y prend carrière, une fantaisie de maison quasi royale, un beau caprice italien, frisant le mauvais goût, et qui se rachète à force de magnificence et de soleil!

Au surplus, de l'île entière, notre coin préféré c'est le bois de pins. Le vent y passe au travers des aiguilles odorantes; une sorte de bruissement vague, tout pénétré de fraîcheur, emplit l'air. C'est encore le bosquet de lauriers, dont les profils un peu roides s'allongent dans l'eau; ce sont surtout les trois voûtes, au midi, trois grottes largement ouvertes, où le lierre se balance en un câble puissant, où les guirlandes s'accrochent au hasard, où le luxe d'une végétation splendide jette ses trésors à tous les pans du rocher.

Remontons en bateau.

Le jour baisse; l'île des Pêcheurs, frappée d'un rayon égaré, détache du fond glauque ses maisonnettes enlacées de vigne. Le paysage ressemble à un émail de Carlo Dolce. Il n'est qu'un tel nom pour rendre ces teintes assoupies, le velouté des contours.

Table d'hôte! Des deux côtés, quatre Anglais; dessus, un plat de haricots séchés avant le déluge; du varech en guise d'épinards, la langue du fameux cochon de saint Antoine, le reste à l'avenant.

Voilà une vertu d'abstinence bien récompensée.

Nous ne mangeons pas les Anglais; la bande, pour affamée soit-elle, sait résister à ses passions. La bande essaye le varech, renonce au cuir bouilli, tâte de la langue, et sent, dans les profondeurs de son être, le grand creux que connaît bien M. de Belcoster.

Bah! soupons d'un clair de lune.

Elle régnait au ciel, cette lune merveilleuse; ses clartés tremblaient sur le lac; ses pâleurs descendaient, avec des blancheurs d'opale, sur les deux îles dont s'amollissaient les contours. — Et notre âme, entre l'heure présente et l'heure envolée, hésitait comme elle.

Après cela, faut-il le dire, l'oserons-nous? le gros noyer qui tord ses branches sous nos croisées, les trois plans de rudes montagnes qui s'étagent derrière, cet aspect, simple jusqu'à l'austérité, nous a ressaisi le cœur.
Tant de douceur unie à une si fière audace; les âpres cimes de là-haut, l'abondante ramée toute blonde, le velours des prés, caressant au regard; et ces grands pitons pâles, rois dans l'azur, avec leurs fines arêtes qui défient le courage : c'est la Suisse, cela ! C'est le pays; c'est nous.

DIX-HUITIÈME JOURNÉE

— Ma chromatelle! où est ma chromatelle?
— Mademoiselle, au fond du bateau, dans le port de l'isola Bella, où vous l'avez laissée hier soir.

C'était bien la peine d'apprivoiser ce jardinier féroce!

Que voulez-vous? on n'a pas pour rien deux pieds de gazelle, le regard vif et l'humeur capricante; on broute ici, on broute là, on veut de ceci, on veut d'autre chose, et l'on oublie tout, même les chromatelles escamotées, pour écouter quelque bonne folie de M. de Belcoster.

Les carrosses de Covielle se prélassent dans la cour.

— Ça, c'est de la *grenaille!* — murmurent deux solides voituriers helvétiques.

Quoi, des landaux capitonnés d'écarlate? — Les Borromées n'iraient pas autrement.

Et puis, comptez-vous pour rien le chien du cocher, un loup-loup tout poils, queue en trompette, trottant, courant, jappant, et qui adore son maître.

Si vous aviez vu hier les transports du chien, lorsqu'il a retrouvé le cocher sur le port de Baveno, et les pleurs de joie, et avant qu'une planche fût jetée du vapeur à la rive, le saut par dessus, au risque de tomber à l'eau. Ce qu'il y a de meilleur dans le Covielle, c'est le loup-loup; jamais Charlet ne dit mieux.

Dès quatre heures, mademoiselle Hélène a fait lever sa bande. Elle la sauve comme cela, tous les matins; aussi, la bande reconnaissante nomme-t-elle mademoiselle Hélène coq du clocher, à l'unanimité.

Partons-nous?

M. Nérins veut monter sur le siège, M. de Belcoster le veut aussi, on est magnanime ou on ne l'est pas.

— Laissez! laissez! M. le pasteur vise au saint-siège.

La question vidée, le chef de bande en calèche : Hue, et vivement!

Nous voici dans un vallon agreste; prairies, peupliers, parfois des treilles; l'air est vif; les remparts de granit se découpent en vigueur sur le ciel.

Nous allons petitement; force tapage, de chemin guère. Maigres sont les bêtes: haridelles efflanquées dont on compterait les os. La bande, tant elles lui pèsent sur la conscience, volontiers les traînerait.

Trois lieues comme cela. Tout à coup :

— *Ferma*[1]*!* — Le cocher saute à terre, regarde derrière la voiture, grimpe sur une charrette et tourne bride. M. de Belcoster saute à terre, regarde derrière la voiture, et à la course après le cocher. Tom regarde derrière la voiture, et au petit trot après M. de Belcoster. M. le pasteur Nérins descend du saint-siège, regarde derrière la voiture, dit tranquillement : c'est une malle perdue! et reste en place.

— Une malle! laquelle?

Tranquillisez-vous, mesdames! c'est la malle qui contient les douze douzaines de cravates, les trente-six paires de bottes, les vingt gilets, les innumérables mouchoirs de poche, gants et brosses de ces messieurs!

1. Arrêtez!

Tout s'explique; la garde-robe de M. Nérins court après son paletot.

Vingt minutes d'anxiété. Le second cocher de la seconde voiture demande s'il doit enfourcher une de ses rosses et se précipiter sur la trace des *signori*. A quoi bon! d'ailleurs, la pauvre bête plonge justement son museau dans une botte de foin.

Soudain paraît un point noir à l'horizon. C'est Tom ; il fait signe de la main. Après Tom, le cocher, gesticulant, triomphant : la malle est retrouvée. Après Covielle, M. de Belcoster, d'un pas plus grave ; il escorte un honnête homme de paysan qui a vu tomber la malle et la rapporte sur le dos.

Pour le coup, M. de Belcoster a bien gagné ses aubergines ! Aussi, comme nous traversons Domo-d'Ossola :

— Tom! en voilà, je les vois : dans le panier, Tom! dans le panier ! Ce soir, au village du Simplon, on les dégustera !

La bande, pendant que les chevaux broyent l'avoine, se rend dans un pré pour y manger du raisin. M. Nérins est resté sous un beau couvert de noyer qui va l'aider à préparer son sermon du dimanche.

Vraie halte de bohémiens, celle-là : enfouis dans l'herbe, au bord du fossé, à l'aventure. Donnez-nous un mauvais chaudron, un âne, un singe, et la bande dit adieu à ses familles.

L'itinéraire, au surplus, ne prétend-il pas que ces montagnes, devant nous, sont bourrées d'émeraudes?

— M. de Belcoster, allez-y voir !

Qu'un seul de ces brimborions ferait grand bien à la bande !

Ouais ! et que dirait, je vous prie, la conscience ? Et les devoirs, rangés en double haie, l'arme au bras. — M. de Belcoster rapporte des cailloux bleus, jaunes, roses, blancs. c'est joli, c'est inoffensif ; nos jeunes en bourrent le bissac : la vertu est sauvée!

Les voitures, cependant se hissent comme elles peuvent le long de la route du Simplon. Des suintements d'eau vive passent leur glacis sur les roches ; dans l'étroite bande azurée que festonnent les sommets, se dressent les aiguilles aux rudes cassures. Quand le vallon s'élargit, le feuillage luxuriant de la vigne vient étaler son ampleur contre les inexorables murailles ; de petits villages gris abritent leurs masures sous les châtaigniers ; des pelouses d'un vert éclatant, mouchetées de pierres moussues, montent en larges plis jusqu'au pied des parois. Les vaches vont à la file boire au torrent, immobiles, plantées de leurs quatre jambes dans l'eau courante, calmes et songeuses au milieu du flot qui fait rage. Çà et là, un tronc vigoureux pousse de l'épaule quelque vieux mur de maisonnette, qu'il perce ou culbute au hasard. Et ces maisonnettes elles-mêmes, dépouillées, aux toits effondrés, aux fenêtres sans vitres, à l'intérieur humide et sombre, odieuses à habiter, sont ravissantes à voir. L'herbe y foisonne : ces plantes à larges feuilles, amies des beaux désordres ; sans compter les accidents de lumière, les libertés de la nature, ces rencontres charmantes du vieux, du jeune, de l'abandon, de la fraîcheur, comme en font le soleil et le temps, quand on les laisse faire !

En attendant, nous n'avançons plus. Carrosses et chevaux, les uns tirant les autres, restent là, paralysés sur leurs seize jambes, cloués sur leurs huit roues. En vain Covielle pérore, les pauvres bêtes tordent les oreilles, secouent leurs grelots, branlent un peu la queue : c'est tout !

Mettons pied à terre ; Isella n'est pas loin, nous y prendrons des renforts ; il y aura bien du malheur si, nuit tombante, haquenées, voitures et bande, nous n'atteignons pas le village du Simplon.

Isella paraît entre ses noyers ; grosse auberge étoffée, avec un gros aubergiste sur le perron.

Covielle, qui nous a précédés, télégraphie des bras et des

jambes. Bon! il arrache son chapeau. Bon! il lève les mains au ciel.

Pas de chevaux! Ni quatre, ni deux, ni un : point!

L'aubergiste, qui est aussi le maître de poste, se carre de plus en plus sur sa porte.

— Comment! vous n'avez pas une bête à nous donner?

L'aubergiste fait signe que non.

— Qu'est-ce donc que j'entends hennir, là, dans l'écurie?

Dans l'écurie il y a des chevaux, c'est vrai; mais ces chevaux sont *roba* de diligence; *tabou*, comme disent les nègres.

Et tandis que la bande, démontée, fait triste figure devant le gros aubergiste, impassible dans sa carrure; les voituriers cossus, bien attelés, qui *portent* leurs familles à Domod'Ossola, vont et viennent, goguenardent, haussent les épaules, et lancent à Coveille des regards moqueurs :
— Grenaille! grenaille!

Les ladies passent fières, empesées, un sourire hautain sur les lèvres, et s'installent confortablement dans le confort de leurs confortables calèches.

Vrai, c'est vexant. Un peu plus, M. de Belcoster se jette à corps perdu dans la furia francese. M. Nérins, qu'exaspèrent Coveille et ses œuvres, rit à part soi de la déconvenue du drôle. Les dames se désolent des ennuis que rencontre le grand chef : — C'est notre faute, c'est notre nombre! — et cent litanies.

— Eh! mesdames, aux grands saints les grands anicroches!

Que faire?

Bande du Jura, réveille-toi! Souviens-toi de la prouesse des vingt-cinq heures, et du mont Tendre, et du Chasseron, et de tant de cimes franchies, et de tant d'exploits généreusement accomplis! En avant, bande du Jura! Rentre glorieusement dans ta patrie, sur tes pieds, sur tes propres pieds! A l'assaut du Simplon!

Le jour baisse, le glacier aux bleues crevasses nous regarde, austère, là-haut, entre les mélèzes. Avez-vous senti son froid baiser? Quel bonheur de monter dans l'air vif, le long du torrent qui mugit, et de retrouver ses forces, et de ressaisir son énergie.

Tour de Gondo, je chéris tes noires murailles. Notre Suisse, notre beau pays, voici tes enfants!

Bonsoir, honnête petit curé tout effaré; n'ayez pas peur, mon bon frère, nous sommes une bande, c'est vrai, mais pas de voleurs! — Combien d'ici au village du Simplon?

— Au fillache?
— Oui.
— Il y hafre trois heures et témi!
— Tant mieux.

Les cascades nous jettent leurs gouttelettes, la route s'élève douce et satinée; ni une voix, ni un être vivant. De temps à autre, quelque femme attardée, un marmot sur les bras, l'autre pendu à sa robe, profite du passage de la bande pour regagner son logis.

Il y a quatre jours, on a dévalisé, et tué, par ici. La bande n'en sait rien. Sa grande ignorance vient en aide à son grand cœur.

Voici que la lune emplit de clartés la montagne; le ciel est brillant d'étoiles; un vent court, qui a effleuré la neige; les mélèzes s'émeuvent et frémissent à son haleine. Que tu es belle, ô liberté!

En trois heures quatre minutes, ni plus ni moins : enlevé! La bande s'engouffre dans l'hôtel du Simplon.

Le feu ne fait pas de peine, le souper fait plaisir.

Deux Anglais, qui ont chacun avalé un mât de cocagne, mangent et boivent nez à nez.

Et comme la bande, sa première faim apaisée, lève les

yeux et s'oriente, qui voit-elle, debout, sabre au poing, droit en face d'elle? Le Turc, le *proprio* Turc, dans sa galère! Une tapisserie de haute lisse le lui montre au naturel : *qu'il emmène lé damizelle dé la bandé, lé fripon! Lé damizelle, il ont déza pris lé tourban! Il signor Conte ed il signor Prete voguent sulla barchetta! E cé coquin dé Turc, il célébré soun triomphé en soufflant dans dé conqué mariné!*

— Tom! les aubergines de Domo-d'Ossola?
— Les aubergines!
— Oui, les aubergines!
— Eh! monsieur... que je suis fâché!...
Les aubergines sont à fond de cale, dans la galère du Turc, avec les chromatelles. Bonsoir!

Nos chambres, propres, froides et moites, ont cette crudité glacée des hauts sommets. L'âpreté de l'air pince la bande; la bande pincée ne dort guère. Mademoiselle Hélène, fidèle à ses instincts, chante toutes les heures de la nuit.

Levée avant l'aube, décidée en ce point, de réveiller son monde, mademoiselle Hélène se promène, bougeoir en main, par les corridors. Les endormis dedans, mademoiselle Hélène dehors; deux bras armés de deux flambeaux vont et viennent le long de la porte entrebâillée : feu!

Je vous laisse à penser si le coq du clocher la passe belle!

DIX-NEUVIÈME JOURNÉE

L'aube est pâle, l'air est glacé, le ciel a des limpidités froides; on se pelotonne, on s'enveloppe de châles, on n'en a guère plus chaud. — Pourtant, si l'on pense à Gênes, on ne s'y attarde pas trop.

L'aspect est de ceux qui relèvent l'âme; cimes pelées mais souveraines, neiges désertes mais étincelantes, perspectives sévères mais d'une étonnante grandeur. Sur le col passe un vent à déraciner les Alpes. Un abîme, le Valais, se creuse à nos pieds. Par delà s'est redressé le rempart des glaces éternelles. Les névés blêmes, les coulées bleuâtres se suspendent entre les pics. Sur deux rangs, sur trois rangs ils croisent leurs flèches. Voilà une fière ceinture, voilà un diadème crénelé qui tient solidement au front de la Suisse. Je ne connais pas de plus héroïques forteresses. Va, notre pays, tes fils te sauront garder!

Voyez là-haut! le Fletchhorn a rougi. Suivez l'arête qui s'enlève dans le ciel d'un bleu vert : ligne exacte, argent vierge, quelque chose qui rappelle la vertu sans faiblesse. Plus bas, le pan coupé de la glace présente ses transparences d'aigue marine. La moraine s'éboule au pied, sale et désolée; deux cascades en jaillissent; tantôt la route les franchit, tantôt ce sont elles qui franchissent la route; puis le chemin s'engouffre en une de ces percées, la gloire du Simplon ; alors, par quelque embrasure creusée dans le roc, vous voyez bouillonner, vous entendez mugir le flot. Un instant le voile aux tourbillons humides vous enveloppe de ses plis, et quand, de nouveau, vous émergez au jour, les versants où ne se hasarde pas encore le mélèze, où quelques fleurs achèvent de mourir, ont déroulé leur tapis de rhododendrons.

La vallée, cependant, continue d'étendre tout là-bas ses méandres marqués du fil argenté qu'y promène le Rhône. Briegg baigne ses dômes en un premier rayon de lumière. Les clairières déploient leur gazon, les mélèzes se risquent... Crac!

— N'avez-vous rien entendu?
— Non.
— Quelque chose s'est rompu.
— Bah!

On descend toujours, la végétation se fait plus variée, quelques cerisiers remontent la pente.

— Baoum! Un ressort brisé!

Maître Covielle, en voilà trop! Vos chevaux boitent, vos carrosses s'émiettent, vous perdez les malles. Tout à l'heure, à Briegg, nous aurons, avec votre permission, l'honneur de vous planter là.

Bourrasque! — M. le pasteur Nérins soutient le chef de bande, le chef de bande reste inébranlable tout en se montrant généreux; les dames sautent lestement à terre, dégringolent à la course, et, voitures en queue, font une triomphale entrée à Briegg.

Au maître de poste, maintenant!

— Mon brave homme, donnez-nous des chevaux, des ânes, des mules, n'importe quoi, qui nous mette ce soir à Sion.

Le maître de poste se gratte l'oreille. Il est maître de poste, et voudrait bien contenter le voyageur en détresse; il est aubergiste aussi, et ne voudrait pas trop déplaire au vetturino, le vetturino fût-il en péché mortel! Covielle de son côté pérore; lâcher la poule aux œufs d'or, c'est dur, cela. La poule se laissera plumer, oui; étrangler, non. Tout s'arrange. Le cocher démonté trouve un cocher monté, qui en trouve un second qui ne l'est pas. Le maître de poste fournit deux calèches, deux chevaux supplémentaires, Covielle nous vend aux braves garçons, et cette fois : hardi! filons.

Bonnes bêtes, ces chevaux suisses! Ronds, fermes sur jarrets, et qui s'en iraient de Briegg à Villeneuve, rien que pour se promener. Nos deux hommes, deux Valaisans, parlent à moitié allemand, à moitié italien; pas très causeurs, du reste, se démenant peu, n'usant point du fouet, et nous courons, et nous dévorons l'espace.

Si les Valaisans sont d'honnêtes gens, leur Valais est un triste coin. Étroite vallée où le soleil fait mille façons pour descendre, fleuve ravageur, torrents hostiles, du gravier, de la pierraille, des arbres mal venus, de maigres prairies que les eaux noient toutes les fois qu'elles s'en souviennent, une lutte perpétuelle contre les destructions de la mort. Cela crée des caractères énergiques; cela fait un pauvre pays. Restent les montagnes, qui défient la pensée; pitons audacieux, vues étranges, saisissantes, sur des univers congelés. — Mais c'est là-haut; c'est je ne sais où; la vallée garde ses dévastations, l'aspect son caractère morne et froid.

Comme cela, on arrive à Tourtemagne.
Il s'agit de visiter la cascade.
La bande se dégourdit en cheminant sous les ordres d'une petite Valaisanne, discrète, taciturne, qui suit le sentier et se retourne de temps à autre, pour voir venir son touriste.

M. le pasteur Nérins marche en tête. Covielle une fois démoli, M. Nérins a retrouvé le bonheur. Et de s'extasier sur l'attelage :
— Braves bêtes! courageuses, gaillardes! Jamais de coups!

Dès qu'elles ralentissent, le cocher leur crie : « Saperlotte! » elles partent comme le vent!

— Mais M. Nérins, qu'est-ce que vous dites-là?

— Je dis le nom des chevaux.

— Mais, M. Nérins, ce mot-là n'est pas un nom!

— Saperlotte? Je vous demande pardon, mesdames !

— Mais, M. Nérins, vous vous trompez; votre cocher lâche un juron, voilà tout.

— Lui! pas le moins du monde. Il appelle ses chevaux : *Saperlotte!* c'est un nom comme un autre.

Notre pasteur n'en démordra pas.

Faut-il vous montrer la cascade? Une grande eau qui tombe d'un grand rocher? Les débonnaires font ce qu'ils peuvent pour la trouver belle; ils la regardent comme ceci et comme cela, et c'est le rocher qui descend, et c'est l'eau qui monte; un tas de sornettes. Les mauvais esprits ne trouvent rien, sinon que la cascade ressemble à toutes les cascades, et que le Saint-Gothard en a cent qui valent mieux.

On s'est remis en voiture. — A chaque instant nous croisons des charrettes de vendange; cela revient de Sierre où les citoyens ont leurs vignes. La charrette porte deux ou trois cuves avec deux ou trois Valaisans. Bonnes figures, des yeux pleins de candeur, mais laids! épais sans être gras, ridés sans être vieux, des jambes courtes, des bras démesurés, et pour les achever de peindre, des airs de croque-morts.

Jamais on ne vit si lugubre retour de vendanges; au sortir de notre joyeuse Italie, la bande s'imagine que chacun de ses confédérés succombe sous le faix de quelque chagrin domestique, intime et profond.

Mais voici bien une autre affaire! M. de Belcoster, remontant le cours des âges, funesté par la mélancolie de l'endroit, s'abandonne à d'amères pensées rétrospectives.

M. de Belcoster, tel que vous le voyez, a traversé l'hiver

sans que sa femme lui ait donné des pommes! Tout l'hiver, M. de Belcoster a goûté d'un morceau de pain sec! Mesdames, c'est comme j'ai l'honneur de vous le dire! Durant six mois de froidure, M. de Belcoster n'a pas vu la pelure d'une reinette! Il ne distinguerait pas, à l'heure qu'il est, une calville d'une court-pendue! La pomme est devenue pour lui un phénomène surnaturel, une création fabuleuse, un mythe!

— Mesdames, n'en croyez rien. M. de Belcoster, d'octobre en avril, a croqué le fruitier. D'avril aux cerises, il a mangé des oranges au lieu de pommes : tel est le fait.

M. de Belcoster n'a rien croqué, du tout; d'ailleurs, s'il a croqué, il ne s'en souvient plus! Du pain sec, mesdames, une misérable croûte de pain sec!

Les dames de s'apitoyer, madame de Belcoster de se révolter, jusqu'à ce que, poussée à bout (l'ingratitude de son mari, la compassion de ces dames, l'influence du Turc, on ne sait trop quoi), elle s'écrie qu'elle rompt avec le perfide, que c'est fini, et que, pour se consoler, elle prendra le premier Valaisan qui lui tombera sous la main!

— Pour de vrai?
— Pour de vrai.
— C'est dit?
— C'est dit.
— Le premier?
— Le premier.

On attend, on palpite. Bon! Une charrette à l'horizon! Un homme dessus. La charrette s'approche, elle y est, la voilà.

Caliban! en personne! trapu, bossu, barbu, hérissé, une perruque de filasse, une souquenille sordide, crétin, et au milieu de ce beau masque, deux gros yeux écarquillés, avec un sourire béat!

L'explosion fait arrêter chevaux, charrette, tout.

— Allez, allez, ce n'est rien.

La voiture part, le pauvre homme reste épaté.

Cette voiture-là mange tout le jour, et toute la journée forme le projet de donner à l'autre sa pâture. Elle ne vaut guère, cette calèche; comme l'intérieur de la diligence à Novarre. La vérité m'oblige à dire que les mêmes honnêtes gens y courent le monde.

Le pays s'anime un peu. Loësche, avec ses vieilles tours, commande l'entrée du défilé. La vigne dore les pentes; des arbres fruitiers ombragent les prairies. La petite ville de Sierre sourit entre ses vergers. Un Valaisan de par là, qui cueille des prunes en son clos, arrête l'avant-garde, nos mauvais drôles justement, lui présente sa corbeille et la presse d'y goûter. Ce n'est pas un marché, c'est un cadeau. A grand'peine M. de Belcoster parvient-il à lui faire accepter quelque monnaie.

— Et puis mûres qu'elles sont! allez seulement! et puis saines! Prenez!

— Grand merci, homme généreux! vous en donnerez à la seconde voiture! — Celle que l'on sature de bonnes intentions.

Le Valaisan est meilleur que nous, il comble de prunes la voiture en retard : — Hi! Saperlotte! au galop dans la fraîcheur.

Le soleil se couche tous les soirs. Ce soir-là, il y mit une incomparable magnificence.

Du soufre, du jaune, du rose, du lilas; puis la lune, qui avait eu bien de la peine à gravir les montagnes, vint éclairer tout le Valais.

Elle jeta ses lueurs capricieuses au fleuve qui scintillait couvert de paillettes; elle les laissa glisser sur les masures enguirlandées de pampres, elle les perdit sous les vergers pleins d'ombre; les deux rochers de Sion, Tourbillon, Valère, coiffés de leurs antiques châteaux, reçurent ses caresses; elle épandit des nappes de lumière sur les rues désertes.

Et la bande fit ce qu'elle fait chaque soir : son culte de plein cœur, s'endormir, et rêver.

VINGTIÈME JOURNÉE

On gèle. Notez qu'il a fallu se lever à quatre heures du matin, encore et toujours.

Le soleil ne s'est pas levé à quatre heures, lui : un paresseux ! mademoiselle Lucy volontiers lui accorderait la faveur de sa main. On les verrait poindre vers onze heures, vers midi ; mais aussi, quel éclat !

Ce matin, ni mademoiselle Lucy, ni le soleil ne se soucient d'éblouir personne ; l'un dans un trou de montagne, l'autre au fond de la calèche, bien claquemurés tous deux, ils dorment à l'envi.

Dans la voiture des mauvais sujets, la causerie va son train. C'est le ménage ; elles sont bonnes ménagères, les dames de la bande ! C'est la biographie du chien de Montveyran, un jadis chien qui, en sa jeunesse, dévora trois parasols, un col de Malines, six paires de brodequins, deux étuis de lunettes, quatre volumes de sermons, lesquels lui profitèrent comme certain discours à la bande.

Les joues un peu pâles, le menton un peu figé, on arrive à Martigny.

On rentre là dans les grands hôtels suisses ; on y retrouve les sommeliers tudesques, aux cheveux pommadés, à la mèche obstinée qui vient moucheter les yeux et qu'un coup de tête impérieux, le même dans les vingt-deux cantons, rejette en arrière.

Du café bouillant : repartons !

A force de repartir, on finira par arriver ; c'est bien ce qui chagrine la bande.

Le soleil a franchi les crêtes ; la cascade de Martigny s'épanche en une longue traînée d'amiante.

Nous continuons à rencontrer des naturels peu beaux. Plus ils sont laids, plus ils sont gais. Surtout cette pauvre petite créature, une courge, deux quilles, un jupon ; pardessus le jupon une tête, des yeux de porcelaine bleue, une bouche de tirelire, et tant de joie, et si naïve, qu'en vérité l'on ne sait s'il faut rire ou pleurer.

Il n'y a guère ici que les idiots de joyeux ; les intelligents descendent tout geignants le cours de la vie. Sont-ce les crétins qui ont raison, ou bien les autres ? La gaieté serait-elle du crétinisme ? Le crétinisme serait-il du bon sens ? L'historiographe s'embrouille, et tandis qu'il se perd aux labyrinthes de la psychologie, les blonds noyers trempent leurs branches dans l'herbe, les Diablerets enfoncent dans l'éther leurs pointes blanches, la dent de Morcles défie la Covatanne : tout cela merveilleux !

Que vous dirai-je? La bande reste morne ; elle a beau se répéter que Granges, Valpeyres et Monvéran se relient par le sentier du bois ; elle sait que demain ne ressemblera pas à hier, qu'elle va se séparer, que la vie pratique reprend ses droits.

Au fond, cela convient. L'homme est fait pour le travail. Notre âme, sans lui, s'en irait à la dérive. Chacun son œuvre ! Les plus petits en ont une, que Dieu a mise devant eux. Heureux mille fois qui peut servir le Seigneur, dans l'obéissance, au travers des luttes, le visage baigné de sueur, peut-être mouillé de larmes ; le cœur en haut.

Mes amis, voici le Léman. Sa nappe majestueuse, qui reflète l'azur, s'élargit entre les coteaux chargés de vignes; nos grands villages reluisent au milieu. En face, les Alpes colossales se lèvent, librement découpées! Cela impose et cela ravit. Un je ne sais quoi de fier descend des sommets, la richesse déborde des vallées, les sourires vont errant sur la rive, d'incomparables audaces ont redressé les pics, déchiré le granit, lancé les pyramides dans ce beau ciel apaisé.

Mais quoi, la solennité de l'aspect nous laisse indécis, le silence nous étonne, l'excessive harmonie des teintes tourne à la pâleur. Ces populations contenues, qui ne chantent pas, qui ne crient pas, qui ne rient point; ces rues vides, sans corbeilles de raisins, sans étalages de fruits, sans vie au dehors; cet ensemble modéré, retenu, comme si on avait mis la pédale des étouffoirs sur les sons, sur les couleurs et presque sur les caractères; toute cette rigidité nous saisit, j'allais dire nous effraye : une sorte de mélancolie monte lentement à nos cœurs; malgré nous, elle en ralentit les battements.

La bande, une fois à Lausanne, s'installe au *Faucon*. — *I capelletti* sortent un à un, car de se montrer dans l'éclat de la constellation, qu'en diraient nos *pays?*

Le dîner est gai, il est aussi un peu triste. Heureux de s'asseoir une fois encore autour de la table de voyage, on a des pleurs plein les yeux.

Ne nous séparons pas de la sorte!

Venez. Il nous faut plus, il nous faut mieux. Ici, à l'écart, ouvrons notre Bible, celle qui chaque soir nous a versé sa lumière. Demandons l'ardeur des beaux zèles, demandons les énergies de la soumission.

Nous l'avons fait; ce moment a été le plus intimement

heureux de notre voyage. Les bontés de Dieu, ces joies qu'il nous a prodiguées, cette Providence pour laquelle rien n'est petit ; tout nous revenait au cœur. Qu'il fait bon sentir qu'on tient chaque faveur de la main d'un Père! qu'il a des générosités royales, des tendresses d'une inénarrable douceur! et le remercier, avec ces véhémences de gratitude que soulèvent en nous des dons inespérés!

Mieux que jamais, une forte amitié nous unit. La bande n'est pas une fiction ; le faisceau n'est pas une de ces nattes que tressent les enfants en se jouant, qu'en se jouant ils dénouent. La bande est une âme, elle est un cœur ; l'indestructible anneau qui l'attache, s'appelle : amour de Dieu.

Cette fois, le dernier train, s'est ébranlé. — On règle ses affaires ; le sac de mademoiselle du Rouvre : parfumerie, bijouterie, librairie, rend à chacun son bien.

Après, le sac tout larmoyant, présente à M. le pasteur Nérins, son protecteur, l'expression d'une reconnaissance qui ne finira qu'avec ses jours.

Dans chaque station, le convoi s'arrête à son loisir. Nulle presse, nulle hâte ; ainsi qu'ainsi, on arrivera bien toujours.

Et tandis qu'on songe, au sein des obscurités de la nuit, une voix emmanchée d'une lanterne s'élève dans le silence :

— Voyons! as-tu bientôt fini, Cornu?

Comme c'est italien!

Vers Cossonay, la bande se souvient qu'elle a des familles.

— Pauvres parents, ils nous attendent, ils comptent les minutes, inquiets de l'heure tardive, dévorés de la soif du revoir.

Eux! Dévorés?

Vos parents, mesdames, sont des parents raisonnables :

— Se tourmenter pour des vagabonds? à d'autres! — voilà ce qu'ils se disent, mesdames, et ce disant, ils parlent d'or. Le cycle des habitudes se parcourt du même pas, ni moins ni plus vite, ni plus ni moins tôt. On prend le thé et l'on soupe, l'on soupe et l'on prend le thé. On ne sera pas fâché de vous revoir, même on en sera bien aise. Si vous aviez tardé d'un jour, on aurait dit : C'est pour demain. Si de deux : C'est pour après ; et l'on s'en serait consolé.

A Chavornay le train s'arrête.

— Manuel, bonjour! Bonjour, Marquise, bonsoir Pauline[1]! Comment vous en va-t-il, Manuel? Et mon père, et mon frère, et le mien et le nôtre?

Tous dans le char à échelles, les malles au fond.

La lune luit, le char à échelles court sur des routes connues ; voici le marais, voici les tours d'Orbe.

Ah çà! d'où venons-nous?

Du mont Tendre, d'un mont quelconque, par là derrière.

Nous sommes partis ce matin, nous retournons chez nous ce soir, un peu brunis, — la grande chaleur du jour! — Pas trop éreintés, — pourtant nous marchions bien! — Nous avons fait un somme sous quelque pin branchu. Nous avons songé ; je ne sais trop quoi : gondoles, orangers, frégate, le Turc, des bêtises, et nous revoilà guillerets ; une bonne petite course de... je ne sais combien d'heures dans la gibecière.

Croisée de Monvéran :

— Pierre, est-ce vous?

— Oui, mademoiselle. M. le colonel m'envoie à votre

---

1. Les deux braves bêtes de Manuel.

rencontre. Ils prennent comme cela leur thé, en attendant.
Trois dames par terre. Au revoir !

Sentier de Granges :
— Lisette, est-ce vous?
— Oui mademoiselle.
— Comment va ma mère, et mon père, et tous?
— Oh là ! bien, mademoiselle. Ils boivent comme cela leur café, en attendant.
Trois dames par terre. Au revoir!

Cour de Valpeyres :
— Maurice, est-ce toi?
— Oui, bonjour, soyez les bienvenus! Nous soupons, entrez.
Hein! qu'avais-je dit?

Je dis, moi, seigneur historiographe, qu'il y a dans votre peau plus de pendarderie qu'il n'en faut pour envoyer un honnête homme ramer sur les galères du roi.
Qu'est-ce que cela signifie, ce récit-là? et cette façon de goguenarder? Vos familles sont de tendres familles, monsieur, et vos parents sont de bons parents. Qu'est-ce qu'il vous faut? Parce qu'il convient à la bande de s'aller promener en Italie, et Gênes, et Venise, et des sorbets partout, vos pères devront jeûner? Il faudra, quand vous partez, se mettre un crêpe au bras! et quand il vous plait revenir, un bouquet au chapeau! Allons donc.

L'historiographe rentre ses griffes, baise les mains aux parents, tire sa révérence au lecteur, et, parvenu que bien que mal au bout de sa tâche; interprète fidèle de ses compagnons, sincère avec modestie, modeste avec sincérité; il le déclare en finissant : — La bande a vu des choses merveilleuses, terre, cieux, mers, Alpes, lacs, gens et bêtes; eh bien! de tout cela, c'est la bande qui lui a le *plus plu!*

FIN DU PREMIER VOLUME

TABLE DES MATIÈRES

SUR LES MONTAGNES

Préface de l'Éditeur	1
La grotte de Monvéran	1
Course de vingt-cinq heures. — Le Suchet, les Aiguilles de Baulmes, le Chasseron	6
Le Manoir	21
Course de vingt et une heures. — Le Creux du Van	24
La source de l'Orbe	34
Course de trois jours. — Premier jour. Neuchâtel. — La Chaux-de-Fonds. — Les Planchettes. — Le Saut du Doubs.	51
Deuxième jour. — Les Brennets. — Le Locle. — Les Ponts. — Noiraigues. — La maison du Creux	76
Troisième jour. — Le Départ. — Le Creux pris à revers. — Fontaine	104
Une nuit en char a échelles, un jour a pied. — Vallorbe, l'Abbaye, le Mont Tendre	112
Casse-cou. — De Valpeyres au Saut du Dais, le long de l'Orbe	130
Vingt-trois heures de marche. — Chasseron. — Fleurier. — Butte. — Sainte-Croix. — La Covatanne. — Vuitebœuf. — Beaulmes. — Valpeyres	140
Le Dog-cart. — La tour de la Molière. — Estavayer	158
Sur la montagne, au Chalet	174

AU PAYS DU SOLEIL

Avant, Après..	185
Première journée. — La Bête au Bon Dieu, la Fédérale....	191
Deuxième journée. — Lucerne, le Saint-Gothard, Biri Biribi.	195
Troisième journée. — L'historiographe, les Aubergines, Bellinzona, notre Tessin.......................................	202
Quatrième journée. — Lugano, les Carrioles, lac de Côme, Bellagio, Sérénade...	209
Cinquième journée. — La Bella, Pliniana, Nesso di sotto, Question de chromatelle.....................................	217
Sixième journée. — Milan, i Capelletti, le Dôme, Humilitas, Raphaël, les Borgia...	224
Septième journée. — Dimanche, un Sermon, le Corso......	232
Huitième journée. — En Diligence, Coccaglio, la Somma Campagna, Vérone, l'Amphithéâtre, Can Grande........	237
Neuvième journée. — Tenez-vous tranquilles! Autrefois, Venise, Piazzetta, Saint-Marc, Palais, Prisons, Campanile, Sansonnet..	249
Dixième journée. — Babolini, Murano, l'Arsenal, l'Académie, le Lido, le soir...	264
Onzième journée. — L'Élisabeth, Tomy, Fruits du Midi, le café Florian..	274
Douzième journée. — La Bande revient, Gens austères, ne froncez pas le sourcil, *Nous verrons!*......................	282
Treizième journée. — Pluie, Novarre, Aubergines; *Le Nord est là!* Tube à bascule..	287
Quatorzième journée. — Gênes détrempée, le Caniche, le Turc..	293
Quinzième journée. — Gênes ensoleillée, Trop d'églises, *Ah! ce prêtre!* Van Dyck, la Galère du Turc, une Frégate américaine, l'Esclavage, lettre de Zampolla.................	300
Seizième journée. — Riva di Levante, Recco, Trattoria del Gran Colombo, *Ma Chromatelle!*...........................	316

Dix-septième journée. — L'Aveugle, lac Majeur, comte russe, princesse slave, Baveno, isola Madre, isola Bella 326

Dix-huitième journée. — Grenaille! halte de Bohémiens, pas de chevaux, à pied, Simplon............................ 335

Dix-neuvième journée. — *Baoum!* — Hi! Saperlotte! Caliban, les Prunes... 342

Vingtième journée. — Notre Suisse, notre Bible, Le char à échelles : *Allons donc!*.............................. 349

Coulommiers. — Typ. PAUL BRODARD et GALLOIS.

www.ingramcontent.com/pod-product-compliance
Lightning Source LLC
Chambersburg PA
CBHW050248170426
43202CB00011B/1604